Eugen Herman-Friede
Für Freudensprünge keine Zeit

Reihe
DOKUMENTE, TEXTE, MATERIALIEN
Veröffentlicht vom Zentrum für Antisemitismusforschung der
Technischen Universität Berlin
Band 2

Die Serie ist Themen der deutsch-jüdischen Geschichte, der Anti-
semitismus- und Holocaustforschung gewidmet; sie dient der
Veröffentlichung von Texten aller wissenschaftlich-literarischen
Gattungen: Quellen von der Autobiographie, dem Tagebuch, dem
subjektiven Bericht bis zur Edition amtlicher Akten. Hilfsmittel
wie Bibliographien sind ebenso eingeschlossen wie Essays zu
aktuellem Anlaß oder wissenschaftliche Monographien, aber auch
Materialsammlungen, die ersten Überblick oder Annäherung an
komplexe Fragestellungen erleichtern sollen.
Das Anliegen der Reihe ist die Förderung des deutsch-jüdischen
Diskurses in Wissenschaft und Öffentlichkeit.

2

Eugen
Herman-Friede

Für Freudensprünge keine Zeit

Erinnerungen an
Illegalität und Aufbegehren
1942 – 1948

mit einem Nachwort
von Barbara Schieb-Samizadeh

Die Deutsche Bibliothek – CIP-Einheitsaufnahme

Herman-Friede, Eugen:
Für Freudensprünge keine Zeit. Erinnerungen an Illegalität und
Aufbegehren 1942 – 1948 / Eugen Herman-Friede. Mit einem Nach-
wort von Barbara Schieb-Samizadeh. – 3., unveränd. Aufl. – Berlin:
Metropol-Verl., 1994
   (Reihe Dokumente, Texte, Materialien / Zentrum für
   Antisemitismusforschung der Technischen Universität Berlin, Bd. 2)
   ISBN: 3-926893-11-7
NE: Zentrum für Antisemitismusforschung <Berlin>: Reihe: Dokumente,
Texte ...

Bildnachweis
Privatbesitz Eugen Herman-Friede: S. 26,29,31,33,35,38,156,157
Privatbesitz Ruth Winkler: S. 46, 72,76
Privatbesitz Ilse Grün: S. 83
Gedenkstätte Deutscher Widerstand: S. 44,64,68,79,86,102

Umschlagfotos:
Vorderseite:
Eugen Herman-Friede mit seiner Mutter auf dem Dach des Gasthauses
Leonhard, Luckenwalde, Sommer 1944 (Privatbesitz Herman-Friede)
Rückseite:
Eugen Herman-Friede in der HJ-Uniform von Horst Winkler,
Luckenwalde 1943 (Privatbesitz Ruth Winkler)

3., unveränd. Aufl. 1994
© 1991 METROPOL VERLAG
Kurfürstenstr. 135 • 10785 Berlin
Alle Rechte vorbehalten
Umschlag: Norbert Löderbusch
Druck: Oktoberdruck, Berlin
Printed in Germany

INHALT

Für meine Kinder Axel, Frank und Ina

>Nicht die Erfahrung schafft den Begriff des Juden, sondern das Vorurteil fälscht die Erfahrung. Wenn es keinen Juden gäbe, der Antisemit würde ihn erfinden.«

Jean Paul Sartre

Vorwort

Nach mehrjährigem Aufenthalt im Ausland kehrte ich Anfang der sechziger Jahre nach Deutschland zurück. Zwanzig Jahre später mußte ich nach einem Autounfall die erste Kur meines Lebens machen. Der Arzt empfahl mir ein bekanntes Heilbad in Niederbayern. Ich lernte dort eine Menge Leute kennen, die meisten machten einen sympathischen Eindruck, sie waren nett und hilfsbereit. Wenn man die Gespräche aber über die üblichen Fragen nach Anwendungen und Heilerfolg auf andere Themen brachte, kamen Meinungen und Vorurteile zutage, die mich zunächst erstaunten, dann mehr und mehr erschreckten.

Ich bin während meiner Aufenthalte in Kanada und Italien, aber auch bis dahin in Deutschland, kaum Menschen begegnet, von denen ich antisemitische Äußerungen hörte. Um so erstaunter war ich, als ich gerade an diesem Kurort auf eine unglaubliche Ansammlung von Leuten mit rassistischen Vorurteilen traf. Zum größten Teil kamen solche Bemerkungen von den ewig Gestrigen, aber auch von Menschen, die den Nationalsozialismus nicht mehr bewußt erlebt haben.

Als ich die Kur beendet und dem Ort den Rücken gekehrt hatte, nahm ich mir vor, meine Erlebnisse aus der Nazizeit niederzuschreiben. Dabei konnte ich auf Notizen zurückgreifen, die ich mir schon, um wichtige Begebenheiten nicht zu vergessen, in den fünfziger Jahren gemacht hatte. Szene für Szene wurde rekonstruiert, ich kramte in meinem Gedächtnis und befragte andere Verfolgte nach Daten und Fakten. So dauerte es mehrere Jahre, bis das Manuskript fertig war. Der Abstand zu den Erlebnissen machte es mir möglich, in einem für ein solches Thema vielleicht ungewöhnlich »lockeren« Stil zu schreiben. Komische und groteske Episoden milderten die Tragik.

Eines meiner Hauptanliegen war es, die Widerstandsgruppe »Gemeinschaft für Frieden und Aufbau« um Werner Scharff und Hans Winkler detailliert zu beschreiben. Als sie sich konstituierte, war ich siebzehn Jahre alt. Hans Winkler, der mich in Luckenwalde versteckte, und Werner Scharff, vor dessen Mut ich größten Respekt hatte, weihten mich in alle Aktionen ein. So konnte ich Entstehen und Wirken der »Gemeinschaft« unmittelbar erleben und Zeugnis über sie ablegen.

Bereits Mitte der achtziger Jahre bot ich die erste Fassung des Manuskriptes mehreren Verlagen zur Veröffentlichung an. Einigen Antwortschreiben konnte ich entnehmen, daß man den Inhalt meines Textes als Fiktion ansah; er schien offenbar zu unglaubwürdig, als daß er Realität hätte sein können. Ich gab meine Bemühungen auf. Bis zum Februar 1988. Da tauchte unerwartet Barbara Schieb bei mir auf und brachte Anklageschriften gegen Mitglieder der Gruppe und andere Unterlagen mit, von deren Vorhandensein ich bis dahin nichts wußte. Barbara arbeitet in Berlin an der »Gedenkstätte Deutscher Widerstand« und beschäftigt sich mit dem Thema »Widerstand von Juden und Hilfen für Verfolgte«. Sie fand bei ihrer Forschungsarbeit neue und überraschende Dokumente, die vieles in meinem Manuskript bestätigen und ihm eine ganz neue Qualität geben. Der Inhalt konnte nun nicht mehr als Fiktion angesehen werden, er war zu belegen.

Die »Berliner Geschichtswerkstatt«, der Barbara Schieb mein Manuskript vorlegte, entschloß sich, es in Kooperation mit einem Verlag zu publizieren. Angelika Rix und Heike Stange gaben sich große Mühe und machten sich viel Arbeit, das Manuskript zu lektorieren, wofür ich beiden von Herzen dankbar bin.

Das Publikationsproblem schien aber – vor allem wegen der scheinbar alles in Anspruch nehmenden Ereignisse der Wende vom November 1989 – noch nicht geklärt. Es war wiederum Barbara Schieb, die sich um einen Verlag bemühte und schließlich in Berlin den Metropol-Verlag gewinnen konnte, der das Manuskript nunmehr in der Reihe »Dokumente, Texte, Materialien« in Zusammenarbeit mit dem Zentrum für Antisemitismusforschung publiziert. Herrn Professor Wolfgang Benz, der sich sofort für das Manuskript einsetzte, bin ich zu großem Dank verpflichtet.

Eugen Herman-Friede

Der letzte Tag zu Hause

Es ist der 27. Januar 1943. An diesem kalten Tag stehe ich frühmorgens hinter dem Fenster in unserer Wohnung in der Belle-Alliance-Straße 31 in Berlin-Kreuzberg. Ich kann nicht hinausschauen, denn die Scheiben sind mit weiß glitzernden Eisblumen überzogen. Ich muß erst lange gegen das Glas hauchen, bis das Eis schmilzt und ein kleines, rundes Loch entsteht. Dann reibe ich mit der Faust so lange, bis das Loch größer wird und ich hinausgucken kann. Es ist grau und neblig, trostlos. Über die Kniestrümpfe ziehe ich dicke Socken mit rotblau gestreiftem Rand, den ich nach außen über die hohen Schnürschuhe lege, binde die Überfallhose unten fest und wische in der Küche mit einem Wollappen über das harte Leder der benagelten Schuhe. Meine Mutter hält mir die Joppe mit dem grauen Fischgrätenmuster und die abgewetzte, braune Aktentasche hin, in der sie die nierenförmige Stullenbüchse aus Aluminiumblech und die Thermoskanne mit heißem Tee verstaut hat.

»Sei vorsichtig, komm gesund wieder, verlier nicht das Geld für die Rückfahrt.« Meine Mutter umarmt mich wie jeden Morgen, küßt mich und begleitet mich zur Tür. Mein Vater läuft noch in gestreiftem Pyjama und Morgenrock herum, stochert unten in den großen Kachelöfen mit einer Eisenstange in der Kohlenschlacke und zieht die Aschekästen heraus, um sie zu leeren. »Tschüs mein Junge, bis heute abend«, ruft er mir nach. Auf der Treppe reiße ich die verhaßten schwarzen, eierförmigen Ohrenwärmer mit dem Metallband herunter und ziehe das weiße Stirnband über die Ohren.

Seit dem vergangenen Herbst fahre ich jeden Morgen in den östlichen Teil von Berlin nach Weißensee auf den jüdischen Friedhof zur Arbeit: Wege fegen, Leichen waschen, Gräber schaufeln und zuschippen, alles was anfällt. Mit 16 Jahren muß ich diese Arbeit machen, ebenso wie meine übriggebliebenen Klassenkameraden – es sind nur noch acht oder neun Jungen und Mädchen. Die anderen sind damals schon alle weg, deportiert, sagt man, wahrscheinlich sind sie schon tot, verhungert, erschlagen oder vergast.

Seit November 1938 durfte ich keine öffentliche Schule mehr besuchen, ich mußte in eine jüdische gehen. Meine Eltern schulten mich in die Mittelschule in der Großen Hamburger Straße um. Hier fand ich dann die wesentlichen Unterschiede zwischen Juden und Nichtjuden heraus. Am meisten beeindruckte mich, daß sonnabends schulfrei war, weil Juden am Sonnabend Sonntag haben. Der Sonnabend heißt Sabbath. Auch am Sonntag mußte ich nicht zur Schule, der war auch frei. Und Weihnachten gibt es auch nicht, dafür feiern die Juden Chanukka, auch kein Ostern, sondern Pessach. Die neuen Feiertage fallen aber fast immer zusammen mit den alten. Das war schon alles, was mir auffiel, ansonsten waren die Schüler genauso frech oder streberhaft, die Lehrer ebenso gemein oder anständig. In der neuen Schule bereitete mir besonders ein Fach Schwierigkeiten. Ich wollte kein Hebräisch lernen, weil mir zu Hause niemand helfen konnte. Meine Mutter war nicht religiös, mein Vater, der Nichtjude, wußte wahrscheinlich gar nicht, daß man Hebräisch von rechts nach links liest.

Zu der Zeit hatten wir noch zwei Parallelklassen mit Jungen, außerdem noch zwei Mädchenklassen. Die Klassen wurden schnell kleiner. Viele Schüler wanderten mit ihren Eltern aus nach Amerika, nach Palästina, nach Shanghai, in alle Teile der Welt. Dann kam der Krieg, die Klassen schrumpften rapider. Die Mädchen- und Jungenklassen wurden zusammengelegt. Die Deportationen folgten immer schneller aufeinander. Erst ging es nach Litzmannstadt und Riga, später nach Maidanek, Treblinka und Auschwitz. Alle paar Tage fehlten wieder einige, wir wußten, sie waren in der Nacht abgeholt worden. Einen Koffer pro Person durfte man mitnehmen, und deshalb glaubte man damals noch an einen Transport in ein Arbeitslager.

Ich sehe einige aus meiner Klasse deutlich vor mir. Horst Mendelsohn, uns allen gingen die Augen über, als er an seinem Geburtstag mit einer Riesenaktentasche, gelbes Vollrindleder, blanke Schlösser an breiten Riemen und viele Reißverschlüsse innen und außen, anstolzierte. Er gehörte zu den ersten, die nicht mehr kamen. Oder Hans Jakobsohn, sein Vater hatte eine kleine Schneiderwerkstatt in einer der engen Gassen rund um den Hackeschen Markt. Wir hänselten ihn immer, wenn er tagaus, tagein mit Schlips zur Schule kam. Feiner Pinkel oder Fatzke wurde er genannt. Und Löwenstein, der Schlangenmensch, dürr, gelenkig, ohne Knochen, aus Gummi schien er zu sein, meine Konkurrenz im Turnen. Auf 100 Meter war er nicht zu schlagen, auf längere Distanzen lief ich schneller. Günter Baier, der Dicke, wohnte an der Jannowitzbrücke, vornehmes Elternhaus, die Schuhe mußten im Flur ausgezogen werden. Sie alle waren schon lange weg, auch mein bester Freund Günther Landsberg, genannt Lanze, aus der Turiner Straße am Wedding. Die Eltern hatten einen kleinen Betrieb, in dem sie Bademäntel nähten. Lanze war der Stärkste in der Klasse. Und Eppenstein aus Tempelhof, seine Eltern hatten ein Bekleidungsgeschäft am Halleschen Tor. Und mein Freund Carl Grunwald, der in unserer Nähe wohnte, am Schulenburgring 2. Er vermachte mir das alte Fahrrad von seinem Bruder Fritz, der noch rechtzeitig nach Amerika ging. Carl Grunwald kann sich, nachdem seine Eltern abgeholt wurden, noch einige Wochen verstecken, wird dann aber auch geschnappt. Er kommt über Theresienstadt, Auschwitz, Groß-Rosen im Februar 1944 in das KZ Buchenwald, wo er 17jährig, einige Tage bevor die Amerikaner das Lager befreien, umkommt. Und auch die Lehrer wurden abgeholt. Rosenbaum, unser Klassenlehrer, genannt Pustebacke, und Selbiger, der seinen Schnauzbart ständig zwirbelte und mit dem Lineal nicht nur auf die ausgestreckte Innenhand schlug, sondern auch auf die Fingernägel, was besonders schmerzhaft war.

Alle fort, bei Nacht und Nebel auf Lastwagen verladen, zur Sammelstelle in die Levetzowstraße gebracht und von dort aus in endlosen Güterzügen und Viehwagen ab nach Osten. Man hatte damals schon schreckliche Dinge gehört, von Menschen, die ihre eigenen Gräber schaufeln mußten und mit Maschinengewehren niedergemetzelt wurden, die verhungerten, in den Zügen umkamen, daß Alte und Kranke erschlagen wurden. Wir konnten uns das alles nicht vorstellen, glaubten es nicht, hatten auch keine Angst und benahmen uns so wie alle Jugendlichen unseres Alters.

Der Schulbetrieb lief ohne Panik und so normal wie möglich bis zur Schließung aller jüdischen Schulen Ende Juni 1942. Danach gab es keine Schule mehr für Juden.

Und ich war nun mal einer, da nutzte auch kein Arisierungsverfahren, das meine Eltern schon vor längerer Zeit veranlaßt hatten. Meine Mutter hatte sich kurz nach meiner Geburt von ihrem ersten Mann, von dem ich auch den Namen Herman habe, scheiden lassen.

Sie behauptete nun an Eides Statt, daß ihr zweiter Mann mein Vater und ich deshalb kein Voll-, sondern ein Halbjude sei. Die Rassestrategen hatten sich noch feinere Abstufungen einfallen lassen. Je nachdem, wie viele jüdische Großeltern man hatte, erhielt man eine andere Gradeinteilung. Mit zwei jüdischen Großeltern wurde man »Mischling 1. Grades«, konnte man jedoch nachweisen, daß man nur einen solchen Verwandten hatte, erhielt man den 2. Grad. Wie eine Güteklassifizierung: mies, aber brauchbar, minderwertig, wertlos.

Da minderwertig immer noch besser war als wertlos, setzten wir große Hoffnungen auf Mamas eidesstattliche Versicherung. Obwohl vorher gemachte Blutproben ein Verfahren wegen Meineids unwahrscheinlich machten, blieb der Versuch meiner Eltern doch ziemlich heikel, da man nicht wußte, wie diese Pseudoforscher ihre Ergebnisse auslegen würden.

Sie stellten tolle Sachen mit uns an. Schädelmessungen kreuz und quer, Nase, Ohren, Füße wurden vermessen, abgemessen, ausgemessen, geeicht, geortet, lokalisiert. Die Tatsache, daß der zweite Zeh meiner Mutter wesentlich größer war als ihr großer, schien eine fundamentale Bedeutung zu haben, zählte bei der Berechnung vermutlich doppelt. Blut wurde aus der Vene, dem Ohrläppchen, dem Finger abgezapft, auf der Suche nach dem doch wohl nur in geringer Menge vorhandenen germanischen. Jedenfalls lautete das Resultat der erbbiologischen Durchleuchtung: Vaterschaft ist möglich, aber nicht erwiesen. Das reichte leider nicht aus. Der erste Mann meiner Mutter mußte auch weiterhin als mein Erzeuger gelten.

Es blieb also alles beim alten. Ich war Jude, Volljude, und somit der einzige in unserer Familie, der schon seit September 1941 den Stern tragen mußte. Leider war ich schon 15, als es Juden, die das sechste Lebensjahr vollendet hatten, verboten war, sich in der Öffentlichkeit ohne Judenstern zu zeigen. Meiner Mutter ging es da erheblich besser. Sie war zwar auch Jüdin, aber eine »privilegierte« Dies wurde sie durch ihre zweite Heirat mit einem »reinrassigen Arier«, der allerdings so aussah, wie man es häufig gern hätte, daß Juden aussähen. Julius Streicher hätte ihn als Fotomodell auf jeder Titelseite seines Stürmers als den »ewigen Juden« abbilden können.

Mir fallen dabei die vier alten, verknöcherten, saftlosen Jungfern ein, die Geschwister Menges, die bei uns im Haus im Hochparterre rechts wohnten. Jeweils zwei von ihnen hingen seit eh und jeh, Sommer wie Winter, bei Regen und Sonnenschein, auf Kissen weich gestützt, im Fenster und beobachteten voller Neugier jeden, der ins Haus hereinkam oder hinausging. Es bereitete ihnen satanisches Vergnügen, uns zu ärgern und uns das Leben sauer zu machen. Jedesmal wenn sie meine Mutter oder mich vorbeikommen sahen, riefen die zwei, die gerade am Fenster Dienst hatten, ihre Schwestern nach vorn. Alle vier beugten sich dann enggedrängt weit aus ihren Fensteröffnungen und hielten uns, kichernd und schadenfroh, laut lesend den Stürmer entgegen.

Dieses Scheißblatt, das an jeder Straßenecke in den sogenannten Stürmerkästen aushing! Nach den Bildern, Karikaturen und Artikeln in diesem Hetzblatt hatten alle Juden krumme Nasen, waren klein und mickrig, häßlich und krummbeinig, stanken nach Knoblauch, töteten kleine Kinder bei Ritualmorden und fraßen sie, betrogen und beschissen jeden, liefen nur im speckigen Kaftan herum und hatten dreckige Schläfenlocken. Sie waren das Unglück der ganzen Welt und gemeinsam mit den bolschewistisch-plutokratischen Untermenschen für jedes Übel verantwortlich.

Diese Zeitung also streckten uns die Weiber haßerfüllt entgegen und zitierten laut daraus, durch heftiges Ausspucken ihre Verachtung noch unterstreichend. Meine Mutter nahm mich bei solcher Gelegenheit bei der Hand, ging betont langsam an ihnen vorbei oder blieb direkt unter ihrem Fenster stehen. Und lachte, lachte ihnen laut und aus vollem Hals ins Gesicht und wünschte sie zur Hölle, verbunden mit den übelsten Flüchen, die die russische Sprache hervorgebracht hat, zwischen den zusammengepreßten Zähnen.

»Churchill, komm her. Na komm schon, Churchill. Wird's bald.« Churchill war ein grauweißer Terrier. Bis zum Krieg hieß er Poldi, schlicht und einfach Poldi, wie viele Hunde seiner Art. Dann aber hieß der Köter abwertend Churchill, und sein Herrchen sagte nicht mehr »Guten Tag«, sondern brüllte »Heil Hitler«, nahm den Hut zur Begrüßung nicht mehr ab, sondern streckte den rechten Arm ruckartig in die Höhe. Das war unser Nachbar auf dem gleichen Flur. Früher war er ein freundlicher, alter Herr gewesen, jetzt warf er die Tür zu, wenn wir zufällig gleichzeitig aus der Wohnung kamen, und vermied es, uns zu begegnen. Auf jedem Flur wohnten zwei Mietparteien, mehrere davon hatten im Lauf der Jahre gewechselt, waren aus- oder zugezogen, aber einige wohnten schon da, solange ich denken konnte. Und die meisten von ihnen hatten ihr Verhältnis zu uns geändert.

Nicht aber die alte Frau Freude, die unter uns wohnte. Sie war aus dem Sauerland und hielt immer ein paar Klümpkes für mich bereit. Es verging auch kein Heiliger Abend, ohne daß wir zu ihr hinuntergingen, den geschmückten Weihnachtsbaum betrachteten, der sich auf einer Spieluhr drehte, die die Melodie »Stille Nacht, heilige Nacht« abspielte. Dann bekam ich von ihr meinen bunten Teller mit Obst und Süßigkeiten. Auch die Portiersleute hatten sich nicht geändert. Die alte Frau Klein war schon immer mürrisch gewesen und meckerte über alles. »Haste wieda keen Schlüssel, wa! Los schon, ab die Post, aba putz da de Schuhe.« Sie drückte widerwillig auf den Summer, ich konnte die schwere Eichentür aufdrücken. Wer zu uns ins Haus wollte, mußte erst klingeln, dann linste die Portiersche aus dem seitlichen Kellerfenster hinter der Gardine vor, beäugte einen von oben bis unten und fragte, wenn sie einen nicht kannte: »Zu wem wolln Se denn? So, zu die wolln Se. Nee, die sin heut nich da. Wat, wann se wiedakommen? Nee, tut ma leid, bin doch keen Hellseha.« Oder aber: »Eene Treppe links, aba Füße jefälligst abtreten, wenn ick bitten dürfte.«

Im Haus führte die breite Marmortreppe mit dem rotgeblümten Teppich und den blanken Messingstangen bis zum Hochparterre, von dort gingen rechts und links schmalere Treppen mit rotem Kokosläufer bis zum zweiten Stock, dann gab es nur noch schlichte nackte Dielen bis zum dritten, wo wir wohnten. Höher ging es nicht. Im Hausflur roch es immer nach Bohnerwachs.

Das Haus, in dem wir wohnten, lag in der Belle-Alliance-Straße (heute Mehringdamm), zwischen Kreuzberg- und Dreibundstraße, mit durch niedrige Eisenstäbe eingezäunten, gepflegten Vorgärten, hohen Bäumen auf den Bürgersteigen, breiten Fahrbahnen, Grünstreifen in der Mitte neben den Gleisen für die Straßenbahn. Wenn Oberbonzen aus dem Ausland auf dem Flughafen Tempelhof landeten, fuhren sie in langen Autokolonnen unsere Straße entlang, in schweren dunklen Limousinen, mit offenem Verdeck bei Sonnenschein. Endlose Reihen von Schupos standen dann am Rinnstein Spalier und sperrten alle Zufahrtstraßen ab. Als ich noch klein war, hatte es oft Paraden und Vorbeimärsche in unserer Straße gegeben.

16

Stundenlang waren Soldaten und SA mit Fahnen und Standarten, Militärkapellen mit Tambourmajor, Schellenbaum und Kesselpauken, Spielmannszüge mit Fanfarengeblase an unserem Haus vorbeigezogen.

Jeden Sonnabend war bei uns Badetag, dann mußte ich zu Losch um die Ecke rennen, Kernseife holen und im Badezimmer den runden, braunen Ofen anheizen. »Aua, aua, Mama, hör auf. Du tust mir weh.« Ich plärrte wie am Spieß, wenn meine Mutter mir mit ihren langen, spitzen Fingernägeln den Kopf wusch und zerkratzte und die scharfe Seife in den Augen biß. Zu guter Letzt mußte ich die verhaßte Essigspülerei über mich ergehen lassen, wegen der weichen Haare, die man davon kriegen soll.

»Kusch oder willst du Backpfeife?« Meine Mutter schrie, schimpfte, fluchte und, klatsch, hatte ich eine gewischt bekommen. Ihr Fluchen, auch wenn es noch so laut war und durch unterstreichende Gesten begleitet wurde, ließ mich völlig gelassen. Ich verstand kein Wort. Sie schimpfte nur in russisch. Mittendrin brach sie dann ab, merkte, daß ich nichts verstand, und begann zu lachen. Ihre Wut war vorbei. Auch ich fing an zu lachen. Deutsch hatte meine Mutter in jenen Jahren schlecht gesprochen, mein Vater hatte sie nie verbessert, aus Schwäche für ihr Kauderwelsch.

Das Schlimmste, was ich von meiner Mutter über mich ergehen lassen mußte, waren ihre selbstgeschneiderten kurzen Hosen. Bis unter die Knie hingen sie, fast schon die Waden bedeckend, und statt Taschen nähte sie zwei viereckige Stoffstücke an drei Seiten vorn auf die Hosenbeine, so daß ich von oben reingreifen mußte. Wo normalerweise der Hosenbund sitzt, zog sie ein dünnes Gummiband durch. Es war viel zu locker, sie hatte ständig Angst, es könnte zu fest sein und mir auf den Magen drücken. So mußte ich die Hose andauernd mit den Händen festhalten, damit sie mir nicht vom Hintern rutschte. Ich muß furchtbar bekloppt ausgesehen haben, aber dafür hatte meine Mutter keinen Blick.

»Bitte, bitte nicht, Mama, die lachen doch alle über mich.« Es half nichts. Sie hatte mir eine Hose aus ihrem alten schwarzen Satinunterrock genäht. Ich schrie und biß, stieß mit den Fäusten, stampfte mit den Füßen, umsonst. Ich mußte am Sonntag mit meinen Eltern in diesem Glanzlappen, der völlig formlos in zahllosen Falten um meine Knie schwabbelte, über den Tauentzien spazieren.

Abends fragte dann mein Vater zaghaft:»Meinst du nicht auch
Schatzelchen, wir sollten dem Jungen eine andere Hose anziehen?«
»Nu gutt, wenn du meinst.«
Ich streckte meiner Mutter, so daß mein Vater es nicht sehen
konnte, die Zunge raus und fiel Papa um den Hals.

Im Frack und auf dem Kopf über den streng nach hinten gekämm-
ten, glatten dunklen Haaren mit dem tiefen Knoten einen Zylinder,
so ging meine Mutter aus. Ins linke Auge hatte sie ein Monokel
geklemmt, eine silberne Zigarettenspitze im Mund, große Ringe im
Ohr. Vor den Ohren eine Sechs aus Haaren, gedreht zwischen ange-
feuchtetem Daumen und Zeigefinger. Sie war eine schöne Frau, und
sie tat viel dafür: Cremes für den Tag, für die Nacht, für den Körper,
für die Hände. Kampfer auf dicken Wattebäuschen für das Gesicht,
Puder, Nagellacke und Tinkturen, Wässerchen und Parfums.

An jenem Morgen des 27. Januar 1943 komme ich, zehn Minuten,
nachdem ich die Wohnung verlassen habe, wieder zurückgerannt,
aufgeregt nach Luft japsend, das wollene Stirnband in der Hand, verängstigt und weich in den Knien.

Ich war zur Ecke Bergmannstraße gelaufen und wartete an der
Haltestelle auf die Straßenbahn der Linie 99, die mich mit Umsteigen
am Alexanderplatz in die Linie 60 zum jüdischen Friedhof in die
Lothringer Straße bringen sollte. Wie aus dem Boden gewachsen
stand auf einmal ein großer Mann vor mir, grauer, langer Ledermantel, grauer Hut mit runtergeschlagener Krempe. Er beugte sich langsam zu mir herab, schob behutsam den langen Nagel seines kleinen
Fingers zwischen meine Joppe und den darauf genähten gelben
Stern. Ein kräftiger Ruck, und der Stern hing wie ein gelber Lappen
nur noch an drei Fäden lose herab. Zu Tode erschrocken griff ich an
die linke Brust, klappte den Stern wieder hoch und hielt ihn fest.
»Du verfluchte Judensau hast deinen Stern ja gar nicht festge-
näht«, schrie er mich wütend an. Er klemmte seine Handschuhe
unter den Arm und zog ein Notizbuch und einen Bleistift aus der
Brusttasche seines Ledermantels. »Wie heißt du?«
Panik kroch in mir hoch, ich hatte solche Angst, daß ich keinen
Ton herausbringen konnte.
»Los, Mensch, wird's bald, deinen Namen! Vorname Israel wie alle
Judenschweine und wie weiter?«

Schlotternd brachte ich meinen Namen heraus.

»Wo wohnst du?«

»Belle-Alliance-Straße 31.«

Er schrieb alles auf, klappte das Buch geräuschvoll zu und steckte es in die Tasche zurück. »Mach, daß du wegkommst, dreckiger Judenbengel. Näh den Stern richtig an, Itzig«, schnauzte der Riese mich an, stampfte dabei mit dem Fuß auf und klatschte in die Hände. »Zisch ab, sonst...«

Mehr hörte ich nicht. Ohne mich umzudrehen, flitzte ich davon, den Stern noch immer festhaltend.

Die Angst sitzt mir noch in den Knochen, als ich zu Hause berichte, was vorgefallen ist.

»Jetzt ist es also soweit«, stöhnt mein Vater, »heute abend muß ich dich wegbringen.« Meine Mutter beginnt zu weinen, näht mit zitternden Händen den Stern wieder an und wischt sich dabei die Tränen aus den Augen. Die alte Ledermappe mit den Stullen unter den Arm geklemmt, laufe ich wieder hinunter zur Bergmannstraße an die Haltestelle.

»Bitte weiter durchjehen Herrschaften, jehn Se doch zur Wagenmitte, die annern Jäste wolln doch ooch noch mit. Na sehn Se, jeht doch allet mitn bisken juten Willen.«

Mir kommt der nette Schaffner wieder in den Sinn, dunkelgraue Uniform mit grünen Spiegeln am Kragen – BVG steht darauf, Berliner Verkehrsbetriebe – und der schwarzen großen Geldtasche mit dem Metallbügel vor dem Bauch. Zweimal hatte ich ihm schon den gelben Ausweis und das Fahrgeld hingehalten. Man hatte mir eine gelbe Karte ausgestellt, eine polizeiliche Erlaubnis, die Straßenbahn von der Wohnung zur Arbeitsstelle und zurück zu benutzen. Ohne Arbeit keine Fahrerlaubnis für Juden. Der Schaffner beachtete mich nicht, er lief an mir vorbei und kassierte bei den anderen Fahrgästen. Am Halleschen Tor endlich, als viele Leute ausstiegen und niemand außer mir hinten auf der Plattform stand, kam er auf mich zu, hielt eine Hand an den Mund und flüsterte vordergründig: »Is doch jut Bengel, du hast ma doch den jelben Ausweis jezeicht. Det jenügt doch, wa?« Er kniff ein Auge zu und buffte mich in die Rippen. »Steck det Jeld ma wech.« Dann ging er ins Wageninnere, klappte den Sitz auf der Längsbank hoch, brachte eine lappige alte Aktentasche zum Vorschein und nahm zwei große Butterbrote in Pergamentpapier aus einer Blechbüchse, um die ein breites rotes Einweckgummi gewickelt war. Er hielt sie mir hin und sagte: »Da, nimm det man, ick bringe heute doch nischt runter, hab ma den Magen verkorkst«, und klopfte mir auf die Schulter. Mir war Ähnliches schon öfter passiert, in der Straßenbahn oder in der U-Bahn. Im letzten Moment vor dem Aussteigen drückte mir jemand ein Essenspaket oder auch eine Schachtel Zigaretten in die Hand und verschwand danach blitzschnell. Es gab auch andere, die mich schubsten, wenn sie meinen gelben Stern sahen, oder mir ein Bein stellten.

Der Tag in Weißensee auf dem Friedhof verläuft ohne besondere Vorkommnisse. Es ist hundekalt, der Boden tief gefroren, und wir sind froh, daß wir keine Gräber schaufeln müssen. Über die teilweise vereisten Wege streuen wir braunen Sand, einige Grabsteine müssen gereinigt werden. Wir sammeln Reisig und abgebrochene Zweige, um den Kanonenofen in unserer Baracke warm zu halten. Es ist bereits stockfinster, als ich abends wieder auf der Plattform der Straßenbahn stehe und in Richtung Kreuzberg fahre.

Es ist die letzte Fahrt, auch unsere Wohnung werde ich nie wieder betreten.

Mein Vater hatte diesen Tag schon lange vorbereitet. Gleich nach dem fehlgeschlagenen Arisierungsversuch begann er Unterschlupfmöglichkeiten für mich zu suchen. Er erwartet mich an der Ecke Kreuzberg/Belle-Alliance-Straße vor dem Haus, in dem noch heute eine Pfandleihe ist. Er will mich zu Trautweins in die Gneisenaustraße bringen.

Viele Ereignisse gehen mir durch den Kopf auf dieser letzten Fahrt in der Straßenbahn quer durch Berlin, von Weißensee bis Kreuzberg.

»Sieh hierher, Kleiner, hierher. So ist's fein, gleich kommt das Vögelchen raus. Achtung, jetzt lach doch mal. So ist's aber schön, fein gemacht, danke.« Der Fotograf Herzog weiter unten in unserer Straße neben der Eckkneipe zur Kreuzbergstraße ließ den kleinen, roten Gummiball los, kam unter dem schwarzen Tuch hervor, strich sich die Haare glatt, rückte die Brille zurecht, nahm die Platte aus dem Apparat, schob eine andere hinein und sagte grinsend »Klappe zu, Affe tot« und stellte das weiße Schild mit der schwarzen Sütterlinschrift »Mein erster Schultag« dem nächsten Knaben, der hinter mir wartete, gegen das Schienbein. Meine Einschulung war Ostern 1932, ich kam in die 116. Volksschule, Hagelberger Straße. Herausgeputzt mit neuen Dreiviertelschwenkern aus Mamas Produktion, darunter lange, braune, kratzige Wollstrümpfe mit Gummiband und Wäscheknöpfen am Leibchen festgemacht, eine dunkelblaue Baskenmütze mit Blitzableiter in der Mitte auf der kurzgeschorenen Ponyfrisur. Auf dem Rücken hing der neue Ranzen mit der Schiefertafel drinnen, das Schwämmchen draußen baumelnd, und über der schmalen Brust am dünnen Riemen die lederne Butterbrottasche und im Arm die knallrot-goldene Schultüte. Der Inhalt war zur Hälfte Holzwolle und zerknülltes Zeitungspapier, darauf lag etwas Schokolade, außerdem waren Äpfel drin, die den meisten Platz einnahmen.

Durch den Hof und das Hinterhaus, über die Methfesselstraße, kam ich in den Park mit der Knochenbahn, der längsten Rodelstrecke weit und breit, oben vom Denkmal auf dem Kreuzberg bis hinunter zur Großbeerenstraße, parallel zum Wasserfall. Und ich mittenmang auf der vereisten Bahn mit meinem vorsintflutlichen Schlitten mit Rückenlehne und Eisenkufen. Im Park, in der Nähe der Buttermilchbude unten in der Wolfsschlucht, gab es Vogelbeeren. Große Sträucher mit rotglänzenden Kugeln. Da saß ich mit meinem Freund Linkenbeil, der neben der Schule wohnte, oft herum. Wenn jemand vorbeispazierte, taten wir so, als futterten wir die giftigen Beeren.

»Aber Kinder, die dürft ihr doch nicht essen, da werdet ihr ja krank von. Wenn das man eure Mutter wüßte.« Die Leute schüttelten die Köpfe und drohten mit den Zeigefingern.

»Ja, aber wir haben doch solchen Hunger«, jammerten wir kläglich, »solchen Hunger und nichts zu essen.«

»Da habt ihr'n Groschen. Kauft euch was zu essen dafür, aber nehmt nicht die giftigen Beeren in den Mund«, sagten viele und gaben uns Geld.

»Arme Kinderchen«, hörten wir noch von weitem, kringelten uns vor Lachen und rannten los zum Bäcker in die Hagelberger Straße und holten uns »für'n Sechser Kuchenkrümel«. Oder wir liefen zur Oma in den Kolonialwarenladen im Keller neben dem Restaurant Kaiserstein an der Ecke Methfesselstraße. Im Kaiserstein hing schon seit grauer Vorzeit ein großes Schild »Juden unerwünscht« im Fenster. Am Ende der engen, steilen Kellertreppe stand in dem niedrigen Laden direkt an der Tür ein großes Holzfaß mit sauren Gurken aus Lübbenau im Spreewald und ein anderes mit Sauerkraut. Daneben standen viele goldglänzende Blecheimer mit Marmelade. Aber uns interessierten die vielen Gläser, die auf der Ladentheke standen, mit all dem Naschzeug: gelbe Kräuterbonbons, schwarze Malzbonbons, rote Himbeeren, grüne Maiblätter, Sahnebonbons, bunte runde Dauerlutscher, Lakritze, Gummipuppen, Nappos, Brausetüten, die kleinen Nuckelflaschen und Tonpfeifen mit bunten Liebesperlen, Honigkissen, Milchtaler und Schokoladenzigaretten.

»Aus gutem Grund ist Juno rund«, stand mit großen, weißen Buchstaben auf den schwarzen Glasscheiben rechts und links vom Eingang zum Tabakladen neben Herzogs Fotobude.

»Kann ich'n Zigarettenbild habn, Tante, oder hast'n Stoffschmetterling?«

»Hier, Kleena, haste welche und valier det Jeld nich, sonst krichst'n Hosenboden strammjezogen.« Es war immer der gleiche Dialog, wenn ich für meinen Vater Tabak holen mußte. Welchen Kult er mit seinem Zigarettentabak trieb, nur eine bestimmte Sorte, österreichische Tabakregie, und die mußte zu Hause erst einige Zeit im Steintopf lagern, zusammen mit einem Eierbecher voll Honig und einigen Scheiben Mohrrüben. Für Selbstgedrehte, die er ausschließlich mit der Hand rollte und nur durch gläserne Spitzen rauchte, weil sie den Rauch wärmer in den Mund lassen. Er hatte seine Marotten, mein Vater, er war schon ein komischer Heiliger. Das frischgebügelte Taschentuch mußte vor Gebrauch erst tüchtig zerknüllt werden. Immer nur eine schief sitzende Fliege um den Hals, nie einen Schlips. Es durfte überhaupt nichts den Eindruck machen, als wäre es neu. Eben erst gekaufte Schuhe gab er dem jungen Klein, dem Sohn unserer Portiersfrau, zum Eintragen, bis die Sohlen nicht mehr hell waren. Dafür durfte sich der Knabe ab und zu bei meinem Vater im Schrank eine Fliege oder ein Hemd aussuchen. Mein Vater war eine Seele von Mensch. Nur jemand wie er, mit soviel Sanftmut und Geduld, konnte überhaupt mit einer so temperamentvollen und oft überdrehten Frau, wie meine Mutter es war, über lange Zeit zusammenleben. »Schatzelchen, beruhige dich, beruhige dich doch«, das waren stets seine ausgleichenden Worte. Dabei streichelte er ihr mit seinen feingliedrigen Händen zärtlich das Gesicht. Ich habe meinen Vater nie laut erlebt oder gar aufbrausend. Ich sehe ihn noch Hundedeckchen tragen, über Halbschuhen graue Gamaschen mit lauter kleinen Knöpfen an der Seite, und auf dem Kopf von jeher nur die schwarze steife Melone.

Julius P. Friede – Spezialvertrieb von Rabattreklame – stand auf dem weißen Emailschild an unserer Wohnungstür, darunter der breite, verzierte Messinggriff zum Klingeln. Als die Nazis an die Macht kamen, machte mein Vater sich selbständig. Die Firma, die er vorher vertreten hatte, schmiß ihn raus; die Inhaber hatten Angst, ein Vertreter mit einer Jüdin zur Frau würde keine Aufträge mehr hereinbringen. Sie sagten ihm, von so einem würden sich die Kunden nicht bedienen lassen wollen. Unser ganzer Spezialvertrieb bestand aus einer Druckmaschine, die in der großen Stube auf einem Holzgestell montiert war. Davor auf dem Boden ein Fußhocker, auf dem mein Vater oder meine Mutter Stunde um Stunde standen und das Ding bedienten. Der schwere, eiserne Hebel auf der linken Seite wurde mit beiden Händen kräftig heruntergedrückt. Dadurch lief eine Gummiwalze mit Druckerschwärze über den auswechselbaren Bleisatz und preßte ihn gleichzeitig gegen ein Blatt mit hundert kleinen, perforierten Rabattmarken. Der Druckvorgang war beendet und mußte nun so oft wiederholt werden, bis die bestellte Anzahl erreicht war. Auf den Marken stand jetzt der Name des Kunden, meistens waren es Lebensmittelhändler oder Drogisten. Mein Vater war bei Wind und Wetter unterwegs mit seinem kleinen Auto, einem Dixi, Marken ausliefern, Kunden besuchen, Aufträge hereinholen. Von dem, was dabei herauskam, mußten wir leben. Und von dem Geld, das die Untermieter zahlten. Von unseren viereinhalb Zimmern waren ständig zwei vermietet. An Junggesellen, männlich, weil die die Küche kaum benutzten und keinen Strom für das Bügeln verbrauchten. Unsere Untermieter wechselten häufig.

Einmal wohnte ein Schwuler bei uns, er hieß Macholt. Meine Mutter war kreidebleich, als es eines Tages bimmelte und zwei Kriminalbeamte vor der Tür standen. Sie schoben sie zur Seite. »Na, wo ist denn die Tunte?« Sie rissen die Tür zu Macholts Zimmer auf. »Süßer, wo steckst du denn? Los, rauskommen.« Aber Macholt war ausgeflogen. Die Polypen waren Neese. Sie durchwühlten das Zimmer von oben bis unten, warfen alles durcheinander, brachten haufenweise Lippenstifte, Puder und Damenhöschen zutage. Als sie noch mitten beim Umstülpen waren, kam Macholt nach Hause. Er sah die zwei, erkannte, was los war, und türmte. Der eine rannte hinterher, sauste die Treppe hinunter, hinaus auf die Straße, zog die Pistole und brüllte: »Halt, stehenbleiben oder ich schieße.« Macholt lief wie verrückt weiter. Ein trockener Knall, der Schuß ging genau durch sein rechtes Knie. Er kam nach Oranienburg ins KZ. Wir haben nie wieder von ihm gehört.

Der Spezialvertrieb lief so lange einigermaßen gut, bis der Krieg ausbrach, Lebensmittelmarken zugeteilt wurden, dann war es aus mit Rabattgeben. Die Firma war am Ende. Das Emailschild mit der pompösen Bezeichnung wurde von der Wohnungstür abgeschraubt, eine schlichte Visitenkarte mit dem Namen unter die Klingel geklebt. Obwohl lupenrein deutschstämmig und damit auch höchsten Rassevorstellungen genügend, wollte keiner meinem Vater eine Arbeit geben. Mit seiner jüdischen Ehefrau war er ein Aussätziger, um den man einen weiten Bogen macht. Es dauerte lange, dann fand sich ein alter Kunde von ihm bereit, ihm eine Stellung als Buchhalter zu geben. Es ist in einer Drogerie in der Goebenstraße in Schöneberg.

Sein Wägelchen steht in all den Jahren – wenn es nicht gebraucht wird – in einer Garage in der Belle-Alliance-Straße. Zwischen York- und Teltower Straße neben dem Finanzamt, das mit seinen Zinnen auch heute noch aussieht wie eine mächtige Ritterburg. Dort auf dem Hof, links von dem langgezogenen Gebäude, ist eine Tankstelle, und die bedient Herr Trautwein. Er wechselt auch schon mal das Öl oder die verrußten Kerzen aus oder pustet den Vergaser durch. Die beiden, Trautwein und mein Vater, kennen sich schon lange, sie reden oft und viel miteinander. Trautwein ist Kommunist, aus tiefer Überzeugung. Er hat sich sofort bereit erklärt, mich aufzunehmen, wenn Not am Mann sei.

Die Straßenbahn bimmelt, ruckt an, bekommt Fahrt. »Is noch jemand zujestiejen, bitte? Nächste Haltestelle Bellajangs und Kreuzberch.« Der Schaffner schlängelt sich durch den zugigen, abgedunkelten Wagen und kassiert bei den Neuzugestiegenen. Ich stehe vorn auf der Plattform, die kleine blaue Glühbirne gibt nur spärlich Licht ab. Der Fahrer dreht mit der linken Hand an der Kurbel, das Tempo läßt allmählich wieder nach, für mich geht die letzte Fahrt zu Ende.

Erste Orte der Hilfe

Ich bin da, steige aus, und bleibe auf der Insel stehen. Autos huschen vorbei, spritzen Regenwasser an mir hoch, durch schmale Schlitze fällt Licht aus ihren Scheinwerfern. Hin und wieder ein blauer Blitz von der Oberleitung, wenn eine Straßenbahn quietschend die Kreuzung überfährt. Dann glänzt der nasse Asphalt für Sekundenbruchteile. Grünlich mattleuchtende Phosphorfarbe läßt den Rinnstein erkennen. Ich haste über den Damm.

Mein Vater sieht mich und winkt aus dem Dunkeln. »Schnell, komm, wir gehen direkt zu Trautweins.« Er nimmt nervös meine Hand. Wir überqueren die breite Kreuzung und laufen zur Gneisenaustraße. Er trägt eine große, pralle Einkaufstasche.

»Das Nötigste, Mama hat es eingepackt.«

Auf dem Weg halten wir an und gehen in einen schummrigen Hausflur. Mein Vater holt eine kleine Nagelschere aus der Manteltasche und trennt vorsichtig den gelben Stern von meiner Joppe – ein für allemal.

Noch ein paar Häuser weiter, und wir sind am Ziel, einer der typischen Kreuzberger Wohnkasernen. Im düsteren Eingang, wo es nach Kohl riecht, hängt links ein hoher Kasten an der Wand. Hinter zersprungenem Glas sind vier Reihen Namensschilder mit allen Mietern im Vorderhaus, Hinterhaus, im linken und rechten Seitenflügel. Eine Lampe an der hohen Decke, blau angestrichen, wirft kaum Licht herunter. Ich kann nichts entziffern, aber mein Vater weiß Bescheid. Wir müssen über den Hof ins Hinterhaus, vorbei an eisernen Mülltonnen. Die niedrige Tür mit zerbrochenen Scheiben kratzt beim Öffnen über den Steinboden, die ausgetretenen Holzstufen knarren, der hölzerne Handlauf über dem eisernen Geländer wackelt. Wir steigen drei Treppen hoch, nach jeder Etage ist rechts und links auf dem Absatz ein Lokus.

Wir klingeln, Frau Trautwein macht auf, läßt uns herein. Eine Frau um die Fünfzig, mager, tiefliegende Augen in dem faltigen Gesicht, rissige, abgearbeitete Hände. Sie trägt eine bunte Kittelschürze und Pantoffeln. Wir stehen in dem hohen, schmalen Flur. Frau Trautwein öffnet eine Tür und führt uns in die Küche. Auch hier Kohlgeruch. Ihr Mann ist noch »uff Arbeet«.

Eugen Friede mit seinem Vater Julius Friede; 1942/43

Mitten in der großen Küche reicht ein viereckiger Holzkasten bis zur Decke wie ein selbstgebastelter Schrank, vorne eine Tür, alles weiß gestrichen: die Toilette, nur durch dünne Wände vom übrigen Raum getrennt. Trautwein hat sie selbst gebaut. Es ist mir jedesmal peinlich, das Klo zu benutzen, jedes Plumsen und Plätschern ist draußen zu hören. Ich lasse das Wasser schon immer laufen, bevor ich mit dem eigentlichen Geschäft beginne. Aber oft ist das Wasserrauschen schon wieder beendet, wenn das Ballern erst anfängt.

»So, Eugen, det hier is jetzt dein Zuhause.« Frau Trautwein schwenkt ihren rechten Unterarm und nickt mir zu. »Schlafen wirste in der Küche uff'm Sofa, waschen kannsta dort im Ausjuß. Wir wern uns schon vatragen, wa?« Sie zwinkert mit müden Augen und streicht über meine Haare.

Ich lächle gequält und betrachte die neue Umgebung: Neben dem dunkelroten, durchgesessenen Plüschsofa mit dem geschwungenen Rückenteil, auf dem mein Vater und Frau Trautwein sich inzwischen niedergelassen haben, steht der weiße Küchenschrank, Unterteil mit Aufsatz. Kleine Glasscheiben in den oberen Türen, darunter eine Menge Glasschütten für Zucker, Mehl, Salz und anderen Kram. Auf dem breiten Unterteil steht eine Brotbüchse aus Blech mit aufgemalten Blümchen. Dann kommt die Eckbank mit dem weißen Tisch. Auf der anderen Seite der breite Kohleherd mit Eisenringen über den drei Kochstellen, daneben ein schmaler Gasherd und der halbrunde, eiserne Ausguß mit dem Wasserhahn. Vor den zwei hohen Fenstern sind schwarze Papierrollos heruntergezogen, so daß kein Lichtstrahl nach außen dringen kann. An den Stellen, wo das bräunlich gemusterte Linoleum abgetreten ist, sind Holzdielen sichtbar.

Ich setze mich verlegen auf einen Küchenstuhl und fühle mich ziemlich elend in meiner neuen Umgebung, bei Leuten, die ich nicht kenne. Diese Küche hier werde ich wahrscheinlich für lange Zeit nicht verlassen können. Ich werde nicht auf die Straße gehen dürfen, keine Freunde sehen, und wer weiß wie lange hier herumsitzen müssen. Diese Vorstellung macht mich todunglücklich.

Mein Vater verabschiedet sich schon bald, hetzt wieder zurück in unsere Wohnung und beginnt sogleich nach seinem schon vorher ausgeklügelten Plan zu handeln. Er ruft die Eltern von Jutta Sedladzek am Olivaer Platz an, die mit mir in einer Klasse war und deren Eltern in »Mischehe« leben. »Entschuldigen Sie bitte die späte Störung. Ist mein Sohn vielleicht bei Ihnen? Er ist nämlich noch nicht nach Hause gekommen, wir machen uns größte Sorgen. Ja, das wäre nett, wenn Sie sich melden würden. Gute Nacht.« Nächste Nummer, gleiche Frage. So geht er alle Eltern meiner Freunde durch, die noch Telefon haben. Es sind nicht viele, nur einige, bei denen der Anschluß auf den Namen des nichtjüdischen Elternteils läuft. Juden dürfen schon seit 1940 kein Telefon mehr haben. Auch in den nächsten Tagen setzt mein Vater die Suche nach mir fort, fragt Hinz und Kunz, ruft bei Krankenhäusern und Polizeirevieren an. Schließlich stellt er eine Vermißtenanzeige. Auf unserem Revier in der Kreuzbergstraße gibt mein Vater eine herzzerreißende Vorstellung mit Heulen und Zähneklappern. Ich sei von sensibelster Natur und Depressionen zugeneigt, hätte Selbstmordgedanken am laufenden Band. Der Zwischenfall mit dem Judenstern müsse mir den Rest gegeben haben, das müsse das i-Tüpfelchen gewesen sein. Eine Suche sei daher sinnlos, höchstens nach der Leiche. Schon ein paar Tage nach der Vermißtenanzeige werden die Nachforschungen eingestellt, Eugen Herman wird aus den Akten gestrichen – verstorben.

Inzwischen hocke ich bei Trautweins in der Küche, rühre mich nicht vom Fleck, verhalte mich lautlos und döse vor mich hin. Die Stimmung ist schon nach den ersten Tagen gespannt. Er ist tagsüber nicht zu Hause, sie ist mit mir allein. Wenn ich ihr Kartoffeln schälen oder Gemüse putzen helfen will, sagt sie nein. Sie kann mich offensichtlich nicht leiden. Warum sollte sie auch? In ihren vier Wänden bin ich ein Fremdkörper, nicht nur störend und ungewohnt, sondern auch noch sehr gefährlich. Ihr hängt das schon alles zum Halse heraus, und ich spüre es. Und ihr Mann spürt es auch. Und wenn mein Vater sich blicken läßt, merkt er es auch. Einige wertvolle Schmuckstücke können die Stimmung nur kurzfristig ändern. Die Gefahr, in die sich beide begeben haben, kommt ihnen täglich mehr zum Bewußtsein, die Angst wächst mit jeder Stunde. Schon nach zwei Wochen heißt es, aus Hannover komme Besuch, und es werde, wenigstens vorübergehend, Platz gebraucht. Trautwein selbst sorgt für ein anderes Quartier.

Familie Horn ist mit den Trautweins befreundet. Die Horns wohnen in Blankenburg, einem Vorort im Nordosten von Berlin. Blankenburg ist in meiner Erinnerung für immer mit Ruth verbunden. Sie lebt leider nach 1945 nicht mehr lange. Durch ihre kranke Lunge ist sie so geschwächt, daß sie eine Fehlgeburt nicht überlebt. Aber damals, im Frühjahr 1943, ist sie wohlauf. Sie ist die Tochter, etwas älter als ich, achtzehn. Rappeldürr, lange fettige Haare, pickliges Gesicht, aber unwahrscheinlich schöne Beine. Ich sehe diese Beine genau vor mir, fast von dort, wo sie anfangen, in Seidenstrümpfen mit dunkler Naht, hinten die schwarzen Gummibänder des Strumpfhalters, bis zu den sehr hochhackigen, sehr spitzen Schuhen.

Ihre Eltern haben uns allein gelassen. Es ist gleich einer der ersten Abende nach meiner Ankunft. Die Eltern sind nach Berlin ins Kino gefahren. »Roter Mohn, warum welkst du denn schon«, singt Rosita Serano im Radio mit rollendem »r«. Ruth hat die Stehlampe in dem gemütlich eingerichteten Wohnzimmer ausgemacht und das Verdunklungsrollo hochgeschoben. Ich sitze in einem tiefen, bequemen Sessel vor dem breiten Fenster zum Garten. Draußen ist klarer Himmel, Sterne und Vollmond. Ruth kehrt mir den Rücken zu, steht ganz dicht vor mir, bückt sich mit gestreckten Beinen tief hinunter, hantiert am Plattenschrank. Beine, die kein Ende nehmen wollen, direkt vor meinen Augen.

Es kommt mir vor, als würde ich träumen. Das schöne Einfamilienhaus, die netten Leute und nun auch noch ein Mädchen, das

28

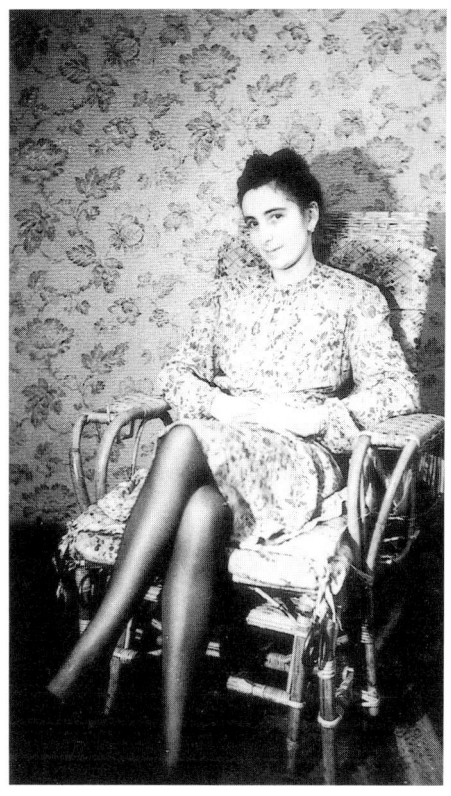

Ruth Horn; Frühjahr 1943

offensichtlich Spaß am Flirten hat. Schon vom ersten Augenblick an spüre ich in Blankenburg eine ganz andere Atmosphäre, nicht die räumliche Enge wie bei Trautweins. Ich habe hier nicht den ständigen Zwang, mich unsichtbar machen zu müssen, weil man mich nur ungern sieht. Es ist zu meinem vorherigen Quartier ein Unterschied wie Tag und Nacht.

»Wolln wa tanzen?« Ruth hat das Radio abgeschaltet und eine Platte aufgelegt. Nun trällert Marika Rökk: »Für eine Nacht voller Seligkeit...« Ruth legt ihre Hand auf meine Schulter und rüttelt zaghaft. Mir ist nicht ganz wohl in meiner Haut. Ich kriege kalte

Füße, denn ich kann überhaupt nicht tanzen.»Komm schon, hab da nich so. Sei keen Frosch.« Ruth lockt augenzwinkernd. Wir tanzen recht und schlecht, aber eng umschlungen. Nach den ersten unbeholfenen Schritten klemmt sie meinen Oberschenkel fest zwischen ihre Beine. Mir steigt das Blut zu Kopf, sie bekommt feuchte Hände. Ruth flötet in mein Ohr, mehr mit der Zunge als mit der Stimme, es ist angenehm kitzlig:»da geb ich alles hin.«

Jäh fällt mir Helga ein, meine erste große Liebe. Ich muß oft an sie denken, aber an diesem Abend habe ich sie beinahe vergessen.»Bitte, sei ma nich böse, aba mir is heute jarnich danach.« Ich gebe mir Mühe, müde auszusehen. Ruth hört abrupt auf zu tanzen, reißt die dunkle Papierjalousie wieder herunter und knipst das Licht an. Damit ist dieser Abend gelaufen.

Davor gab es Esther, aber das liegt noch weiter zurück und ging damals schnell zu Ende. Ich traf sie jeden Morgen in der U-Bahn, wenn ich am Gleisdreieck umgestiegen bin, um in die Schule zu kommen. Vor Aufregung und vor Angst, daß ich den Zug versäumen könnte, in dem sie saß, bekam ich regelmäßig Herzklopfen. Ich war bis über beide Ohren verknallt in das dunkelhaarige Mädchen aus meiner Parallelklasse. Ich sah sie nur an und lief bis zum Klassenzimmer hinter ihr her, ohne jemals auch nur ein Wort mit ihr zu sprechen. Eines Morgens, als sie wieder neben mir in der Bahn stand, hing ein großer grüner Popel aus ihrem linken Nasenloch heraus. Dieser Anblick machte mich wieder völlig nüchtern und ließ meine Gefühle im Nu erkalten.

Helga sah ich zum ersten Mal, als sie noch fast eine Glatze hatte. Wegen einer Hautkrankheit mußten ihr die Haare geschoren werden. Das war einige Wochen, bevor sie in meine Klasse kam. Sie war auch später, als ihre Haare wieder lang waren, nicht unbedingt schön, aber sehr anziehend. Im Gegensatz zu den meist albernen und kichernden Mädchen in unserer Klasse war Helga in meinen Augen eine schon fertige, erwachsene Frau. Sie hatte eine starke weibliche Ausstrahlung, obwohl sie ein Jahr jünger war als ich, so etwa 14, 15. Wegen ihrer hervorragenden schulischen Leistungen durfte sie eine Klasse überspringen. Schon nach kurzer Zeit war sie auch bei uns mit Abstand die Beste. Sie war alles andere als eine Streberin, weder eingebildet noch angeberisch, sondern eher frech und aufmüpfig. Ihre Arbeit über den »Zauberberg« von Thomas Mann wurde den

Helga Weißblüth und Eugen Friede im Hof der jüdischen Schule in der Lindenstraße; Frühjahr/Sommer 1942

oberen Klassen als Pflichtlektüre auferlegt. Ich wollte danach auch den Zauberberg lesen, kam aber über die ersten paar Seiten nicht hinaus. Es war mir viel zu schwer und unverständlich. Meine Leistungen in der Schule waren eher dünn, teilweise sogar sehr dünn, außer in den Fächern Turnen und Zeichnen. Schule war für mich ein Greuel, ich war faul und unaufmerksam. Aber mit Helgas Erscheinen bekam die Penne mit einem Mal eine ganz andere Bedeutung für mich. Ich ging gern hin, versäumte keinen Tag, keine Stunde. Helga zog mich wie ein Magnet in ihre Nähe. Ich war nicht nur verliebt, ich liebte zum ersten Mal in meinem Leben. Weil ich zu schüchtern war, konnte ich es ihr nicht sagen, nicht zeigen, nicht einmal andeuten. Sie mußte es dennoch gespürt haben, sie nahm nun selbst die Sache in die Hand. »Willste nich mal mitkommen zu Hotte Drucker, der hat so tolle Jazzplatten?« fragte sie mich eines Mittags in der Pause. Horst war auch in unserer Klasse und wohnte ganz in der Nähe. Er war ein

31

richtiger Tangobubi, hatte glattgebürstete, glänzende lange Haare, die ihm tief ins Genick hingen und nach Pomade dufteten. Helga legte immer dieselbe Platte auf:»Ich wünsche mir, daß du mir sagst, ich liebe dich, ich wünsche mir...«»Findste die Platte nich ooch jut?« fragte sie mich beiläufig und nuddelte dabei Hottes Grammophon mit der Kurbel auf. Am nächsten Morgen in der Schule drängte sie sich an mich heran und summte die Melodie vor sich hin, geflissentlich vermeidend, mich dabei anzusehen. Mir wurde indes ganz mulmig, das Herz schlug mir bis zum Hals. Und dann sollte ich nach dem Unterricht mitkommen, ihr Fahrrad reparieren. Helga wohnte mit ihrer Mutter in einem alten, verkommenen Hinterhaus in der Kleinen Frankfurter Straße in der Nähe unserer Schule. In dem düsteren, nach Feuchtigkeit und Moder riechenden Hausflur überwand ich schließlich meine Hemmungen, küßte sie zaghaft, ihr Gesicht mit beiden Händen haltend. Helga erwiderte den Kuß auf ihre Art, so daß mir die Luft wegblieb und mir beinahe schwindlig wurde. Von da an verbrachten wir fast jede freie Minute bei ihr. Stundenlanges Umarmen, Küssen, Flüstern, Streicheln. Helgas Mutter, Gertrud Weißblüth, war selten zu Hause. Sie ging zu fremden Leuten putzen, um so den Unterhalt für sich und ihre Tochter zu verdienen. Außerdem lebte in der Zweizimmerwohnung ständig ein Untermieter.

Eines Tages, wir saßen nach der Schule wieder auf dem Bett bei unserer gewohnten Beschäftigung, machte Helga sich los, stand auf, zog ihre Bluse aus, öffnete ihren Büstenhalter, streifte ihn ab und ließ ihn fallen. Dann stieg sie aus ihrem Rock und zog den Schlüpfer aus. Zum ersten Mal sah ich einen nackten Frauenkörper vor mir. Ich vergrub mein Gesicht zwischen ihre vollen Brüste, sog den ungewohnten Geruch ihrer Haut ein, streichelte, drückte, küßte, saugte, biß, schwebte im siebten Himmel, genoß den Augenblick in vollen Zügen. Weiter sind wir auch später nie gegangen, trotz manchmal schier unerträglichem Verlangen. Wir waren noch zu unbedarft in der Liebe, und keiner von uns beiden wußte, wie man die Folgen hätte verhindern können.

Meine Eltern hatten Helga kennengelernt. Ich hatte sie öfter mit zu uns genommen. Sie mochten sie sehr. Mein Vater wollte versuchen, sie auch unterzubringen, aber ihre Mutter lehnte kategorisch ab. Sie bestand darauf, daß ihre Tochter mit ihr zusammenblieb. Sie

Helga Weißblüth mit Anja und Julius Friede; Sylvester 1942

werden beide mit dem »39. Osttransport« am 28. Juni 1943 nach
Auschwitz verschleppt und ermordet. Die Trennung von Helga ist in
der ersten Zeit, als ich untertauche, das Schlimmste für mich. Nachts
weine ich oft und – weniger aus Überzeugung als aus Verzweiflung –
bete zu Gott, daß er Helga beschützen möge.

Ruth Horns Vater ist Elektriker, seine Werkstatt befindet sich unter
dem Dach. Unten im Laden werden Elektroartikel verkauft: Glühbir-
nen, Schalter, Sicherungen und Radios. Ich puzzele tagsüber meist in
der Dachkammer herum, flicke kaputte Bügeleisen, defekte Tauchsieder, schadhafte Heizkissen. Zwischendurch höre ich, so oft es
geht, Nachrichten im BBC. Erst die Neuigkeiten, dann unterhalten
sich die beiden »Freunde im Café am Potsdamer Platz« über die
gegenwärtige Lage. Und zwischendurch flotte Musik vom Soldaten-
sender Calais. Pünktlich alle sieben Minuten vor der vollen Stunde
meldet sich Gustav Siegfried Ein mit »Es spricht der Chef«: »Während
sich unsere Soldaten in Afrika vor Ruhr die Därme aus dem Arsch
scheißen, läßt Göring, die fette Sau...« Immer anschaulich, bildhaft,
lebensnah.
Im Frühjahr fällt Stalingrad, Paulus marschiert mit seiner geschlagenen Armee in Gefangenschaft. Die Russen sind auf dem Vor-

marsch, brechen im Sommer durch bis zum Dnjepr. Die deutschen Verbände sind auf der Flucht.

Bei dem Stichwort Russen fällt mir die irrsinnige Geschichte mit der sowjetischen Staatsangehörigkeit ein, die nur in einer so verzwickten Familie wie der unsrigen passieren konnte. Als der Versuch meiner »Arisierung« nicht so ablief wie gewünscht, war die Enttäuschung groß, aber nicht für alle Zeiten. Mit einem Mal waren wir froh, daß diese Schmalspurakademiker so entschieden hatten. Wir sahen einen großen Hoffnungsschimmer, mehr noch, das Ende aller Not von dem Moment an, als Hitler mit Stalin im August 1939 einen Pakt schloß. Mein Vater Herman war nämlich nicht nur Jude, er war auch Russe. Ergo war auch ich Russe. Und dieser Umstand mußte die sichere Rettung sein. Euphorie brach aus. Meine Mutter rannte freudestrahlend und mit fliegenden Fahnen zur russischen Botschaft, legte Dokumente vor, sortierte vertrackte Verhältnisse, brachte Licht in ihr Eheleben, erklärte alles und beantragte für mich einen sowjetischen Paß, wie er mir nunmehr zustehen mußte. Bevor dieser Antrag alle bürokratischen Mühlen durchlaufen hatte, war das Bündnis schon wieder überlebt, die Botschaft geschlossen, die Russen hinausgeschmissen. Hitler hatte die Sowjetunion angegriffen, und wir waren heilfroh, daß ich noch kein Russe geworden war. Alles blieb so wie zuvor.

Es sieht ganz so aus, als ob ich das Kriegsende in aller Ruhe und Geborgenheit in Blankenburg erwarten kann. Neben der Werkstatt auf dem Dachboden habe ich ein kleines Zimmer für mich allein, Ruth und ihre Eltern schlafen unten. Ich lebe schon einige Wochen im Haus, da ruft mich Ruth eines frühen Morgens zu sich herunter. Noch verschlafen stehe ich auf, ziehe die Trainingshose über, reibe mir die Augen, latsche nach unten und klopfe bei ihr an.

»Komm rin, die Alten sind nach Berlin, Ware holn.«

Ich öffne nichtsahnend die Tür und trete ein. Die Jalousien sind halb hochgezogen, die Fenster geschlossen, die Luft ist schlecht. Ruth liegt splitternackt auf ihrem zerwühlten Bett, die Arme hinter dem Kopf verschränkt. Sie hat rote Flecke am Hals und Schweißperlen im glänzenden Gesicht, schwarze Haarbüschel, zu runden Locken geformt, kleben in ihren feuchten Achselhöhlen. Ich sehe zum ersten Mal, daß sie ganz flach und ohne Busen ist. Nur die beiden

34

brauen Brustwarzen recken sich steil in die Höhe. Ruth sieht mich aus halbgeschlossenen Augen an. Vor lauter Verlegenheit will ich mich rückwärts verziehen, da räkelt sie sich lasziv und zischelt mir grinsend zu: »Watn, willste nich?«

Dann geht alles blitzschnell. Ich vergesse Helga, denke nicht mehr an Ruths naßkalte Hände und auch nicht an eventuelle Folgen. Mit einem Satz liege ich auf ihr und zerre ungeduldig die Trainingshose hinunter. Mit ihrer Hilfe bin ich in ihr drin. Ich will ihr nicht ins Gesicht sehen und drehe meinen Kopf zur Wand. Schon nach wenigen Augenblicken fühle ich, wie etwas aus mir herausdrängt, werde schneller, noch schneller und in letzter Sekunde – raus. Ich reiße mit einer Hand die Hose hoch, presse mich an Ruths knochigen Oberschenkel und spüre, wie es drei, vier Mal aus mir herausschießt. Dann rolle ich mich zur Seite, atme schwer. Ruth liegt mit geschlos-

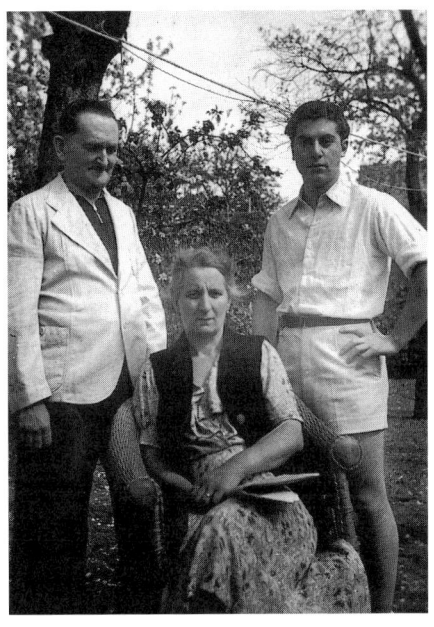

Eugen Friede mit Gertrud und Ewald Horn im Garten ihres Hauses in der Scharfensteinstraße 14; Frühjahr 1943

senen Augen und offenem Mund da, ihr Hals ist krebsrot, und sie schwitzt.

Ich springe rasch auf, hüpfe, noch immer keuchend, in das Badezimmer, ziehe die feuchte Hose aus, drehe sie nach links und halte sie in den Wasserstrahl. Dann putze ich mir die Zähne und dusche. Danach schleiche ich mich an Ruths Zimmer vorbei, springe die schmale Holztreppe hinauf, werfe mich auf mein Bett und stiere an die schräge Decke. Das also war's, geht es mir durch den Kopf, völlig anders, als ich es mir ausgemalt habe, ganz ohne Liebe, ohne jede Zärtlichkeit, ohne Lust, eigentlich ungewollt. Wir versuchen es nicht noch einmal, obwohl wir uns prima verstehen. Ruth ist ein wunderbarer Mensch und will mir ganz sicher in meiner unnatürlichen Situation das Leben so erträglich wie nur möglich machen.

Die folgenden Tage und Wochen bei Horns in Blankenburg vergehen in relativer Sorglosigkeit. Wenn es draußen dunkel wird und das Wetter trocken ist, gehen wir beide, Ruth und ich, ins Freie, Luft schnappen. Ich ziehe mich vorher zur Tarnung um, Kleider von ihr oder, wenn ihre Sachen zu eng sind, von ihrer Mutter. Ein Mädchen fällt nicht so auf wie ein Junge in meinem Alter ohne Uniform. Nach einigen Metern Straße beginnen schon die Felder und Wiesen. Wir machen oft ausgedehnte Spaziergänge, tollen und johlen und sind ausgelassen wie kleine Kinder. Von den Eltern werde ich wie ein eigener Sohn behandelt.

Durch Fleiß und Sparsamkeit haben Horns es zu etwas gebracht. Das schöne Haus haben er und seine Frau unter großer finanzieller und noch mehr körperlicher Anstrengung ganz allein gebaut. Das Geschäft geht gut, es ist das einzige weit und breit. Alle drei arbeiten im Laden, den Haushalt teilen sich Ruth und ihre Mutter.

Horn ist ein ruhiger, bescheidener Mann um die Fünfzig, bei dem ich nur einmal erlebe, wie er aus dem Häuschen gerät. Es ist am Abend des 18. Februar 1943. Wir sitzen noch alle nach dem Essen im Wohnzimmer um den großen Tisch und starren gebannt auf das Radio, ein hellbrauner Graetz mit grünem magischem Auge. Alle lauschen der sich überschlagenden, kreischenden Stimme von Goebbels, der im Sportpalast in Berlin wie ein Geisteskranker brüllt: »Ich frage euch, wollt ihr den totalen Krieg?«

»Jaaaaa«, schreit, johlt, tobt geschlossen die Meute, »jaaaaa«, fanatischer, nicht endenwollender Applaus.

»Diese Verbrecher, diese Mörder. Schluß damit. Ich kann das nicht mehr mitanhören.« Ruths Vater brüllt auch wie ein Irrer, hält sich erst mit beiden Händen die Ohren zu, springt dann auf, packt die Blumenvase vom Tisch, reißt mit der Linken die Tulpen heraus, schwingt mit der Rechten die Vase über die Schulter, so daß das Wasser gegen die Wand spritzt, und will sie in den nagelneuen Apparat schleudern. Seine Frau fällt ihm in den Arm, schreit: »Was kann das Radio dafür?«

Wir müssen ihn zu dritt festhalten. Er ist außer sich vor Wut, beruhigt sich nur langsam, schaltet dann das Radio aus und sagt leise: »Ich will diesen Scheißdreck nicht mehr hören. Ich dreh sonst noch durch.«

Mein Vater kommt ab und zu und bringt jedesmal eine wertvolle Kleinigkeit mit. Horns wehren sich vergeblich, etwas anzunehmen. Es ist ihnen sichtlich unangenehm. Sie freuen sich dann am Ende aber doch über den Ring, den Delfter Teller oder den silbernen Kerzenleuchter. Mir bringt er meine Dunkelkammerutensilien aus der Wohnung in der Belle-Alliance-Straße mit: eine schwarze Entwicklertrommel, den Kopierrahmen, mehrere Schalen, unterschiedlich starkes Papier und die notwendigen Chemikalien, schon aufgelöst und in braunen Gummiflaschen abgefüllt. Als ich noch in der Nähe vom Hackeschen Markt zur Schule ging, bin ich eine Zeit lang nach dem Unterricht zu dem Fotografen Abraham Pisarek in die Oranienburger Straße gegangen, der mir beibrachte, wie man Filme entwickelt, Negative auf Papier kopiert und vergrößert. Pisarek war Jude, aber durch seine »arische« Frau geschützt. Er durfte seinen Beruf nicht mehr ausüben und mußte in einer Fabrik zwangsarbeiten. Trotzdem zeigte er mir in dem engen Badezimmer seiner Wohnung, wie man diese Arbeiten macht. Mein Vater bringt mir auch unseren Fotoapparat, einen alten Voigtländer. Obwohl Juden schon am 13. November 1941 ihre optischen Geräte abliefern mußten, habe ich noch einen. Die Filme, die ich hin und wieder verknipse, kann ich nun selbst entwickeln und aus den Negativen Schwarzweißbilder machen.

An meinem 17. Geburtstag ist klares, warmes Frühlingswetter, die ersten Bäume blühen, rosa Mandelblüten, weiße Apfel- und Kirschblüten. Meine Eltern kommen, und wir feiern mit Kaffee und Kuchen im gepflegten Garten, so als sei tiefster Friede. Die Schwester von

Feier zu Eugen Friedes 17. Geburtstag in Horns Garten am 23. 4. 1943;
v. l. n. r.: Julius Friede, Anja Friede, unbekannt, Gertrud Horn, Eugen
Friede, Ewald Horn, Willi Bremeyer, Grete Rado

Herrn Horn mit ihrer zwanzigjährigen Tochter Ursel kommt auch zu
Besuch. Beide werden bei der Vorstellung aufgeklärt, um welche
Gäste es sich bei uns handelt. Sie tun so, als sei es das Natürlichste von
der Welt, daß ihre Verwandten einen Juden in ihrem Haus verstek-
ken.

Blankenburg ist ein kleines Nest, und jeder kennt dort jeden.
Besonders die Geschäftsleute sind miteinander befreundet. Der
Fleischer und auch der Milchmann in diesem Teil von Blankenburg
werden von Frau Horn ins Vertrauen gezogen und verkaufen ihr
Lebensmittel, ohne dafür Marken zu verlangen. Es geht uns allen gut,
meine Eltern haben keinen Grund, sich Sorgen zu machen.

Am 27. Mai, genau vier Monate nachdem ich morgens unsere
Wohnung verlassen habe, ist es schlagartig vorbei mit dem schönen
Leben. Frau Horn kommt vom Einkaufen nach Haus, total aufgelöst,
am ganzen Leib zitternd reißt sie die Wohnungstür auf und schreit:
»Wo ist Eugen, er muß sofort weg hier und verschwinden. Sofort.«

Ich höre die schrille Stimme in der Küche beim Geschirrspülen, lasse den Teller wieder in den Abwasch gleiten, werfe den Lappen hinterher und laufe ins Wohnzimmer. Ruth und ihr Vater, die im Laden den Krach gehört haben, kommen angerannt. »Was ist los? Warum denn? Was ist passiert?« Alle quatschen durcheinander. Frau Horn keucht noch vom schnellen Laufen, kann kaum sprechen, holt zwischendurch immer wieder Luft. »Eugen muß hier weg, schnellstens, heute noch. Stellt euch vor, das ganze Dorf weiß Bescheid, was bei uns los ist.« Sie wird bleich im Gesicht, Tränen kommen hoch. Sie stützt sich auf die Stuhllehne und spricht mit farbloser Stimme weiter: »Im Milchladen unterhalten sich die Leute ganz offen darüber, daß wir einen Juden versteckt halten, bei uns zu Hause. Die werden uns alle abholen, wie furchtbar.« Sie bedeckt ihr Gesicht mit beiden Händen.

Ruth versucht zu bagatellisieren: »Is doch allet halb so wild, laß doch erst mal abwarten.«

»Worauf denn warten? Vielleicht bis die Gestapo vor der Tür steht? Biste denn noch zu retten. Er muß weg, sofort, schnell. Womöglich sind se schon unterwegs nach hier.« Ruths Mutter fängt laut zu weinen an. Ruth flennt auch, rennt aus dem Zimmer, knallt die Tür zu.

»Warum mußte auch allet herausposaunen, dein ewiges Herumtratschen. Hättste nich einmal wenigstens deine Klappe halten können, aba nee, jeder musset wissen. Jetzt ham wa den Salat.« Horn schimpft mit seiner Frau, rauft sich die Haare. Ich stehe danebern wie ein begossener Pudel.

»Los, ruf deinen Vater an.« Frau Horn sieht wütend an mir hoch. »Steh nich so rum, tu was.«

Ich spreche mit meinem Vater, hastig, aufgeregt. Er kommt, nervös, außer sich. Wir verlassen Blankenburg ohne Dankeschön, ohne Abschied, in Panik und Hektik, fluchtartig. Wir fahren direkt zu Tante Grete, Vaters Schwester, und Onkel Willi in die Maxstraße 29, Ecke Fritz-Reuter-Straße. Tante Grete ist verwitwet und lebt schon seit langen Jahren mit ihrem Lebensgefährten Willi Bremeyer zusammen. Als wir dort ankommen, herrschen Widerwille und Abneigung auf beiden Seiten. Diese Verwandtschaft war das Allerletzte, wohin mein Vater mich bringen wollte. Nur im äußersten Notfall, aber uns steht das Wasser bis zum Hals.

»Verwandtschaft hin, Verwandtschaft her, du weißt, Willi ist in der Partei. Wir können uns sowas nicht leisten, wo kämen wir da hin? In Teufels Küche«, höre ich Tante Grete zu Vater sagen. Trotzdem nehmen sie mich auf. Nicht mit offenen Armen, zähneknirschend und ausdrücklich nur kurzfristig. »Keinen Tag länger als unbedingt nötig.«

Es gab Zeiten, da war alles ganz anders, da waren wir oft mit den Schönebergern zusammen. Onkel Willi fuhr einen schnittigen Zweisitzer Studebaker Cabrio, weiß mit roten Lederpolstern. Wenn man die rückwärtige Haube mit dem aufgeschraubten Ersatzrad nach oben klappte, kam ein gepolsterter Sitz zum Vorschein. Dieser Notsitz war mein Platz. Die Innenseite der Klappe war die Lehne, auch rot gepolstert. Dort saß ich mit Lederkappe und gefütterter Autobrille. Dann ging es ab zum Müggelsee, nach Werder zur Baumblüte, nach Grünau oder zur Machnower Schleuse. Und meine Eltern mit ihrem lächerlichen Dixi hinterher. Mit fünfzig Sachen die Stunde, wenn es hoch kam. Und dann gab es Kaffee und Kuchen. »Der alte Brauch wird nicht gebrochen, hier können Familien Kaffee kochen«, stand in großen Buchstaben draußen über den Gartenlokalen. Für wenige Pfennige bekamen wir kochendes Wasser und Geschirr. Kaffee und Kuchen mußte man mitbringen.

Aber die Beziehung kühlte ab. Je breiter sich die Nazis machten, desto weniger konnten die Verwandten meine Mutter leiden. Und deshalb konnte mein Vater seine Schwester und Onkel Willi bald nicht mehr ausstehen. Bei der NSDAP stieg Onkel Willi zum Amtswalter auf. Er wurde ein Goldfasan, einer wie aus dem Bilderbuch: braune Jacke, braune Hose, braune Stiefel, braunes Hemd und braune, flache Mütze, braun von oben bis unten, von innen und außen. Die Tante war noch schlimmer, geradezu hysterisch, wenn es um Adolf ging. Kein einziger Führergeburtstag wurde ausgelassen, ihm zuzujubeln. Der 20. April war höchster Feiertag. An solchen Tagen hingen viele lange Hakenkreuzfahnen von allen Fenstern der Wohnung und vom Balkon herab. Jetzt, Ende Mai 1943, als wir um vorübergehende Aufnahme für mich bitten, ist die überschäumende Begeisterung verflogen, aber nur nahezu.

Die große Siebenzimmerwohnung im Hochparterre ist kein ideales Versteck. Fünf Zimmer sind vermietet, an kleinere und größere Nazis, alles Beamte. In einer engen, licht- und fensterlosen Rumpelkammer neben dem Klo muß ich schlafen, neben abgestellten Koffern, Kisten, Leitern und Gerümpel. In aller Herrgottsfrühe schleiche ich den langen, düsteren Korridor entlang nach vorne in das Eckzimmer, den Wohnraum der beiden, der durch eine Tür mit ihrem Schlafzimmer verbunden ist. Der große Raum kann vom gegenüberliegenden Haus der schmalen Straße eingesehen werden. Deshalb müssen die schweren Vorhänge auch tagsüber zugezogen bleiben, wodurch es immer dämmrig ist. Ich werde eingeschlossen, und beide verlassen das Haus, um ihrer Beschäftigung nachzugehen. Die Tante steht von früh bis spät in ihrem Zigarrenladen am Wartburgplatz, und Onkel Willi fährt Geldtransporte für die Reichsbank. Das Geschäft ging blendend bis zur Einführung der Tabakzuteilung, danach ging es bergab, und der Onkel mußte mitverdienen.

Das letzte Mal hat mir Ruth in Blankenburg die Haare geschnitten. Das ist schon eine ganze Weile her, und ich bekomme mittlerweile Ähnlichkeit mit einem Neandertaler. Die Mähne muß herunter, aber keiner traut sich. Onkel Willi hat schließlich den erlösenden Einfall: »Du bist der ausgebombte Neffe aus Hamburg, schwerverletzt, kannst nicht laufen. Heute abend bringe ich meinen Frisör mit. Hier, damit kannst du dich verbinden.« Er wirft mir Mullbinden und Pflaster, Bandagen und einen Krückstock zu. Ich verarbeite alles, schneide von einer alten Hose ein Bein ab und erwarte den Figaro.

»Ach Jottchen, nee, jibtet denn schon so lange keene Frisöre mehr in de Hansestadt?« Er ist ganz baff, als er versucht, mit seinem Kamm durch meine Haare zu fahren. »Det is ja schrecklich. Und Sie hat's ja ooch janz schön erwischt, wa. Diese vadammten Terroranjriffe werden ooch imma schlimma.«

Je länger der Aufenthalt in der Maxstraße dauert, um so unerträglicher wird das Leben dort. Tag für Tag in dem halbdunklen Zimmer, immer nur auf Zehenspitzen laufen; husten, niesen, pupen nur ins Kissen. Selbst das Pullern in einen Eimer muß mit äußerster Sorgfalt vor sich gehen, nur an den Rand, leise, behutsam, nur nicht aus Versehen plätschern. Es gibt nur eine kurze Zeitspanne am frühen Nachmittag, in der keiner in der Wohnung ist, die muß abgepaßt werden, um den Eimer im Klo zu leeren. Alle sind gereizt, es herrscht dicke Luft.

Wenn die Tante am Morgen, etwas später als Onkel Willi, das Haus verläßt, um ins Geschäft zu gehen, kann sie es sich nicht verkneifen, mich vorwurfsvoll anzusehen und zu sagen:»Hoffentlich findet dein Vater nun endlich was für dich. Wie lange willst du denn noch hierbleiben? Junge, seid ihr euch denn überhaupt im klaren darüber, was die mit uns machen, wenn die dich hier finden?« Sie wirft mir jedesmal ihre angebrochene Schachtel Zigaretten, Marke Stambul, zu und vergißt nie zu bemerken:»Mach den Vorhang nicht auf und sei um Himmelswillen leise, damit dich keiner hört.«

Ich halte die Klappe, mache mich so klein wie möglich und verziehe mich in die äußerste Ecke, hoffe genau wie sie, daß mein Vater bald einen anderen Unterschlupf finden wird. Er läuft inzwischen von Pontius zu Pilatus, um ein Versteck auszumachen. Endlich, im August, klappt es.

Die Winklers und ihre Freunde in Luckenwalde

Trautwein bringt den Kontakt durch eine ältere, kleine, dunkelhaarige Frau zustande. Sie war vor Jahren kommunistische Abgeordnete im Reichstag und hat noch immer beste Verbindungen. Als sich mein Vater in der Gneisenaustraße bei Trautweins zum ersten Mal mit ihr trifft, erzählt sie ihm von Günther Samuel und Hans Winkler. Günther Samuel war aktiver Leichtathlet und viele Jahre Mitglied im Trebbiner Sportverein, bis man auf einmal den Juden in ihm entdeckte und ihn rausschmiß. Die Familie Samuel, die sich in dem kleinen Ort Trebbin nicht mehr sicher fühlte, zog um nach Berlin, wo Frau Samuel jetzt als Schwester im Jüdischen Krankenhaus in der Iranischen Straße arbeitet. Hans Winkler, enger Freund und Sportkamerad von Samuel, ist mit seiner Familie auch von Trebbin weggegangen und hat sich in Luckenwalde niedergelassen. Er versucht alles, seinen alten Freund zu retten. Er kennt einige Leute, die Juden verstecken würden, aber als sie hören, daß ein sechsjähriger Junge dabei ist, machen alle einen Rückzieher. Das Risiko, durch das Kind, das auch noch besonders temperamentvoll ist, entdeckt zu werden, ist zu groß.

Das alles erzählt die Frau meinem Vater, als sie sich in der Gneisenaustraße bei Trautweins zum ersten Mal treffen.

Mein Vater ist anfangs skeptisch. »Sie glauben wirklich, daß Winklers zuverlässige Leute sind? Wo will Winkler denn meinen Sohn unterbringen?«

Sie kenne Winkler persönlich gar nicht, erwiderte die Frau, sie wisse nur von seinen Bemühungen um seinen Freund Samuel und habe sich bei einigen Genossen, ebenfalls Freunden von Samuels, über Winkler erkundigt. Aber wo ich untergebracht werden solle, wisse sie nicht.

»Warum, glauben Sie, macht Winkler das alles? Er kennt uns nicht«, will mein Vater wissen.

Wie gesagt, sie kenne ihn nicht persönlich, er sei nie Mitglied ihrer Partei gewesen, auch keiner anderen, soweit sie wisse. Erst durch die Freundschaft mit Samuels und mit einigen anderen Genossen sei Winkler Antifaschist geworden. Die Frau schüttelt energisch den Kopf auf die Frage meines Vaters, ob Winkler so etwas tue, um ein Geschäft daraus zu machen. Übrigens sei es noch gar nicht sicher, ob Winkler mich überhaupt unterbringen werde. Er wolle mich zunächst persönlich in Augenschein nehmen. Das sei verständlich, antwortete mein Vater.

»So, den nehme ich gleich mit«, sagt Winkler, zu meinem Vater gewandt, als wir uns am folgenden Nachmittag, einem schwülen Augusttag 1943, in dem halbdunklen Wohnzimmer in der Maxstraße treffen. »Los, pack deine Siebensachen ein. Beeil dich, wir wollen verschwinden, bevor es dunkel wird.« Winkler sieht sich um, als wolle er mir behilflich sein, aber die paar Klamotten bringe ich fix in dem kleinen Fiberglaskoffer unter.

Winkler ist groß, hager, hat kurze, semmelblonde Haare, abstehende Ohren und ein rotes Gesicht mit einer großen Warze auf der linken Backe. Beide Hände sind verkrüppelt, an der rechten fehlen zwei Finger, links der Zeigefinger und die Fingerkuppen. Er fand als Kind Munition und spielte damit herum, sie war scharf und explodierte. Jetzt ist er froh darüber, er wird deshalb nicht eingezogen. Er trägt einen hellbraunen Anzug, Pfeffer und Salz, sportlich mit Gürtel.

Wir verabschieden uns bald. Tante Grete atmet auf. Sie will beim Abschied dabei sein. Der Onkel muß deshalb einspringen und im Laden stehen. Auch ich bin heilfroh, daß ich von hier verschwinden kann. Nur mein Vater macht ein sorgenvolles Gesicht, er weiß von Winkler kaum etwas, eigentlich nur, daß er mich mit nach Lucken-

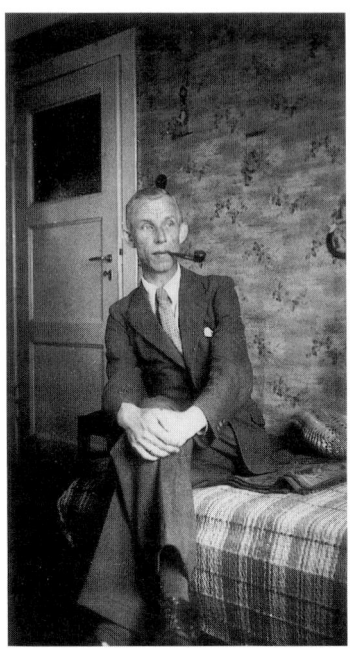

Hans Winkler; Luckenwalde 1943

walde nimmt. Die Tante verdrückt noch ein paar Tränen und packt mir die Taschen voll Zigaretten. Winkler will nicht, daß uns jemand begleitet.

Die Luft draußen ist drückend, die Straßen naß von dem vorausgegangenen kurzen Gewitter. Wir laufen die Fritz-Reuter-Straße hinunter bis zum Sachsendamm, steigen in die S-Bahn zum Anhalter Bahnhof und dort in den Zug nach Luckenwalde. Ich bin seit Monaten nicht mehr draußen gewesen, ohne Verkleidung schon seit Ewigkeiten nicht mehr, an die Zeit ohne »Judenstern« kann ich mich kaum noch erinnern. Es ist ein eigenartiges Gefühl, die Straße entlangzugehen. Angst kommt hoch, ich laufe, so nahe ich kann, an den Häusern entlang, dicht hinter Winkler. Von jedem, der mir begegnet, denke ich, der sehe mir an, wer ich sei, der wisse Bescheid, der habe mich erkannt. Ich blicke niemandem ins Gesicht, halte die Hand vor den Mund, tue, als huste ich und gucke auf den Boden.

Der Eisenbahnwaggon ist voll, wir müssen stehen. Ich schlängele mich in die Ecke des Waggons an die Tür und schaue hinaus. Ab Woltersdorf wird es leerer. Die meisten Männer im Zug tragen Uniform: Wehrmacht, Arbeitsdienst, einige Jungen in meinem Alter haben blaue Monturen an, Flakhelfer. Ich schwitze Blut und Wasser, bete, daß keine Ausweiskontrolle kommen möge. Das letzte Stück der Fahrt kann ich mich neben Winkler setzen, der schon vorher einen Platz ergattert hat. Den kleinen, braunen Koffer lege ich in das Gepäcknetz.

»Heute abend gehen wir zu mir nach Haus. In den nächsten Tagen bring ick dich zu Paule Rißmann, da kannste dann vorläufig bleiben. Der weeß schon Bescheid, dat de kommst.«

Ich nicke wortlos, wäre froh, wenn ich schon aus dem verfluchten Zug könnte. Winkler ist die Ruhe selbst, er lehnt sich nach hinten, schlägt entspannt die Beine übereinander und liest im Völkischen Beobachter. Als wir endlich in Luckenwalde ankommen, ist es schon ziemlich spät und stockdunkel.

»Na, wie isset?« Winkler grinst, als wir aussteigen.

»Dufte, Mann bin ick froh, det wir det hinter uns haben.«

Während des gut 20minütigen Fußmarsches bis zur Bismarckstraße erzählt mir Winkler, daß er im Amtsgericht arbeite und in der Friedrichstraße, durch die wir laufen, die Fleischerei von Henry Landes sei, der mich sicher auch eine Zeitlang aufnehmen würde. Ich sehe in der Dunkelheit kaum etwas, nicke nur. Dann sind wir angelangt, stehen vor einem Neubaublock am Stadtrand. Die dreigeschossige, langgestreckte Häuserzeile hebt sich fast schwarz gegen den wolkenlosen Sternenhimmel ab. Wir gehen in das Haus Nummer sechs und steigen die Steinstufen eine halbe Treppe hoch. Winkler hält den Zeigefinger an den Mund und bedeutet mir, leise zu sein. Das Haus ist sehr dünnwandig und hellhörig. Er schließt die linke Wohnung auf, eine kleine Zweizimmerwohnung, vielleicht 40 Quadratmeter. Drinnen ist es ruhig, Frau Winkler und ihr Sohn Horst schlafen schon. Im Wohnzimmer auf der Couch ist mein Bett gemacht. Winkler zeigt mir das Klo in dem kleinen Badezimmer. In der Küche sind Stullen für uns vorbereitet. Während wir die Butterbrote verputzen, erzählt Winkler, daß Ruth, seine Tochter, mit der Kinderlandverschickung im Sudetenland sei. Ich schlafe die erste Nacht in Luckenwalde wie ein Murmeltier.

Am nächsten Morgen lerne ich seine Frau und seinen Sohn kennen. »Frida, komm her, hier is dein Neffe, von dem ick dir erzählt habe«, ruft Winkler in die Küche und feixt. Frau Winkler kommt ins Wohnzimmer, wischt sich die Hände an der Schürze trocken. Ich grinse verlegen und reiche ihr die Hand.

»Na, is ja schön. Anjenehm, haste jut jeschlafen?« fragt sie. »So, denn komm erst frühstücken.« Sie geht voraus in die Küche, wo der Tisch schon gedeckt ist und sagt: »Horst pennt noch, der Faulpelz.«

Bevor wir uns hinsetzen, meint Winkler lachend: »Von jetzt an bin ick Onkel Hans und det is Tante Frida.«

Sie ist ein paar Jahre jünger als ihr Mann, so Mitte 30, eine Frau, bei der es mir sofort leicht fällt, »Du« und »Tante« zu sagen. Sie ist mir vom ersten Augenblick an sehr sympathisch, und sie benimmt sich

Frida Winkler; Luckenwalde 1943

mir gegenüber, als würden wir uns schon seit langem kennen. Eine einfache, bescheidene und herzensgute Frau, immer lustig und guter Laune. Tante Frida ist nicht groß, etwas rundlich und hat eine scheinbar unerschöpfliche Energie. Sie ist ständig am Aufräumen, Kochen, Bügeln oder Nähen, ich sehe sie im Haus nie ohne Schürze. An diesem Morgen kommt etwas später Horst dazu. Verschlafen, ungewaschen setzt er sich mit an den Tisch.

»Det is dein Vetter Eugen, det is Horst.« Tante Frida nickt uns beiden zu.

»Von wo is'n der und so plötzlich, mit een Mal?« Horst beäugt mich mißtrauisch und stellt fest: »Hab ick ja nie wat von jehört.«

»Kiek nich so dämlich, dann weestet eben jetzt, der Junge is ausjebombt und bleibt'n paar Tage bei uns. Klar?« Onkel Hans spricht das Machtwort.

»Is ja schon jut«, winkt Horst ab und beißt ins Butterbrot. Er ist 15 und hat die gleichen semmelblonden Haare wie sein Vater, ist auch groß und dünn, hat wasserblaue Augen und Pickel im Gesicht. Später erzählt er mir, daß er in Paul Rosins Gasthaus »Zur kleinen Hütte« in der Baruther Straße arbeite, daß seine Schwester elf sei und bald wieder zurückkommen werde.

»Fühl da hier wie zu Hause«, sagt Tante Frida, als Onkel Hans zum Dienst ins Amtsgericht geht und Horst sich noch mal hinhaut, da er meistens abends arbeitet. Ich packe meine Sachen in die Anrichte, die für mich ausgeräumt wurde, und fange gleich an, in der Küche mitzuhelfen.

Nach ein paar Tagen, am folgenden Sonntag, geht Onkel Hans schon früh mit mir aus dem Haus zum Grundstück von Paul Rißmann, wo er mich unterbringen will. Wir marschieren die Jänikkendorfer Chaussee entlang, rechts und links Wiesen und Felder. Alles grün, Kartoffeln und Kohl. Es ist herrlich, nach so langer Zeit wieder Landluft zu schnuppern. Leichter Bodennebel über den Feldern löst sich allmählich auf, die Sonne schimmert durch den milchiggrauen Dunst. Weit vor uns, wo die schnurgerade Asphaltstraße aufzuhören scheint, verläuft quer ein dunkler Streifen, der Jänickendorfer Wald. Unterwegs erzählt mir Winkler: »Is'n oller Haudegen, der Paule und'n Schläger, verschrien als alter Kommunist, aber man kann sich uff'n verlassen.«

Wir laufen noch ein Stück, dann sehen wir, etwa hundert Meter links von der Straße entfernt, eine Baumgruppe auf der Wiese. Winkler zeigt mit den verbliebenen Fingern seiner linken Hand in Richtung der Bäume und sagt:»Det isset, hoffentlich is er da.« Er springt über den Straßengraben und biegt in einen schmalen Feldweg ein, ich hinterher. Als wir näher kommen, sehen wir eine verwitterte Holzbaracke, teils verdeckt von hohen Büschen und Bäumen. Wir sind schon ziemlich nahe, da knarrt die Brettertür, quietscht in den Scharnieren und öffnet sich langsam.

Aus dem schiefen Rahmen tritt ein verwahrloster Penner, sein Alter ist nicht zu schätzen. Er steht da und kratzt sich hinter dem Ohr. Klein, gedrungen, ungekämmt, poröser, blauroter Zinken im faltigen Gesicht, voller Narben und Bartstoppeln. Paul Rißmann hat eine zerschlissene, verdreckte graue Hose an, die vorne offen steht, ein zerknautschtes gestreiftes Hemd ohne Kragen und schmutzige schwarze Gummistiefel. Derbe, aber herzliche Begrüßung, meine Hand liegt wie in einem Schraubstock eingeklemmt, in einer Pranke voller Schwielen und Hornhaut. Gegenseitiges Schulterklopfen.

»Kommt erst mal rin, aba kriegt keen Schreck«, warnt Rißmann und läßt uns den Vortritt. Wir betreten die Baracke, erst Hans, dann ich, zuletzt Paul. Ein infernalischer Gestank verschlägt mir fast den Atem. Der niedrige Raum ist nur mäßig hell, durch einige kleine Fenster kommt kaum Licht, so verdreckt und voller Spinnweben sind die Scheiben. Unzählige Fliegen kleben an Wänden und auf dem Boden. In der Mitte der Hütte verläuft eine Trennwand aus zusammengehauenen Brettern, etwa einen Meter hoch. Aus der anderen Hälfte ertönt lautes Blöken:»Möh, möööh.« Durch die Lücken zwischen den Holzbohlen versuchen acht Hammel ihre Köpfe durchzustecken. Sie stieren uns mit unbeschreiblich doofen Blicken aus ihren rotgeäderten Augen an. Auf unserer Seite steht ein verrostetes Bettgestell mit einer durchhängenden, gestreiften, klumpigen Matratze, davor ein Holzfaß mit einem aufgenagelten Brett, das als Tisch dient. Ach du meine Jüte, denke ich, das kann ja heiter werden, mein künftiges Leben unter Hammeln.

Onkel Hans und ich setzen uns auf die Matratze, Paul Rißmann lehnt sich an den Tisch. Verlegenes Schweigen, dann zieht Rißmann seinen rechten Hemdsärmel langsam unter der Nase entlang und sagt:»An den Jestank kann er sich jewöhnen.« Nach einer kurzen

Pause geht er an eines der schmutzigen Fenster und zeigt nach draußen.»Aba neuerdings machen alle Furz lang Volkssturmstreifen Kontrollen uff de Schossee. Ick weeß nich, wie det is, Hans, wenn deine Frida ihm nu Tach für Tach det Essen bringt?« Er wendet sich zu uns, hebt die Schultern, verdreht die Augen nach oben, verharrt so eine Weile und läßt die Schultern wieder sinken.»Ick weeß nich, ick weeß nich.« Rißmann schüttelt den Kopf.

Einer sieht den anderen an, keiner sagt ein Wort. Paul Rißmann kramt aus der einen Hosentasche seine Pfeife, aus der anderen einen Tabaksbeutel. Er stopft die Pfeife, drückt den Tabak mit dem Daumen fest, zündet sie an und pafft. Sie geht aus, er zündet sie wieder an, pafft, qualmt und nebelt uns ein.

Winkler erhebt sich, grinst dabei, wird dann aber zunehmend ernster, als er sagt:»Nee, also bei aller Überflüssigkeit von Komfort, det hier jeht nich. Uff keenen Fall, ville zu riskant. Aba, Paule, wat machen wa mit ihm?« Er zeigt mit beiden Händen auf mich.

»Laß ma nachdenken, Hans.« Paul nimmt die Pfeife aus dem Mund, wischt sich mit dem Handrücken den Sabber vom Kinn und läuft sinnierend um den Tisch. Vereinzeltes Blöken von jenseits der Trennwand.»Also, paß uff, Hans.« Rißmann bleibt abrupt stehen, wendet sich Winkler zu und verkündet seinen Vorschlag:»Du weeßt ja, nächste Woche muß ick wieda zurück an de Front. Wenn ick weg bin«, er dreht sich zu mir, kommt dicht heran,»dann jehste zu meine Alte. Ick werd ihr schon wat erzähln, wer de bist.« Er geht auf Winkler zu, stellt sich auf Zehenspitzen, faßt mit der Linken dessen Schulter, legt die rechte Hand wie einen Trichter um seinen Mund und flüstert ihm ins Ohr:»Ick will ja nich sagen, dat meine Olle doof is, aba se hört'n bisken schwer.« Er lacht aus vollem Halse und schlägt uns beiden auf die Schultern. Aus dem Lachen wird langanhaltender heiserer Husten, dann Krächzen. Nun haut Winkler ihm kräftig auf den Buckel und lacht dabei ebenfalls. Ich kann nur betreten lächeln. Abgemacht, am Dienstag in acht Tagen soll Onkel Hans mich zur Hetzheide am Frankenfelder Berg zu Frau Rißmann bringen.

»Na, wenn det man jut jeht mit de ollen Rißmann.« Tante Frida schüttelt ihren Kopf, ist skeptisch, als sie von den neuen Plänen hört. Die zehn Tage bei Winklers vergehen wie im Flug.

Dienstag bei Tagesanbruch mache ich mich auf die Socken. Onkel Hans hat mir den Weg zum Frankenfelder Berg genau beschrieben, es braucht niemand mitzukommen. Tante Frida war in aller Frühe aufgestanden, kochte Muckefuck, machte Stullen mit selbstgekochter Kürbismarmelade, packte von dem Kartoffelkuchen ein, den sie gebacken hatte. »Machs jut, Junge«, sagt sie an der Tür, lehnt sich dann aus dem Fenster und winkt hinter mir her. Draußen ist kaum Verkehr, die meisten schlafen noch. Ich husche flink durch die leeren Straßen und über die Plätze, bin schon bald außerhalb der Stadt.

Als Paul zum Kommiß gezogen wurde, haben die Rißmanns ihr Haus vermietet. Seine Frau lebt jetzt am anderen Ende des großen Gartens in einer geräumigen Holzlaube, die ehemals als Geräteschuppen und Garage diente. Es ist früher Vormittag, als ich auf dem Grundstück eintrudele. Ich klopfe mehrmals an die Holztür, nichts rührt sich. Ich bummere fester – nichts. Die Tür ist nur angelehnt, ich stoße sie vorsichtig auf, gehe hinein, stehe in der Küche und schnuppere: ranziges Fett und gebratene Zwiebeln. Zischen und Brutzeln vom Herd.

Durch den Dunst erblicke ich Frau Rißmann und komme mir vor wie Hänsel aus dem Märchen, als er die Hexe zu Gesicht bekommt. Sie steht über den Tisch gebeugt unter einem Fenster und bewegt eine hölzerne Teigrolle vor und zurück. Jedesmal wenn sie die Rolle mit Wucht nach vorne schiebt, donnert der wacklige Tisch gegen die Wand. Er kippt wieder zurück, wenn sie den mehlbestreuten Teig in entgegengesetzter Richtung ausrollt. Ich sehe sie von der Seite an: die Nase ist dünn und spitz, darauf wippt eine Brille; das Drahtgestell hat keine Bügel, es hält durch Bindfäden, die um die Ohren gelegt sind. Ein kurzer, grauer Zopf, der als Dutt auf dem Kopf festgesteckt ist, lockert sich bei jeder ruckartigen Bewegung. Nach und nach geht der Knoten auf, der Zopf pendelt wie der Perpendikel einer Kuckucksuhr vor und zurück. Ich mache zwei Schritte nach vorne und stehe in der Mitte des Raums, räuspere mich, hüstle, huste laut. Nichts, keine Reaktion. Mir fällt ein, was Paul gesagt hat: »Nich doof, aber se hört'n bisken schwer.«

»Guten Tag, Frau Rißmann«, posaune ich mit voller Lautstärke. Sie unterbricht das Rollen, horcht auf, spitzt die Ohren. »Tag, Frau Rißmann«, gleich hinterher.

Jetzt dreht sie sich um, bemerkt mich, legt die Rolle neben den Teig auf das brüchige Wachstuch, schneuzt in die Schürze und steckt den

Zopf mit einer Haarnadel fest. »So, so, da sind Sie also. Der Paule hat mir gesagt, daß Sie heute kommen wollen und ne Weile hierbleiben«, sagt sie ganz ohne Interesse und zeigt mit der knochigen Hand auf eine offene Tür. »Da ist Ihr Zimmer.« Sie macht kehrt, streut Mehl auf den Teig und rollt weiter.

Ich gehe zögernd in den Raum, halblinks steht ein weißes Holzbett. Blaugeblümtes Bettzeug, schmuddlig, mit gelbumrandeten, großen runden Flecken. Daneben ein massiver, brauner Kleiderschrank. Ich öffne die Tür, will sehen, ob etwas drin ist, da kommt er auf mich zu. Ich kann mich gerade noch dagegen stemmen, ihn mit der Schulter abfangen und mit aller Kraft wieder zurückdrücken. Er steht nur auf drei Füßen. Von der Decke baumelt eine Fassung mit einer Glühbirne. Die Wände sind aus starker, brauner Pappe. Ich finde die Bleibe bestens, hier sucht mich bestimmt niemand.

Es sind noch keine zwei Minuten vergangen, da höre ich draußen an der Eingangstür jemanden klopfen. Die Alte scheint nichts zu hören, es klopft lauter. Ich werde unruhig, suche vergeblich nach einem Versteck, stelle mich schließlich hinter die offenstehende Tür. Irgendwer betritt die Küche und ruft mit schneidender Stimme: »Kriminalpolizei!«

Vor Schreck fange ich heftig an zu zittern, halte den Atem an, denn die morschen Dielen knarren bei der geringsten Bewegung. Mein ganzes Gewicht lastet auf einem Bein, ich darf mich nicht rühren, stehe wie angenagelt. Der Mann von der Kripo ist höchstens vier Schritte entfernt.

»Was'n los? Ich weiß von nichts. Paul ist an die Front gefahren«, keift die Alte los.

»Bei uns liegt schon wieder eine Anzeige vor, daß Sie schwarzgeschlachtet haben.«

Ganz sachte hole ich Luft, lehne mich mit der rechten Schulter vorsichtig gegen die Wand und verlagere mein Gewicht auf das andere Bein. Frau Rißmann führt den Mann hinaus, um ihm, wie sie sagt, den Stall zu zeigen. Die Tür schlägt mit lautem Krach zu.

Im Nu habe ich die Schuhe ausgezogen, nehme sie in die Hand, schleiche zum Fenster und öffne es ganz langsam. Mit einem Satz bin ich draußen, hocke am Boden und horche. Vom anderen Ende des Gartens höre ich die Stimmen der beiden. Rechts und links ist niemand zu sehen. Die Luft ist rein. Ich steige wieder in die Schuhe und renne los. Die Angst sitzt mir so im Genick, daß ich abzische wie eine Rakete, geradewegs auf den Wald zu. Nach zweihundert Metern erreiche ich die ersten Bäume. Ich halte an, verschnaufe und sehe mich um. Kein Mensch weit und breit. Zur Sicherheit laufe ich noch ein Stück weiter in den Wald hinein, strauchle, stütze mich an einen Baum und werfe mich ins Moos.

Das starke Herzklopfen läßt langsam nach, der Schlag wird normal, die Panik ebbt ab. Ich wandere den ganzen Tag im Wald umher, finde Blaubeeren und esse sie. Erst spät nach Mitternacht traue ich mich zurück. Längere Zeit liege ich am Waldrand und beobachte von weitem die Häuser. Es ist klarer Sternenhimmel, ich kann die runde, weiße Mondkugel sehen, die sich in den geschlossenen Fenstern spiegelt. Das Fenster zu meinem Zimmer steht noch offen. Ich laufe behutsam näher und gehe auf Zehenspitzen um die Laube herum. Niemand ist zu sehen, ich steige lautlos wieder ein, die Alte schnarcht nebenan. Mein Hemd hänge ich über den Pfosten am Fußende des Bettes und ziehe die Schuhe aus, den Rest behalte ich an und lege mich auf das Bett. Mein Magen knurrt wie wild, aber nach kurzer Zeit bin ich eingeschlafen.

Am nächsten Morgen werde ich aus dem Schlaf gerissen. »Los, uffstehen. Mensch wach uff, mach schon.«

Ich schrecke hoch, Horst steht am Bett, grinst von einem Ohr zum anderen. Ich frage ihn verdutzt: »Was machst du denn hier?«

»Mach da nich ins Hemde, is allet in Ordnung. Ick soll da holn. Meene Alten ham ma allet erzählt. Von dir, wer de bist und so. Mutta hat jesacht, det is nischt hier oben. Da ham wa beschlossen, dat de bei uns bleibst, vorläufig wenigstens, bis wa wat vanünftjet jefunden ham. Jut, wa?« Horst guckt sich um. »Det is ja ooch Käse hier, wa?«

»Dufte, Mann is det ne Überraschung.« Ich bin mit einem Sprung aus den Federn, umarme Horst, tanze mit ihm im Kreis, bin ausgelassen vor Freude, daß ich wieder zu Winklers darf

»Komm, laß uns abhaun, Vadder wird mit de Rißmann reden«, drängelt Horst.

Wir hopsen beide durch das offene Fenster und spurten im Dauerlauf fast das ganze Stück zurück in die Stadt. Atemlos kommen wir in der Bismarckstraße an. Tante Frida umarmt mich wie einen heimgekehrten Sohn. Als Onkel Hans mittags nach Hause kommt, muß ich auch ihm erzählen, was oben am Frankenfelder Berg vorgefallen ist.

Als erster verzieht er sein Gesicht und platzt los:»Nee, nu kann ick nich mehr.« Dann lachen alle. Am Ende halten wir uns die Seiten, lachen Tränen.

Horst ist in der Hitlerjugend im Spielmannszug. Er haut auf die Landsknechtspauke. Schon seit langem geht er nur noch selten zu den Heimabenden und Musikübungen seines Fähnleins, ihm ist die Lust vergangen.

»Na, aber grade jetzt mußte jehn, damit et nich uffällt«, sagt sein Vater, aber es hilft nichts.

Horst hat die Nase voll.»Icke nich, die könn ma jestohlen bleim.«

Tante Frida holt seine HJ-Uniform aus dem Schrank und bringt sie wieder auf Hochglanz. Mir paßt alles wie angegossen. Ich stehe vor dem Spiegel im Schlafzimmer und betrachte mich: braunes Hemd, kurze, schwarze Hose, Koppel mit»Blut und Ehre«, Fahrtenmesser, Schulterriemen, schwarzes Halstuch und Flechtknoten, oben an den Ärmeln Rotweißgestreiftes mit Fransen – nur was für Trommler und Pfeifer. Ich stehe stramm, rühre mich, stehe wieder stramm, hebe den rechten Arm, rufe:»Heil Hitler«, feixe und kichere. Horst steht hinter mir und schneidet Grimassen.

Plötzlich sehe ich mich wieder, wie vor Jahren, als ich schon einmal ein braunes Hemd trug, mit geschwollener Brust und durchgedrükkten Kackstelzen durch die Straßen unseres Bezirks marschierend. Da war ich sieben. Wir machten einen Schulausflug und wanderten zum Flughafen Tempelhof. Unsere Klassenlehrerin, Fräulein Weisker, erklärte vorher, daß diejenigen, die ein braunes Hemd trügen, ganz vorne in der ersten Reihe marschieren dürften. Ich quälte meine Mutter so lange, bis sie in der Drogerie Farbe kaufte und ein weißes Hemd von mir braun färbte. Die Begeisterung kannte keine Grenzen, als ich dann auch noch einen Wimpel tragen durfte, schwarz mit weißer Rune. Unbedingt wollte ich Pimpf werden, eine Uniform tragen, am liebsten noch Fanfare blasen. Fast alle meine Freunde waren schon Mitglieder im Jungvolk, nur ich nicht. Ich schrie, flennte, wurde bockig. Warum gerade ich nicht?

»Schau, Eugen«, sagte mein Vater – er nannte mich immer Eugen, wenn es ernst wurde –»wenn du jetzt wieder artig bist, bekommst du auch den Tretroller, den du dir schon lange wünschst. Dann will ich aber auch nichts mehr von Pimpfen hören. Abgemacht?«

Ich ließ mich darauf ein. Nach einer Weile war der Tretroller schon vergessen und es ging wieder los. Gleiches Gezeter, gleiche Reaktion, gleiches Ende. »Wenn wir dir nun eine Armbanduhr kaufen, so eine mit Sekundenzeiger, verzichtest du dann auf das Jungvolk?« Wieder ließ ich mich übertölpeln.

Wie hätten meine Eltern es mir, einem siebenjährigen Knirps, auch erklären sollen? Vielleicht so: Du bist doch Jude. Nur reinrassige Arier können Pimpfe werden. Ich hätte kein Wort verstanden. Was bedeutet das: Jude? Oder Arier? Es dauerte indessen nicht lange, da merkte ich, daß es nichts Gutes bedeutete. »Itzig, Itzig«, riefen sie in der Schule hinter mir her oder: »Alte Judensau«. Ich wurde angerempelt, hin-und hergestoßen, geschnitten.

Nun kam auch Kubiks große Zeit, er konnte sich endlich rächen. Der dicke, vollgefressene Tugendbold mit dem wabbligen Doppelkinn saß in der Schulbank vor mir. »Herr Reitz, der Friede schreibt von mir ab«, verpetzte er mich.

Der Lehrer unterbrach das Diktat. Er baute sich breitbeinig vor mir auf, schob beide Daumen in die Armlöcher seiner Weste und schrie mich an: »Steh auf, wenn ich mit dir rede«, wütend blickte er zu mir herunter, »ist das wahr, was der Kubik sagt?«

»Jawohl, Herr Reitz«, antwortete ich kleinlaut, was blieb mir auch anderes übrig.

Er ergriff ein Büschel Haare an meiner Schläfe, drehte und ziepte daran, bis ich immer länger wurde und auf Zehenspitzen stand, mit Tränen in den Augen. »Nachsitzen, fünfzigmal: Ich darf nicht abschreiben. Aber in Schönschrift, bitte ich mir aus.«

Da hatte ich meine Strafe, nur weil der dicke Kubik so gemein war. Aber bald konnte ich es ihm heimzahlen. Im Naturkundeunterricht mußte einer aus der Klasse nach vorne ans Katheder und einen Kopfstand machen. Der Lehrer hielt die Beine des Jungen so lange fest, bis der Kopf ganz rot wurde. Damit wollte er zeigen, wie das Blut im Körper durch die Adern läuft. Als der Kopf hochrot war, sackte Kubik vor mir zusammen, kippte vornüber und wurde ohnmächtig. Der Lehrer ließ den Jungen fallen, kam angerannt, richtete Kubik auf und haute ihm links und rechts auf die Backen. Langsam kam der Dicke wieder zu sich, das kalkweiße, schwitzige Gesicht bekam allmählich wieder Farbe. Wir standen alle um ihn herum, die Hinteren waren auf die Bänke geklettert. »Hinsetzen, weitermachen«, der Lehrer klatschte in die Hände. »Wo waren wir stehengeblieben? Also das Blut ... Was ist mit dir, Kubik? Wird dir wieder schlecht?«

Kubik wurde abermals blaß. »Ja, Herr Lehrer, darf ich austreten?«

»Mach schon, daß du rauskommst.«

Kubik wankte hinaus, hielt sich den Bauch fest und kam erst zur nächsten Stunde wieder. Die Ursache fand ich schnell heraus. Er konnte kein Blut sehen, allein das Wort erzeugte bei ihm schon magenpressenden Druck und höllische Angst. Wenn er mich nicht abschreiben ließ oder mich verpetzen wollte, beugte ich mich zu ihm vor und flüsterte gedehnt in sein Ohr: »Blut«.

Er wurde sofort käseweiß, seine Haut begann schweißnaß zu glänzen, er hob beide Arme, schüttelte angstverzerrt den dicken Schädel und hauchte bettelnd: »Nein, bitte nicht.«

Als dann später die größeren Schüler auf mir herumhackten, beteiligte sich Kubik daran und schrie, stets aus sicherer Entfernung: »Jude, Jude.« Jetzt war er im Vorteil.

Meine alten Freunde sahen mich nicht mehr an und spielten nicht mehr mit mir. Letztlich blieb nur noch Georg Katz. Er wohnte auch in der Belle-Alliance-Straße, kurz vor dem kleinen Kino an der Ecke Hagelberger Straße. Wir spielten jetzt häufig miteinander. Als ich einmal Freitag abends bei Katzens war, sollte ich zum Essen dableiben. Georgs Vater setzte bei Tisch einen schwarzen Hut auf, legte ein weißes Tuch mit schwarzen Streifen um die Schultern und zündete Kerzen an. Stehend las er in einer noch nie gehörten Sprache laut aus einem schwarzen Buch und wackelte dabei mit dem Oberkörper vor und zurück. »Amen«, sagten Vater, Mutter und Georg, als er fertig war. Georg hatte ein dunkles, rundes Käppchen aufgesetzt. »Hier, setz auf«, Georg hielt mir auch so ein rundes Ding hin.

»Wozu?« fragte ich ihn verwundert.

»Ja, haltet ihr denn keinen Schabbes zu Hause?« fragte Herr Katz mich ganz überrascht.

»Nee«, ich schüttelte den Kopf, »kenne ich nicht. Außerdem verstehe ich kein Wort von dem, was Sie da vorgelesen haben.« Alle lachten.

»Bist du denn kein Jude?«, wollte Vater Katz wissen.

»Doch, ich glaube schon, aber meine Eltern nicht.« Es dauerte ziemlich lange, bis ich ihnen meine Familienverhältnisse einigermaßen verständlich machen konnte.

Nach diesen Erlebnissen wurde mir schnell klar, daß ich nicht Pimpf werden konnte, und ich pfiff auf Uniform und Jungvolk.

Nun bin ich dabei, mich als Hitlerjunge zu tarnen. Tante Frida und ich wollen noch spazierengehen. Es ist schon spät, aber die Tage sind lang und es ist immer noch warm nach der Hitze des Tages. In dieser Kostümierung wagen wir es ab und zu, an die Luft zu gehen.

Am letzten Augusttag bringt Onkel Hans in der Mittagspause Paul Thiele, einen guten Bekannten, mit nach Hause. Ich habe schon gehört, daß für mich ein Umzug bevorsteht. Ruth Winkler wird bald nach Hause kommen, dann wird es zu eng in der kleinen Wohnung. Ich bin auf Thiele sehr gespannt. Er ist Frisör, kümmert sich aber nicht um seinen Laden, sondern seine Frau, die Jüdin ist, führt den kleinen Salon in der Dahmer Straße. Er selbst geht lieber undurchsichtigen Geschäften nach. Ganz in der Nähe des Frisörgeschäftes hat er am Ende einer kurzen Straße, die von der Dahmer Straße abgeht, ein Eckgrundstück mit hohen Mauern rundherum. Dort hat er einen Bunker tief unter der Erde ausgehoben. Dieser Bunker ist voll mit Schwarzware. Er hat Hans zugesichert, sich in Zukunft um mich zu kümmern. Paul Thiele ist ein kleines Männchen, Ende Vierzig, mit breitschaftigen, kurzen Knobelbechern und einer viel zu weiten Joppe, aus deren langen Ärmeln nur die Fingerspitzen herausgucken. Die karierte Schiebermütze nimmt er fast nie vom Kopf. Er ist ein richtiger Zappelphilipp, rastlos, unruhig, ständig in Bewegung.

»Also der ist es?« fragt er Tante Frida und zeigt auf mich, betrachtet mich von oben bis unten, geht langsam um mich herum, greift dann in meine Haare und sagt in einem Ton, der keinen Widerspruch duldet: »Als erstes müssen die Haare runter. Horst, bring'n Handtuch aus der Küche, und du setzt dich hier hin.« Er schiebt mir einen Stuhl zu und angelt aus der Tiefe seiner Joppentasche einen Kamm und eine Schere hervor. Und schon geht es los, meine Haare fallen ohne Erbarmen fast bis zur Glatze. Dennoch versucht er gegen Ende der Prozedur, einen Scheitel zu ziehen, und bemerkt nebenbei: »Für die nächste Zeit werde ich mich um dich kümmern. Ich bringe dich jetzt zu Frau Berger, die wohnt gegenüber von meinem Grundstück. Ihr

Mann ist an der Front. Sie hat jetzt Platz und weiß, daß wir kommen.« Während er noch redet, klappert er in der linken Tasche unentwegt mit der Schere, hebt dann die Schiebermütze an, kratzt sich den kahlen Schädel und setzt sie wieder auf. »Du bleibst nur zum Pennen. Tagsüber kommste aufs Grundstück, da kannste vorläufig Holz hacken. Pack ein, wir hauen ab.«

Tante Frida, gerade noch beim Auffegen der Haarbüschel, legt meine Hemden und Unterwäsche in ein Köfferchen. Wir verabschieden uns und zotteln los. Wir gehen ohne Hast und Eile am hellichten Tag durch die Straßen von Luckenwalde. Thiele zeigt mir auf dem Weg seinen Salon, ein kleines Geschäft mit drei Stufen bis zur Eingangstür. Dann erzählt er, daß seine Frau einen alten Onkel habe, der früher in Jüterbog lebte. »Den hab ich auf meinem anderen Grundstück in Lehnin versteckt. Muß alle paar Tage rausfahren, Lebensmittel hinbringen. Der Alte ist schon weit über siebzig.«

Wir biegen um die Ecke; Paul Thiele zeigt auf ein altes, einsam stehendes Haus auf der gegenüberliegenden Straßenseite. »Da sind wir«, er dreht den ausgestreckten Arm nach vorne und fährt fort: »Und dort, am Ende der Straße ist mein Grundstück, da kommste morgen früh hin.« Wir gehen auf die andere Seite und stehen vor dem einstöckigen Haus von Frau Berger. Alter, brüchiger Putz. Neben der Haustür ist ein Laden mit großem Schaufenster, das Glas ist von innen weiß gestrichen, so daß man nicht hineinsehen kann. Wir gehen ins Haus und steigen eine Treppe hoch. »Willi Berger« steht auf einem emaillierten Schild, darunter »Kfz-Mechan«, der Rest ist zerkratzt. Paul drückt auf die Klingel. Eine Frau mittleren Alters öffnet, zwei dünne Haarzöpfe über den Ohren zu Schnecken gedreht, eine bunte Schürze bedeckt ihr ärmelloses Kleid.

»Ah, Sie sind's, Herr Thiele, kommen Sie rein.« Frau Berger tritt zur Seite, um uns vorbeizulassen. »Gehn Sie durch in die Stube.«

»Das ist mein Neffe aus Wuppertal«, sagt Thiele, »ausgebombt, alles kaputt. Bleibt'n Weilchen hier. Tagsüber kann er sich bei mir nützlich machen.«

Immer dieselbe Erklärung, immer Neffe, diesmal aus Wuppertal. Paul Thiele gibt mir einen Klaps auf den Rücken, drückt Frau Berger die Hand und zieht ab.

Die Frau ist sehr freundlich, zeigt auf ein Sofa in der Ecke und sagt lächelnd: »Da mach ich Ihnen das Bett, waschen können Sie sich nebenan in der Küche, das Klo ist leider auf dem Hof – durch die Tür, den Gang lang und dann die Treppe runter.«

Sie setzt sich an den schweren schwarzen Eichentisch und bietet mir einen Platz an. Sie fragt mir Löcher in den Bauch: An welcher Front der Vater stehe, was die Mutter mache, was nach der Bombardierung alles zu Bruch gegangen sei und so weiter. Ich spinne das Blaue vom Himmel herunter. Frau Berger holt aus der Anrichte einen offenen Schuhkarton mit Fotos, kramt darin herum. »Mein Mann ist zur Zeit in Italien. Da sehen Sie, das ist sein letztes Bild.« Herr Berger trägt SS-Uniform, auf älteren Fotos das braune Hemd mit Hakenkreuzbinde am Arm. »Und das hier«, sie zeigt mir ein Foto in Postkartengröße, »das ist auf der Gustloff, unsere Reise nach Norwegen mit 'Kraft durch Freude'.« Beide stehen an der Reeling, Fjorde im Hintergrund. »Ich hoffe sehr, daß mein Mann bald auf Urlaub kommt.« Wir schwatzen noch bis spät. Bevor sie in ihr Schlafzimmer geht, macht sie mir das Bett.

Schnell will ich noch zum Lokus auf den Hof hinunter. Ich bin schon auf dem dunklen Flur, gehe eine halbe Treppe hinunter, da höre ich von unten Stimmen, außerdem lautes Geknatter von Motorrädern in unmittelbarer Nähe. Das Flurfenster steht offen, ich beuge mich hinaus. Es ist sehr dunkel auf dem Hof, aus einer Türspalte fällt etwas Licht nach draußen. Der Hof ist voller SA-Leute in braunen Hemden, einige tragen Lederjacken, die im Mondlicht glänzen. Es kommen mehr und mehr auf Motorrädern angebraust, begrüßen sich mit »Heil Hitler«, parken die Maschinen auf dem Hof und gehen in den Laden. Auf Zehenspitzen stehle ich mich wieder davon und lausche. Es wird ruhig, nur gedämpft kommen vereinzelte Stimmen bis zu mir. Ich lege mich unverrichteter Dinge ins Bett.

Es nutzt alles nichts, ich muß dringend auf Toilette, aber an den SA-Männern will ich nicht vorbei. Als Ausweg bleiben nur die Blumentöpfe. Gummibäume, Schlächterpalmen, Farne und Kakteen. Als ich beinahe fertig bin und schon beim letzten Gummibaum anlange, da fängt es bei den ersten Töpfen an zu tropfen, zunächst langsam, dann schneller, laut und vernehmlich von den Fensterbänken und Blumenständern auf den Fußboden herab. Immer mehr Töpfe schließen sich an, die Lachen werden größer, vereinigen sich, fließen quer durch das Zimmer. Was tun, verdammt nochmal? Ich werde nervös und taste mich gebückt im Dunkeln zur Küche, fühle

58

auf dem Tisch einen Lappen. Lautlos tappe ich zurück und wische damit den Boden auf. Wohin mit dem nassen Fetzen? In der Dunkelheit stoße ich in der Küche an eine Stange, die um den noch warmen Herd läuft. Ich hänge das Tuch darüber. Dann sinke ich in die weichen Federn und schlafe durch bis zum nächsten Morgen.

Frau Berger war schon einkaufen und macht Frühstück in der Küche, als ich mit dem Anziehen fertig bin. »Gut geschlafen letzte Nacht?« fragt sie freundlich, während sie Butter auspackt und in eine Dose drückt. »Ich hatte ganz vergessen, Ihnen zu sagen, daß es laut werden könnte. Gestern hat nämlich der NSKK-Sturm seine Versammlung abgehalten.« Sie nimmt den verpißten Lappen von der Stange und wischt damit den Rand der Dose sauber. »Den Laden da unten habe ich an die Motorradstaffel vermietet. Mein Mann ist auch Mitglied. Hat Sie aber hoffentlich nicht gestört, der Krach?«

»Nee, überhaupt nicht«, antworte ich und halte ihr beide Hände abwehrend entgegen, »bitte, keine Butter. Von Butter bekomme ich immer Ausschlag.«

Tagsüber gehe ich auf Thieles Grundstück und hacke Holz. Haufenweise liegen dort zersägte Baumstämme herum, die gespaltenen Kloben staple ich an der Mauer. Jeden Tag in der Mittagspause kommt Paul und bringt unser Essen in blechernen Stullenbüchsen. Gegen Abend, wenn die Sonne untergeht und die Dämmerung hereinbricht, läßt er sich wieder sehen. Dann wird er aktiv. Er fährt ein uraltes, dunkelgrünes viertüriges Cabriolet, einen ehemaligen Polizeiwagen mit breiten Trittbrettern und schwarzen Ledersitzen. Die Windschutzscheibe kann nach vorne heruntergeklappt werden. Wenn das dunkle Verdeck geschlossen ist, lassen sich daran Fenster aus Cellophan mit Druckknöpfen festmachen. Paul Thiele präpariert sein Geschäftsauto sorgsam vor jedem Einsatz: Auf beide Nummernschilder wird mit einem Pinsel dickflüssiges Öl gestrichen und darauf aus der flachen Hand feiner Sand gepustet. Dann gehts ab aufs Land mit Autoreifen oder vollen Benzinkanistern, mit Eimern voll Melasse, mit Mehl, Zucker oder halben Schweinen. Er tauscht gegen andere Ware oder verkauft gegen bar. Neues kommt wieder herein: andere Autoreifen, Fischbüchsen, Schokolade, Öl, Kerzen und so weiter. Das sind Paul Thieles dubiose Geschäfte. Er ist in seinem Element, wenn er Ware hin- und herschieben kann. Er muß ständig handeln, organisieren, er braucht den Nervenkitzel.

Hans Winkler hat den Gedanken noch nicht aufgegeben, seinen Freund Samuel mit Frau und Kind zu verstecken. Er will sie bei der alten Rißmann unterbringen und schickt ihnen einen Brief nach Berlin, worin er seinen Besuch für den kommenden Sonnabend ankündigt. Als er ankommt, findet er die Wohnungstür versiegelt. Damit kommt jede Hilfe zu spät. Gleichzeitig hat er eine Heidenangst, daß sein Brief der Gestapo in die Hände gefallen sein könnte. Der Schreck sitzt ihm noch in den Gliedern, als er aus Berlin zurückkommt. Paul Thiele und ich sind an diesem Wochenende in die Bismarckstraße gekommen, um Winklers zu besuchen.

»Gottverdammte Scheiße«, flucht Hans und schlägt sich mit beiden Händen auf die Oberschenkel. »Was ist jetzt mit meinem Brief? Haben die ihn vorher bekommen und vernichtet, oder hat die Gestapo ihn gefunden? Mensch, Paule, wat können wa bloß machen?« Hans ist immer noch sehr aufgeregt, als er die Geschichte erzählt. Paul schüttelt den Kopf, läuft hin und her, schiebt die karierte Mütze ins Gesicht, wischt mit dem Taschentuch übers Genick und faucht wütend: »Wie kann man nur so hirnverbrannt sein, dahin zu schreiben? Klar, jetzt haste Muffensausen. Also, ich fahr hin, gib mir die Adresse.« Hans ist erleichtert.

Dann gehen Paul und ich zurück zum Grundstück. Er präpariert die Nummernschilder, ich kehre um und bleibe an diesem Abend bei Winklers. Lange nach Mitternacht kommt Paul Thiele zurück, grinst schelmisch, holt das noch ungeöffnete Kuvert aus der Tasche und reicht es Hans. »Da, kannste dir hintern Spiegel stecken.«

»Mensch, Paule, bin ick froh, det haste prima jemacht.« Hans umarmt ihn.

»Schon jut«, sagt Paul abwehrend, »hab keene Zeit, muß aufs Grundstück. Habe nämlich 'n echten Perser mitjebracht, nutzt denen ja doch nischt mehr.« Am nächsten Tag zeigt er mir in seinem Warenlager das wertvolle Beutestück.

Mein Aufenthalt bei der netten Frau Berger über dem braunen Motorradsturm ist nicht von langer Dauer. Schon nach ein paar Tagen kommt Nachricht von ihrem Mann, in der er einen Heimaturlaub ankündigt. Für mich wird die Schlafstelle dort zu gefährlich, ich laufe im Galopp freudestrahlend zurück zu Winklers.

Einige Abende später klingelt es Sturm, Onkel Hans öffnet. Paul Thiele stürzt herein, erregt, hektisch, ungeduldig. »Der Alte ist tot«, haucht er und setzt sich erschöpft auf einen Stuhl in der Küche. Wir wissen sofort, daß es sich nur um den jüdischen Onkel handeln kann, den er in Lehnin versteckt hielt. »Die Leiche muß schnell weg, los kommt, ihr könnt mir helfen.« Er ist aufgesprungen und tritt von einem Bein aufs andere.

»Auch det noch«, läßt sich Tante Frida aus dem Wohnzimmer hören.

»Tja, Mutter, damit müssen wa nu man rechnen, wenn wa Widerständler sind.« Onkel Hans streckt beide Arme theatralisch von sich und tönt ironisch mit tiefer Stimme: »Und müssen ooch damit fertich wern.« Er grinst uns an und zeigt mit seiner verkrüppelten Hand in die Richtung der angelehnten Wohnzimmertür. Er weiß genau, daß Tante Frida dieses großspurige Gehabe nicht leiden kann.

»Du bist ja größenwahnsinnig«, kommt auch prompt die Antwort.

»Frida, det globt da keener«, sagt Hans, »wenn de später mal erzählst, wat de allet hast machen müssen.«

»Du hast ja 'n Stich, Kerle«, sie kommt aus dem Wohnzimmer und zeigt ihm einen Vogel.

»Macht jetzt keine Witze«, drängelt Paul lebhaft zum Aufbruch. Wortlos werfe ich mich in die braune Montur und ziehe den Schulterriemen stramm. Draußen vor der Tür parkt Pauls großer, grüner Wagen. Ich steige ein, auf dem Rücksitz neben mir ertaste ich einen Kartoffelsack. Am Boden liegen zwei Schaufeln und ein Spaten. Hans setzt sich vorne neben Paul. Die Nacht ist dunkel, der Himmel voller Wolken, kein Mond, keine Sterne, kaum Verkehr. Paul gibt Vollgas. Mir ist kalt, ich lege mir den leeren Sack um die Schultern. Nach wortloser, knapp einstündiger Fahrt erreichen wir am Ortsrand von Lehnin die Parzelle. Hinter hohen Hecken liegt das Haus, es ist von der Straße aus nicht einzusehen. Ich bleibe zähneklappernd im Wagen sitzen, während Paul den Sack nimmt, vorausgeht und Hans ihm folgt. Als sie wiederkommen, legen sie die vom Sack verhüllte, angezogene Leiche auf den Rücksitz. Die Füße in schwarzen Schuhen hängen heraus. Ich setze mich nach vorne zwischen Hans und Paul. Wir fahren nur eine kurze Strecke, bis wir an einen Kiefernwald kommen, dann lenkt Paul den Wagen in eine Schneise. Es ist heller geworden, eine schmale Mondsichel kommt durch die Wolken. Wir steigen aus, gehen ein paar Schritte, finden eine lichte Stelle und fangen an zu graben. Von Zeit zu Zeit leuchtet Paul mit seiner grauen Taschenlampe, die ihm vor der Brust hängt, in die Tiefe. Als die Grube fertig ist, holen Hans und Paul den Sack mit der Leiche aus dem Auto und legen ihn hinein. Dann schaufeln wir das Grab ohne Pause zu. Paul zieht seine Joppe aus, streicht zuletzt damit kreuz und quer über den sandigen Boden, um die Spuren zu verwischen.

Morgens gegen drei Uhr erreichen wir wieder Luckenwalde. Ich bin mitgenommen. Die Kälte tut ein übriges. Schlotternd sitze ich im Wagen und versuche, meine Gedanken zu ordnen. Paul fährt, ohne anzuhalten, bis zu seinem Bunker. Wir steigen hinunter. »Na, denn Prost«, aus einem Holzregal hat Paul eine Flasche französischen Cognac geholt und stößt mit uns an. »Übrigens, meine Frau weiß noch gar nicht, daß ihr Onkel gestorben ist, muß ich ihr erst noch beibringen. Sie hing sehr an ihm«, sagt er leise.

Es passiert recht selten, daß jemand, der mich nicht sehen darf, zu Winklers in die Wohnung kommt. Wenn es draußen schellt, flitze ich blitzschnell ins Schlafzimmer und verstecke mich in der Nische zwischen Kleiderschrank und Wand. Es dauert nie lange, dann hat Tante Frida unliebsame Besucher abgewimmelt, gibt Entwarnung, und ich kann wieder aus dem Versteck hervorkommen. Der alte Winkler, der Vater von Onkel Hans, wohnt in der Nähe in einer Einzimmerwohnung und kommt abends öfter zu uns herüber, um ein Bad zu nehmen. Er hat mich gelegentlich gesehen und denkt, ich sei ein Freund von Horst. Um den alten Mann nicht unnötig zu beunruhigen, hat man ihm nicht die Wahrheit über mich gesagt.

Einmal kommt er unangemeldet schon am Vormittag. Ich hocke bereits in meinem Versteck, und Opa Winkler beginnt sofort damit, sich auszuziehen, in den mitgebrachten, grünrot gestreiften Bademantel zu schlüpfen, und verschwindet im Bad. Er läßt die Türen nur angelehnt. Tante Frida kommt auf leisen Sohlen und gibt mir lautlos kichernd zu verstehen, daß ich in meinem Versteck bleiben soll. Da Horst nicht zu Hause ist, gibt es keinen Grund für mich, am Vormittag bei Tante Frida herumzusitzen. Der Alte ist ziemlich helle, und wir wollen ihm keinen Grund geben, Fragen zu stellen. Also bleibe ich, wo ich bin.

Der Opa hat die Angewohnheit, nach dem Baden Freiübungen zu machen, und zwar im Schlafzimmer vor dem großen Spiegel. Es dauert nicht lange, da kommt er pfeifend hereinspaziert, schmeißt den Bademantel in die Gegend und fängt an, direkt vor meinen Augen herumzuhampeln. Ich hoffe nur, daß er mich nicht sieht. Er steht eine Weile vor dem hohen Ankleidespiegel, hält sein Gesicht ganz dicht davor, zieht es wieder zurück, schneidet Grimassen, drückt mit den Daumennägeln Mitesser aus, streicht sie an der Wand ab, bohrt mit dem kleinen Finger schüttelnd im Ohr, holt Popel aus der Nase und schnipst sie an die Decke. Dann nimmt er sein Gebiß heraus, betrachtet sich, wackelt mit dem Kopf, weil er sich nicht gefällt ohne Beißerchen, steckt sie wieder hinein, bleckt die Zähne und lächelt sich an. »Im tiefen Keller sitz ich hier«, beginnt er zu gröhlen, drückt dabei die Brust raus, zieht den Bauch ein, reißt den Kopf hoch, winkelt die Arme an und befühlt seinen Bizeps. Er hat kaum Muskeln, wenig Hintern und dünne Beinchen. Nach ein paar wackligen Kniebeugen, dabei läßt er einen donnernden Furz fahren, wirft er einen letzten Blick in den Spiegel, lächelt, zeigt die Zähne und steigt zurück in die lange graue Unterhose.

Die »Gemeinschaft für Frieden und Aufbau«

Mitte September 1943 nimmt Onkel Hans sich im Amtsgericht frei und fährt früh mit der Eisenbahn nach Berlin, zu Freunden, wie er sagt. Wir wissen nicht, zu wem. Tante Frida hat keine Ahnung: »Mir sagt der Alte doch nischt, is ooch jut so. Ick will nischt wissen davon.« Es ist früher Nachmittag, Horst ist schon zur Kneipe von Rosin gegangen, um dort in der Küche mitzuhelfen, bevor er am Abend mit dem Kellnern anfängt. Tante Frida hat einen Korb mit kaputten Socken und Strümpfen ins Wohnzimmer geholt, den Stopfpilz in die Hand genommen, den Fingerhut aufgesetzt und angefangen zu stopfen. Ich habe mich auf das Sofa gelegt und lese in Horsts 40-Pfennig-Schmökern die Abenteuer von John Kling. Aus dem Volksempfänger singt Hermann Strienz »Tapfere kleine Soldatenfrau«.

Da klingelt es. Der Schmöker fliegt unter ein Kopfkissen, ich wetze nach nebenan ins Schlafzimmer, nehme meine Position ein und horche. »Frau Winkler? Grüße bestellen von Samuels. Dürfen wir reinkommen?« Ich bekomme nur Bruchstücke mit, höre, wie einige Leute hereinkommen und die Wohnungstür zugemacht wird. Mein Ohr klebt an der Schlafzimmertür, ich lausche, gucke durchs Schlüsselloch und sehe einen mittelgroßen Mann und eine kleinere, hellblonde Frau.

»Von Samuels kommen Sie? Na, sowas, wo sind die denn jetzt?« höre ich Tante Frida fragen.

»In Theresienstadt«, antwortet der Mann. Dann setzen sich beide an den Tisch, und er fragt höflich: »Können wir hier auf Ihren Mann warten? Kommt er bald?«

Werner Scharff; Foto aus seiner Kennkarte 1939

»Na klar, der wird Augen machen.« Ich sehe, wie Tante Frida den Kopf schüttelt. »Ich werd jetzt erst mal Kaffee holen.« Sie tritt in den Flur, zieht die Wohnzimmertür hinter sich zu und kommt ins Schlafzimmer. »Komm ruhig raus«, sagt sie. »Haste jehört, wer da ist?«

Ich nicke, gehe zu den beiden und stelle mich vor.

»Ich bin Werner Scharff, und das ist Fancia Grün.« Der Mann ist aufgestanden, wir geben uns die Hand. Er ist voller Sommersprossen, fast kahl auf dem Kopf bis auf einen schmalen Kranz roter, krauser Löckchen. Werner Scharff sieht aus wie Anfang 30, vielleicht etwas älter, er trägt eine lappige Manchesterhose und ein kariertes Hemd ohne Krawatte. Die Frau ist auch so um die 30, sie ist blaß und wirkt unscheinbar. Ich gehe in die Küche und helfe Tante Frida, das Geschirr ins Zimmer zu tragen. Wir sehen uns fragend an und zucken mit den Schultern. Sie flüstert mir zu: »Mir jefällt dat Janze nich. Jetzt wird der Alte vollends anfangen zu spinnen.«

Vor jeden stelle ich eine Tasse, gieße den Muckefuck durch das Sieb. Tante Frida stellt Brot und selbstgemachte Kürbismarmelade dazu. »Der Eugen wohnt zur Zeit bei uns«, erklärt sie und setzt sich zu uns an den Tisch.

»Hab mir schon sowas gedacht«, nickt Werner Scharff verstehend. Dann redet keiner ein Wort. Fancia sieht nur nach unten in ihre Kaffeetasse, er rührt unentwegt mit dem Löffel im Kathreiner. Die Zeit vergeht nicht, es wird peinlich. Tante Frida fängt, an den Tisch abzuräumen.

»Wie seid ihr abgehauen? Wie ist es in Theresienstadt? Wie kommt es, daß ihr zu uns gekommen seid? Los, erzählt schon.« Ich halte es nicht mehr länger aus.

»Ihre Adresse haben wir von Günther Samuel bekommen«, fängt Werner Scharff an und wendet sich an Tante Frida. »Wir haben ihn erst kurz vor unserer Flucht in Theresienstadt kennengelernt. Wir sind schon seit ein paar Tagen in Berlin, wir haben dort eine Menge Freunde.« Wir hören die Wohnungstür aufgehen. Werner Scharff unterbricht.

Einige Augenblicke später kommt Hans Winkler herein. Als Frida ihm erklärt, wer die Gäste sind, ist er fassungslos und wiederholt mehrmals hintereinander: »Nee, sowat jibted doch nich.« Er schüttelt immer wieder den Kopf, schlägt beide Hände zusammen und erzählt, daß er in Berlin am Morgen davon erfahren habe, daß zwei aus Theresienstadt fliehen konnten.»Und die sitzen hier in meinem Haus. Nee, sowat.«

»Komm, Eugen, wir gehen in die Küche.« Tante Frida schiebt mich aus der Stube,»laß die drei mal unter sich.«

Es vergeht noch einige Zeit, bevor sich Werner Scharff verabschiedet und nach Berlin zurückfährt. Fancia Grün bleibt diese Nacht bei uns. Ehe Onkel Hans am nächsten Morgen zur Arbeit geht, bringt er sie ins Gasthaus »Zur kleinen Hütte« von Paul Rosin. Sie bekommt dort ein Fremdenzimmer, ein weißes Schürzchen und eine Beschäftigung an der Theke.

Einige Tage später kommt Werner Scharff wie verabredet am Nachmittag zurück. Hans holt auf dem Heimweg vom Gericht Fancia Grün bei Rosin ab. Dann sitzen wir um den Tisch im Wohnzimmer. Tante Frida tischt Kartoffelkuchen auf. Scharff redet von einer starken Organisation, die aufgebaut werden müsse, um den Nazis den Kampf anzusagen. Es sei höchste Eisenbahn, daß Widerstand geleistet werde. Juden verstecken sei schön und gut, aber das allein reiche nicht. Scharff kommt in Fahrt, steht auf, gestikuliert, haut mit der flachen Hand auf die Tischkante.

Hans hängt mitgerissen an seinen Lippen, ist begeistert. Sein Kopf glüht, er qualmt eine nach der anderen, hält die Zigarette mit der Linken zwischen Mittel- und Ringfinger geklemmt.

Tante Frida kommt herein, um Kaffee nachzuschütten, bleibt einen Augenblick stehen, hört zu und sagt dann ärgerlich:»Det Jesülze is ja nich mitanzuhören«, knallt die Tür kopfschüttelnd hinter sich zu und verschwindet.

Hans überhört den Einwurf und drängt:»Weiter, Werner, weiter.«

»Du bist genau der richtige Mann dafür, Hans. Du kennst genug Leute, auf die wir uns verlassen können. Leute, die in Ordnung sind, Antifaschisten, ganz gleich aus welcher politischen Richtung. Du wirst sie zu einer Organisation zusammenschließen. Wir werden sie durch zuverlässige Personen in Berlin verstärken. Und du bist der Chef. Wenn dann die Organisation erst mal steht, dann gehts richtig los. Flugblattaktionen, Kettenbriefe und, und, und.« Scharff redet wie ein Buch. Hans nickt bei jedem Satz, ist mit allem einverstanden, ohne Bedenken, ohne Widerspruch. Fancia Grün sitzt zusammengekauert auf ihrem Stuhl, läßt kein Auge von Scharff, sagt aber keinen

Ton. Ich höre mit offenem Mund zu. Scharff ist schon ein toller Hecht, geht es mir durch den Kopf, eine unglaubliche Chuzpe von jemandem, der gerade erst mit heiler Haut aus dem Konzentrationslager entkommen ist. Statt sich ganz still in eine Ecke zu verkriechen, will er nun den Widerstand organisieren. Die Sitzung dauert bis spät in die Nacht.

Als wir wieder allein sind, macht Tante Frida ihrem Ärger Luft. »Der wird uns noch alle reinreißen«, unkt sie unzufrieden. Sie macht kein Hehl daraus, daß sie Scharff nicht mag, und verwünscht das Zusammentreffen mit ihm vom ersten Moment an. Auch meinem Vater ist Scharff, den er zusammen mit Winkler in Berlin trifft, zu unvorsichtig. Wozu diese Risiken eingehen, was bringt das ein? Onkel Hans ist da anderer Meinung. Abgesehen von seinem Haß gegen das Hitlerregime und dem Wunsch, den Nazis soviel Schaden wie möglich beizubringen – dafür hat er schon lange, bevor Scharff auftaucht, sein Leben und das seiner Familie riskiert –, wittert er jetzt die große Chance, eines Tages aus dem Meer der Unbekannten und Unbedeutenden aufzusteigen. Wenn der ganze Spuk vorbei sei, werde er sicher als der Chef einer solchen Organisation ganz groß herauskommen. Tante Frida spürt instinktiv, daß Scharff ihrem Mann genau diesen Floh ins Ohr zu setzen versteht.

Von meinem Vater läßt sich Scharff ein Foto von mir geben, das man als Paßbild benutzen kann. Bei seinem nächsten Besuch bringt er einen hellblauen Werksausweis mit, ausgestellt auf den Namen Günther Hagedorn, mit meinem Lichtbild, abgestempelt vom Chemisch-Metallurgischem Laboratorium in Berlin-Schöneberg, Bahnstraße. Keiner von uns weiß, woher er diesen Ausweis hat.

Onkel Hans bringt für Scharff eine Bescheinigung mit, die er im Amtsgericht getippt hat. Dafür hat er einen Adlerbogen benützt, das ist ein Blatt Papier mit dem Hoheitszeichen, dem Reichsadler, der das Hakenkreuz in den Krallen hält. Aus dieser Bescheinigung geht hervor, daß Werner Wiczorek, so nennt sich Scharff, als Justizinspektor tätig ist. Das Dienstsiegel bringt Hans mit nach Haus. Bevor wir es auf das Papier drücken, decken wir die Buchstaben »Luck« ab, so daß nur »Amtsgericht -enwalde« lesbar bleibt. Es könnte sich also um Freienwalde, Finsterwalde, Fürstenwalde oder um viele andere Orte handeln, die auf -enwalde enden. Ob aber diese anderen Orte auch ein Amtsgericht haben, kümmert niemand.

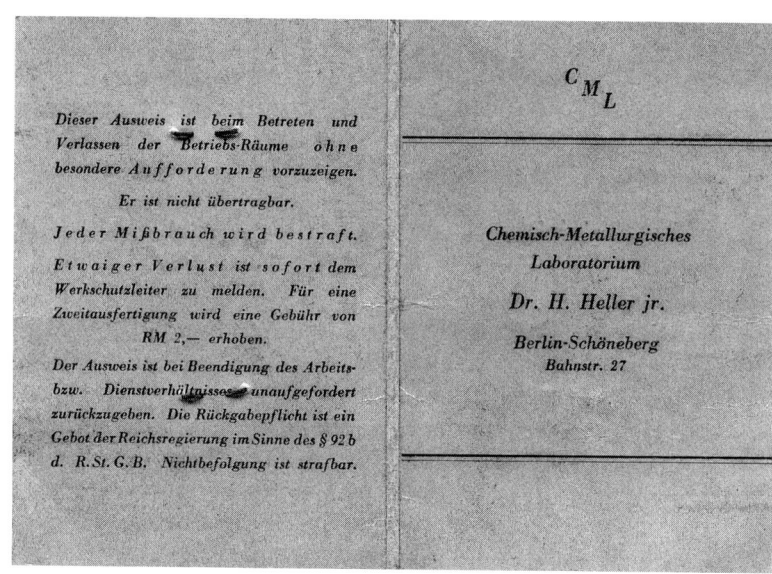

Dieser Ausweis ist beim Betreten und Verlassen der Betriebs-Räume ohne besondere Aufforderung vorzuzeigen.

Er ist nicht übertragbar.

Jeder Mißbrauch wird bestraft.

Etwaiger Verlust ist sofort dem Werkschutzleiter zu melden. Für eine Zweitausfertigung wird eine Gebühr von RM 2,— erhoben.

Der Ausweis ist bei Beendigung des Arbeits- bzw. Dienstverhältnisses unaufgefordert zurückzugeben. Die Rückgabepflicht ist ein Gebot der Reichsregierung im Sinne des § 92 b d. R.St.G.B. Nichtbefolgung ist strafbar.

$C_M{}_L$

Chemisch-Metallurgisches Laboratorium

Dr. H. Heller jr.

Berlin-Schöneberg Bahnstr. 27

Gefälschter Werksausweis 1943

Scharff hat ständig eine alte, abgeschabte, schwarze Lederaktentasche bei sich. Am Boden ist ein gewöhnlicher Klingelknopf angebracht. Als ich ihn danach frage, schmunzelt er:»Wenn du nicht abzischst, drück ich drauf, und peng, fliegen wir beide in die Luft.« Geheimnisvoll flüstert er mir ins Ohr:»Da ist nämlich eine ungeheure Höllenmaschine eingebaut.« Er fährt achselzuckend fort:»Wer weiß, vielleicht erkennt mich doch mal einer und fällt auf meine Warnung rein?«

In einer der schlimmen Bombennächte im Oktober 1943 hätte Werner Scharff um ein Haar ausprobieren müssen, ob man ihm den Trick mit der Höllenmaschine abnimmt. Hunderte von B-17 Bombern fliegen über das nächtliche Berlin, eine Welle nach der anderen. Aus den Bombenschächten rauscht der Tod herab, Stunde um Stunde. Weite Teile von Schöneberg und die Gegend um den Anhalter Bahnhof stehen in Flammen. Ganze Straßenzüge sind nur noch ein Trümmermeer. Zahllose Menschen krepieren in den brennenden Häusern, werden in den zerbombten Kellern verschüttet.

Zehntausende werden obdachlos. Es brennt noch an vielen Stellen, Schwefelbrände qualmen, der beißende Rauch läßt die Augen tränen, dünner Qualm steigt da und dort hoch, als Scharff früh am nächsten Morgen zur Potsdamer Straße läuft, um sich in die lange Schlange der Wartenden nach Lebensmittelkarten und Bezugsscheinen in der Kartenstelle einzuordnen. Als er an der Reihe ist, gibt er als Adresse ein Haus an, das in der Nacht vollständig zerstört wurde. »Wat sagen Se da? Wo wolln Se jewohnt ham? Det ick nich kichere, sone Frechheit, Mann«, keift eine Frau mit Kopftuch über dem rußverschmierten Gesicht, »jenau in die Wohnung, welche Ihnen anjeblich heute Nacht abhandenjekommen is, wohn icke jetzt schon zwanzich Jahre, Sie Lügner, Sie.«

»Schreien Sie doch nicht so, das wird sich ja gleich aufklären.« Scharff will die Frau beruhigen und spricht beschwichtigend auf sie ein.

»Wat, ick soll nich schreien, sachta zu mir, ham Se det jehört?« Die Frau wird krebsrot im Gesicht. Werner Scharff drückt die Aktenmappe fest an sich, sieht sich nach allen Seiten um und ist mit einigen schnellen Sätzen auf und davon.

Bevor Scharff in den Untergrund ging und im Juli 1943 in Berlin geschnappt und nach Theresienstadt transportiert wurde, arbeitete er als Elektriker für die Jüdische Gemeinde. Schon während dieser Zeit hat er sehr gewagte Dinge unternommen. Am 27. Februar 1943, vier Wochen nachdem ich unsere Wohnung verlassen hatte, wurde in Berlin die sogenannte Fabrikaktion durchgeführt. Ein außerordentlich großes Aufgebot von Polizei und Sicherheitsdienst durchkämmte schlagartig alle Betriebe. Die dort zur Arbeit gezwungenen Juden wurden herausgeholt, auf Laster verladen und in eigens für diese Aktion eingerichtete Sammellager gebracht. Auch meine Mutter war darunter. Erst einige Tage zuvor war sie für die Arbeit in einer Munitionsfabrik in der Potsdamer Straße dienstverpflichtet worden. Juden, die in »Mischehe« lebten, kamen in die Rosenstraße. Das sprach sich wie ein Lauffeuer unter den »arischen« Ehepartnern herum, und noch am selben Tag begannen sie sich vor dem Gebäude in der Rosenstraße zu sammeln und für die Befreiung ihrer Männer und Frauen zu demonstrieren. Mein Vater war unter den vielen Frauen eine Ausnahme, da es sich bei den Gefangenen in der

Hauptsache um Männer handelte. Die Demonstranten verließen auch in den nächsten Tagen und Nächten nicht ihren Platz vor dem Tor der Sammelstelle und erreichten, daß die Gestapo schließlich alle Juden, die mit »Ariern« verheiratet waren, entließen.

Werner Scharffs Bruder Stephan kam mit anderen Juden, die während der Fabrikaktion abgeholt wurden, ins »Clou«, ein Ballhaus in der Mauerstraße, das die Gestapo für ihre Zwecke hatte räumen lassen. Scharff erfuhr, daß sein 23jähriger Bruder dort festgehalten wurde. Er wußte auch, daß die Gefangenen in großen Sälen untergebracht waren und sich innerhalb des Gebäudes frei bewegen konnten.

Es war ein kühler Morgen an einem der ersten Märztage 1943. Bis zum Mittag hatte es noch keinen Fliegeralarm gegeben, auch die Nacht war ruhig geblieben, die Menschen hatten durchschlafen können, was in den letzten Monaten nicht häufig der Fall gewesen war. Die Angestellten gingen in die Büros, die wenigen Handwerker, die es noch gab, führten ihre Arbeiten aus. So auch der Elektriker, der im blauen, fleckigen Monteuranzug mit einer großen Kabelrolle über der linken und einer langen Holzleiter über der rechten Schulter an dem SS-Mann in der Pförtnerloge vorbei in das mehrstöckige Haus hineinging, »Heil Hitler, Kamerad« vor sich hinmurmelnd. Keiner kümmerte sich um ihn, auch nicht die Männer mit dem gelben Stern auf der Brust und der weißen Armbinde mit der Aufschrift »Ordner«. Er stiefelte die Treppe ohne Eile hinauf bis zur ersten Etage und ging einen langen Gang entlang. Hinter den zum Teil nur angelehnten Türen hörte er Frauenstimmen. Der Mann lehnte die Leiter an die Wand, setzte den kalten Zigarrenstummel umständlich in Brand, nahm die Leiter wieder auf, lief den Flur zurück und stapfte eine Treppe höher. Auch hier ein langer Gang. Dann und wann überquerte jemand den Flur und verschwand hinter einer offenen Tür. Der Elektriker spuckte aus, steckte den inzwischen wieder kalt gewordenen Stummel in den Mund, öffnete die erste Tür und trat ein. Er besah sich den Schalter, die Dosen, die Leitungen, klopfte an die Wände, schüttelte den Kopf, blickte sich dann um. Junge und Alte standen herum, diskutierten und quatschten in kleinen Gruppen, andere lagen apathisch auf Strohsäcken am Boden. Keiner nahm Notiz von ihm. Er ging in den Raum gegenüber. Das gleiche Bild. Er erfaßte mit wenigen Blicken die 20, 30 Männer. Der, den er suchte, war nicht dabei. Auch beim nächsten und übernächsten Raum nichts anderes. Die vorletzte Tür stand weit offen. Er sah ihn sofort. Werner Scharff hat seinen Bruder entdeckt, er stand in einer Gruppe in der Nähe der Tür. Werner ging hinein und stieß seinem Bruder die Leiter in den Rücken, bevor er sie an die Wand lehnte, um die Leitungen zu begutachten.

»Tschuldigung«, sagte Werner. In dieser Sekunde erkannte ihn sein Bruder, beendete langsam und unauffällig die Diskussion, steckte beide Hände in die Hosentaschen und entfernte sich aus der Gruppe. Als Werner scheinbar noch einige Leitungen überprüfte, ging sein Bruder schon auf den Gang. Werner folgte und flüsterte: »Geh auf den Lokus und zieh dich um.« Er reichte ihm eine lederne Werkzeugtasche mit einem blauen Arbeitsanzug. Nach zwei Minuten war Stephan umgezogen und kam zurück.

»Nimm das Kabel über die Schulter, halt den Zollstock in der Hand und los, ab.« Werner schob ihn mit der Leiter vor sich her, den Korridor entlang, die Treppe hinunter. »So eine verfluchte Schlamperei«, schrie er hinter ihm her, »immer dieselbe Bummelei mit den Stiften, seit zwei Stunden warte ick jetzt uff den Bengel. Und wat macht der? Quatscht mit de Weiber.« Werner war vor Wut rot angelaufen, schubste seinen Bruder die letzten Stufen hinunter. Als er an dem Posten in der Pförtnerloge vorbeikam, gab er ihm einen kräftigen Schlag auf den Hinterkopf, so daß er auf die Straße taumelte. »Los, marsch, beeil dich, dat de in de Werkstatt kommst. Is doch zum Kotzen mit den faulen Säcken heutzutage.« Die letzten Worte sagte Werner zu dem SS-Mann gewandt, der sich zustimmend eine Zigarette anzündete.

Ruth Winkler, Horsts Schwester, kommt aus der Landverschickung im Sudetenland heim. Sie ist zwölf Jahre alt, hat lange, dicke, blonde Zöpfe, kreisrunde Knopfaugen, ist pausbäckig und lispelt. »Wer is'n diss?« fragt sie unablässig ihre Mutter und zeigt auf mich.

»Na, ich hab's dir doch jesacht, det is dein Vetter, der wohnt ne Weile bei uns.«

»Glob ick nich, kannste mir nich erzähln. Det is nich wahr. Also los, wer isset wirklich?« drängelt Ruth ihre Mutter.

Am Nachmittag nimmt Tante Frida sie in die Küche und erzählt ihr die Wahrheit. »Du kennst doch noch Samuels, die Freunde von Papa

Ruth Winkler; Luckenwalde 1943

aus Trebbin. Das waren Juden. Und Papa wollte sie verstecken, weil die Nazis doch alle Juden abholen und umbringen. Aber das hat damals nicht geklappt, weil Samuels so schnell abgeholt wurden. Der Eugen ist auch ein jüdischer Junge, den wir verstecken wollen, damit die Nazis ihn nicht finden, klar?«

»Ja, aber warum wollen die Nazis alle Juden umbringen, Mama?«

»Weil die Nazis Verbrecher sind. Wenn die uns dabei erwischen, daß wir Juden helfen, bringen sie uns auch um. Deshalb, Ruth, darfst du keinem Menschen was davon sagen, sonst sind wir alle dran.«

»Klarer Fall, Mama, wenn ick jetzt weeß, wer det is, is ja allet jut. Ick hab nur nich jegloobt, dat det een Kusäng von mir is. Von mir erfährt keener wat, da kannsta druff valassen.« Damit ist die Angelegenheit erledigt.

Wir gehen nun daran, Winklers Freunde in Luckenwalde aufzusuchen. Sie hatten sich schon vorher zu einer lockeren Verbindung zusammengeschlossen, um seinen Freund Günther Samuel zu retten. Sie sollen nun von den neuen Plänen erfahren und für die weitere Mitarbeit gewonnen werden.

Als ersten besuchen Onkel Hans und ich den Kantinenpächter Michael Schedlbauer im Kriegsgefangenenlager Stalag III A außerhalb der Stadt. Die Wachposten am Eingang verlassen ihre Schilderhäuschen und wollen unsere Papiere prüfen. Ich halte ihnen meinen Werksausweis des Chemisch-Metallurgischen Laboratoriums hin und erkläre mit weichen Knien, daß ich mit meinem Onkel seinen Freund, den Kantinenwirt, besuchen will. Der Ausweis wird geprüft und für ausreichend befunden. »Alles klar, ab durch die Mitte«, die Soldaten tippen mit den Fingerspitzen an ihre Stahlhelme, sind freundlich, lächeln und zeigen uns den Weg zur Kantine.

Bald sitzen wir bei kühlem Bier und knackigen Bockwürsten mitten in der Barackenstadt. Michael Schedlbauer, groß und dunkelhaarig, steht mit gekrümmtem Rücken hinterm Schanktisch. Er hat eine grüne Schürze umgebunden, zapft helles Pils aus der Säule, bedient zunächst einige Soldaten des Wachkommandos, die abgelöst worden sind, und kommt danach an unseren Tisch. Durch das Fenster kann ich zwei englische Offiziere beobachten, die mit ihren Stöckchen unterm Arm spazierengehen. Es ist niemand in der Nähe unseres Tisches, und Onkel Hans erzählt von unseren Vorhaben und dem schon gemachten Anfang, indem er mich vorstellt.

Schedlbauer, der sich die feuchten Hände an der Schürze trocknet, klopft mir kameradschaftlich auf den Rücken. »Na, da machen wir doch mit, Hans, klar doch. Nur meine Frau braucht nichts davon zu wissen«, sagt er und gibt Winkler gleich einige Lebensmittelmarken und einen größeren Geldbetrag mit, als Einstand, wie er hinzufügt.

Im Herbst 1943 verstärken die Alliierten ihre Luftangriffe auf Berlin. Es vergeht kaum eine Nacht ohne Alarm. Aber auch tagsüber heulen die Sirenen, fallen Bomben, Luftminen und Phosphorkanister, flüchten Menschen in Keller und Schutzräume, gehen Häuser und Fabriken in die Luft, verbluten Männer, Frauen und Kinder in zerberstenden Kellern, ersticken unter einstürzenden Gebäuden oder verbrennen als lebende Fackeln. Meine Eltern haben große Angst vor den Bomben und wollen nicht mehr in Berlin bleiben.

Mein Vater kommt nach Luckenwalde und erkundigt sich im Gast-haus Leonhard in der Friedrichstraße nach einem Zimmer. In einem kleinen, eingeschossigen Anbau im Hof vermietet der Wirt mei-nem Vater eine spärlich möblierte Kammer direkt unter dem Dach. Zwei hintereinander stehende, eiserne Bettgestelle, ein wackliger Tisch, Stühle, ein Kleiderschrank und eine Waschkommode gehören zur Einrichtung. Dazu kommen noch ein Elektroherd mit zwei Platten, ein Tauchsieder und fließend kaltes Wasser im Treppenhaus. Ihre Möbel lassen meine Eltern in der Wohnung in der Belle-Alliance-Straße, packen nur das Nötigste in Koffer und ziehen noch vor Weihnachten nach Luckenwalde. Mein Vater geht noch ein paarmal in unsere alte Wohnung und holt noch Wäsche und Decken, Geschirr und Töpfe. Er fährt nun morgens mit der Eisen-bahn nach Schöneberg in die Drogerie, in der er noch immer be-schäftigt ist.

In Horsts HJ-Uniform besuche ich meine Eltern abends oft in der Friedrichstraße. Ich brauche nicht durch die Gaststube gehen, denn rechts vom Haus ist ein Tor, durch das ich auf den Hof gelange und so immer von Wirt und Gästen unbemerkt bleibe. Es ist trotz der Enge in der Kammer recht gemütlich, und ich bin froh, mit meinen Eltern zusammensein zu können.

Die Besuche muß ich einschränken, als mein Vater eines Abends seinen alten jüdischen Zahnarzt Dr. Arthur Joachim und dessen Frau aus Berlin mit nach Luckenwalde bringt. Joachims haben ihre Wohnung am Bayerischen Platz schon vor einigen Wochen verlas-sen und sind seitdem untergetaucht. Alle paar Tage wechselten sie ihre Unterkunft und zogen mit ihren Koffern von einer Pension in die andere. Als das Geld alle war und sie nicht mehr ein noch aus wußten, kam Joachim voller Verzweiflung zu meinem Vater in die Drogerie und bat ihn um Hilfe. Die Joachims sind sehr unbeholfen, ängstlich und nervös. Sie hocken Tag und Nacht bei meinen Eltern in der schrägen Kammer, trauen sich nicht auf die Straße und erzeugen eine sehr gereizte Stimmung. In der räumlichen Enge herrscht ein unbeschreibliches Tohuwabohu: große Koffer, kleine Koffer, Kartons, Pakete, alles durcheinander, drüber und drunter.

In der Zwischenzeit geht der Aufbau der Organisation weiter. Paul Rosins Gaststätte in der Baruther Straße ist seit Jahr und Tag Onkel Hans' Stammkneipe.

»Kommste mit?« fragt mich Hans an einem nassen Novemberabend. »Heute wolln wa Paule einweihen.«

»Na, klar.« Ich weiß, daß er mich gern mitnimmt, um mich vorzuzeigen. Mit einem Illegalen an der Hand kann er seinen Forderungen besser Nachdruck verleihen. Wir sitzen an dem runden, blanken Holztisch neben der Theke. In der Mitte steht der runde Aschenbecher mit dem Messingschild »Stammtisch«.

Rosin ist ein Kneipenwirt wie aus dem Bilderbuch, klein und dick, Zigarre zwischen den Zähnen, hochgekrempelte Hemdsärmel unter grüner Weste. Ich kenne ihn schon vom Sehen. Wenn Horst mit dem Kellnern fertig war, habe ich ihn abends öfter abgeholt und Rosin von weitem beobachtet. »Paule, bring uns'n Bier und'n Korn. Setz da zu uns«, ruft Onkel Hans. Mit einer Hand am Zapfhahn läßt Paul Rosin das Pils ganz langsam einlaufen, hält zwischendurch immer wieder an und streift den Schaum ab. Er kommt zu uns und nimmt am Ende der Holzbank Platz. Onkel Hans kommt ohne Umschweife auf die Organisation zu sprechen.

Paul hört sich alles mit gesenktem Kopf an, unterbricht nicht, schüttelt nur am Schluß den viereckigen Schädel, als er leise, ohne den Kopf zu heben, sagt: »Hans, du kennst ma jetzt schon ne Ewigkeit. Du weeßt, dat ick nie in de Partei war, mir nie wat hab zu Schulden kommen lassen, ma nie um Politik gekümmert hab. Ick will ooch jetzt nich.«

»Det isset ja grade, um nischt jekümmert«, unterbricht Hans ihn heftig. »Du mußt da kümmern. Du weeßt selba, dat et nich mehr lange dauert. Deinen Laden willste doch behalten. Wennet anders kommt, willste doch weitermachen, soll doch ooch später loofen, det Geschäfte, oder?«

Paul sieht Hans an und kaut eine Weile nachdenklich auf seiner Zigarre, bis er fragt: »Na und, wat soll ick dafür tun?«

»Guck mal, der Bengel hier neben mir«, Hans zeigt auf mich, »det is nich meen Neffe, wie se alle denken. Det is, wie soll ick et sagen, der is nich koscher, wenne weeßt, wat ick meene. Stimmts, so heißt et doch bei euch, wa?« Hans grinst mich an, ich grinse zurück.

Paul sieht mir erstaunt ins Gesicht, schüttelt wieder den schweren Kopf und sagt zu Hans: »Det is deine Sache.«

»Und die Fancia Grün, die jetzt bei dir wohnt, die is ooch nich koscher.« Hans zwinkert mit dem Auge.

Paul und Ida Rosin mit ihren Söhnen Werner (rechts) und Gerd;
Luckenwalde, Ende der 30er Jahre

»Mensch, Hans, bei der hab ick et selber jedacht«, lacht jetzt Paul, »die kam ma nich janz arisch vor.«

»Und da sind noch zwee, die nich wissen, wo se hinsollen, älteres Ehepaar, er is Zahnarzt. Wir brauchen Unterschlupf für beede und

Vollpension. Paule, wat is? Laß da nich betteln, für Samuels hättste det ja ooch jemacht.«

Das Kinn in die Hand gestützt, überlegt Paul einige Augenblicke. »Also jut, Hans, bring se her. Aba, ick weeß von nischt. Die ham sich hier injemietet, basta.«

»Prima, Paule, det is doch schon wat, mehr wolln wa ja nich von dir. Nur noch zum Abschluß ne Molle mit'n Korn.«

Paul ist sichtlich erleichtert, daß das Gespräch zu Ende geht und nicht noch mehr von ihm verlangt wird.

Am nächsten Tag ziehen die beiden Joachims vom Gasthaus Leonhard in das Gasthaus Rosin. Nach einem tränenreichen Abschied bei meinen Eltern atmen alle auf.

Fancia Grün verläßt ihr Domizil bei Rosin und zieht zu Frau Berger in die Wohnung über der Motorradstaffel des NSKK, diesmal als Paul Thieles ausgebombte Schwägerin aus Wuppertal. Frau Bergers Mann hat seinen Urlaub beendet und versucht nun wieder, den Vormarsch der Amerikaner in Italien aufzuhalten.

Zum Weihnachtsfest 1943 backt Tante Frida für mich eine wunderschöne Schokoladentorte. Ich packe sie sorgfältig ein, ziehe die HJ-Kluft an und trage sie zu meinen Eltern in die Mansarde bei Leonhard. Ich bleibe die ganzen Feiertage dort. Wir sind sicher, daß wir nächstes Weihnachten alles hinter uns haben, der Krieg wird beendet sein, und ich werde mich nicht mehr verstecken müssen.

Wenn ich meine Eltern besuche, sitze ich oft an dem kleinen Fenster zum Hof und beobachte, wie Berlin bombardiert wird. Die schweren Motoren der fliegenden Festungen dröhnen, wenn sie über uns hinwegziehen. Wir hören das Bellen der Flak, die grollenden Detonationen der einschlagenden Bomben, sehen die vielen Scheinwerfer, die wie lange, weiße Finger den Himmel absuchen, und erkennen aus der Entfernung das Mündungsfeuer der Abwehr und die Leuchtspurmunition der Flugzeuge, die ihre Zielgebiete abstekken. Es sieht aus, als würde ein gewaltiges Feuerwerk am Himmel gezündet und als glitten riesige Weihnachtsbäume herunter. Gegen Morgen färbt sich der Himmel rot, Berlin brennt. Je stärker die Angriffe werden und je öfter sie sich wiederholen, desto eher muß das Ende kommen, hoffen wir.

In der Nacht zum 30. Januar 1944 wird unser Haus in der Belle-Alliance-Straße zerstört. Eine Luftmine macht es dem Erdboden gleich. Um polizeilich gemeldet zu sein, mietet mein Vater in der Hagelberger Straße, in der Nähe der alten Wohnung, eine andere. Eingezogen sind meine Eltern dort nie.

Irgendwann im Januar berichtet Hans Winkler uns in der Bismarckstraße, daß er mit Werner Scharff und Fancia Grün im Gasthaus Rosin eine Besprechung geführt habe, bei der beschlossen worden sei, Flugblätter herzustellen und mit der Post zu versenden. Scharff habe den Text entworfen. Das Flugblatt heiße: »Zum Überdenken – Feind hört mit.«

Ich bekomme den Auftrag, einen Stempel vom Schattenmann, der Symbolfigur der Nazipropaganda »Pst, Feind hört mit«, zu basteln. Auf diesen Plakaten wird in allen Dienststellen, in Rathäusern, Postämtern, Geschäften und an Häuserwänden vor Spionen gewarnt. Mit Horsts Laubsäge schneide ich die vorher auf Zigarrenkistenholz gezeichnete Figur aus und beklebe sie mit dem Gummi eines alten Fahrradschlauchs. Danach rauhe ich mit einer Raspel die Oberfläche auf, damit der Gummi die Stempelfarbe besser aufnimmt. Scharff bringt bald nach dieser Besprechung eine größere Anzahl getippte Flugblätter mit in unsere Wohnung nach Luckenwalde. Ich drucke in die linke obere Ecke der Blätter den Schattenmann. Trotz der primitiven Konstruktion macht sich die Figur ganz gut. Der Stempel mit dem Schattenmann soll verhindern, daß der Inhalt unserer Postsendung auf den ersten Blick als gegnerisches Flugblatt erkannt wird.

Henry Landes wird unser nächstes Mitglied. Er betreibt zusammen mit seiner Mutter eine Fleischerei in der Friedrichstraße, ein Stück hinter dem Gasthaus Leonhard, in Richtung Bahnhof. Landes hat gute Wurst und gute Beziehungen. Obwohl er Soldat ist, hat er die Front noch nie gesehen. Er kennt nur Heimatdienst, sein Stuhl steht im Wehrmeldeamt Jüterbog.

Onkel Hans nimmt mich wieder mit. Wir gehen spät abends in Henrys Wohnung, die über dem Laden liegt. Er sieht aus wie ein Bulle, groß, breit, bärenstark. Er ist kurzsichtig und trägt eine helle Hornbrille mit dicken Gläsern.

»Na, Henry, wie sieht's aus mit deinem Führer? Beschissen, wa? Oder gloobste noch annen Endsieg?« fragt Hans nach der Begrüßung. Henry und seine Mutter haben stets kräftig »Heil Hitler« geschrien, aber Hans kennt ihn schon lange und vertraut darauf, daß

Im Garten der Familie Landes, um 1943; v. r. n. l.: Hans Winkler,
Gerd Rosin, Henry und Heinz Landes, Mutter Landes und ein Geselle

Landes sein Mäntelchen nach dem Wind drehen wird. Außerdem
hatte er früher versprochen, Samuels zu unterstützen.

»Sieht jar nich mehr so jut aus für dich und deine Mutta und den
schönen Betrieb, wenn de Vorsehung deinen Führer endjültig verlassen haben wird. Kann ja nich mehr allzu lange uff sich warten
lassen«, bemerkt Hans.

»Ick gloob schon lange nich mehr an Adolf«, flüstert Henry. »Der
reitet uns doch jradewegs in de Scheiße rin.«

Onkel Hans nickt zustimmend und beginnt aufs Thema zu kommen. Er holt weit aus, kommt auf ihren gemeinsamen Freund
Günther Samuel zu sprechen, auf die augenblickliche Kriegslage und
steuert dann auf den Kern der Sache, auf die Organisation, zu. Am
Schluß sagt er: »Du kannst sicher sein, Henry, dat wa dir beistehn,
wenne uns brauchst. Und dat de uns brauchen wirst, is so sicher wie
det Amen in da Kirche. Wir wolln ja nich ville von dir.«

»Also los, wat wollta von mir?« Henry geht an einen Barschrank, öffnet die Tür und bietet an:»Französischen Cognac, alten Whisky oder ne Pulle Schampus?«

»Na, denn det letztere«, grient Hans.

Ich bin gespannt, wie Champagner schmeckt. Henry geht in die Küche, um Gläser zu holen. Hans blinzelt mir zu, zeigt Zufriedenheit mit dem Verlauf des Besuchs. Henry gießt ein, wir stoßen an. Beiläufig sagt Hans, wer ich sei. Henry verschluckt sich fast, starrt mich erst ungläubig durch seine dicke Brille an, gießt dann die Gläser wieder voll und prostet mir zu.

»Paß uff, Henry, wat wa von dir brauchen, is folgendes: Abgesehen davon, dat wa einige Leute zu verpflegen ham und in die Richtung wat von dir erwarten, sollste aus deine Schreibstube Saugpost mitbringen, um de Flugblätter abziehen zu können, und jede Menge Umschläge und wat noch wichtiger is«, Hans macht eine kurze Pause, um die Bedeutung dessen, was nun folgt, zu unterstreichen: »Wehrpässe, wir müssen da einige Leute mit ausstatten.«

Henry ist nicht im geringsten erschrocken oder ablehnend, er macht die Tür zum Flur auf und ruft ins noch erleuchtete Treppenhaus hinunter:»Mutta, mach mal'n ordentlichet Wurschtpaket fertig.«

Henry klaut im Büro des Wehrmeldeamts alles, was wir brauchen, und liefert schon in den nächsten Tagen das ganze Material und die Pässe in der Bismarckstraße ab.

An einem naßkalten Abend Ende Januar 1944 ist Werner Scharff wieder einmal bei uns in Luckenwalde und wartet in der Bismarckstraße, bis Onkel Hans Feierabend hat. Dann gehen Werner und ich zur Kneipe von Paul Rosin. Hans holt noch Fancia Grün bei Frau Berger ab und kommt mit ihr nach. Wir sitzen alle vier am Stammtisch in der holzgetäfelten Gaststube. Paul bringt Bier und setzt sich zu uns. Das Lokal ist noch leer. Der Wind heult um das Haus, und schwere Regentropfen klatschen gegen die Fensterscheiben. Paul zieht die Lampe mit dem großen, grünen Seidenschirm tiefer von der Decke herunter, und seine Frau bringt säuerlich lächelnd jedem von uns ein Paar Würstchen mit Kartoffelsalat. Sie spürt offensichtlich, daß wir etwas besprechen wollen, was sie nicht hören soll, und verzieht sich nach hinten in die Küche.

»Freunde, ich denke, es ist Zeit, daß wir nun in großem Stil tätig werden«, beginnt Scharff das Gespräch und sagt weiter: »Als erstes schlage ich vor, die Flugblätter in Form von Kettenbriefen abzufassen, die wir per Post verschicken.« Er entwickelt seine Idee bis in Einzelheiten. »Leute, die Adressen schreiben, haben wir genug, hier und in Berlin. Adressenmaterial finden wir ausreichend in Zeitungen, am besten in Todesanzeigen von Gefallenen. Unter den Angehörigen sind vermutlich viele aus Verzweiflung und Wut bereit, Kettenbriefe abzuschreiben und weiterzusenden. Außerdem gibt's Telefonbücher. Wir müssen einen Absender haben, die Organisation braucht einen Namen.« Er unterbricht seinen Redefluß und sieht uns fragend an. »Ich habe lange darüber nachgedacht und denke, wir nennen uns 'Gemeinschaft für Frieden und Aufbau'. Hat jemand eine bessere Idee?« Alle schütteln den Kopf. »Einverstanden?« Wir nikken. »In Ordnung. Hans, du redest mit deinem Freund wegen des Abzugapparats. Geld für Briefmarken muß gesammelt werden, Matrizen müssen besorgt werden...« Werner Scharff ist voll in Fahrt.

Hans Winkler hört gebannt zu. Fancia Grün stochert mit der Gabel scheinbar desinteressiert im Kartoffelsalat. Ich bewundere Scharff, bin von ihm begeistert. Paul Rosin ist sichtlich verängstigt. Er sieht sich mit verkniffenem Gesicht fortwährend um, ob auch keiner der wenigen Gäste, die inzwischen das Gasthaus betreten haben, auf uns aufmerksam geworden ist. Seine Äuglein in dem runden, vom vielen Alkohol geröteten Gesicht bewegen sich hin und her. Er hört nur mit halbem Ohr zu. Paul scheint der einzige an unserem Tisch zu sein, der das Risiko der zusätzlichen Gefahr, in die wir uns nun begeben, bedenkt.

Werner redet weiter: »In den nächsten Tagen bringe ich einen Textentwurf mit. Ich denke, 1000 Abzüge werden fürs erste reichen. Hans, du sorgst für Umschläge und Saugpost. Ich nehme dann Kuverts mit nach Berlin für Leute, die dort Adressen schreiben können. Und du, Eugen, kannst auch schon anfangen. Joachims spannen wir auch ein.«

Ganz auf unsere Pläne konzentriert, stellen wir erst spät fest, daß sich das Lokal allmählich bis auf den letzten Platz gefüllt hat. Viele Männer tragen braune SA-Uniformen. Auch Hitlerjungen und BDM-Mädchen sind unter den Gästen. Niemand von uns hat gewußt, daß gerade an diesem Abend eine Rede des Führers im Rundfunk übertragen wird. »Na, paßt doch prima«, lacht Onkel Hans. »Paule, bring uns noch einen zum Nachspülen.« Paul serviert eine Runde Schnaps und Bier. Nach und nach wird es ganz ruhig im Raum, alle lauschen erwartungsvoll den Worten von Adolf. Wir können jetzt nicht einfach aufstehen und gehen, sondern sind gezwungen, sitzen zu bleiben und die Rede mitanzuhören. Endlich geht sie zu Ende, lauter Beifall, Bravorufe, alle stehen auf und wenden sich zum Tresen, hinter dem der Radioapparat im Regal untergebracht ist. Wir klatschen auch und singen mit zum »deutschen Gruß« erhobener Hand aus voller Kehle mit: »Die Fahne hoch, die Reihen fest geschlossen, SA marschiert...«

Der Gastraum leert sich langsam. Scharff und Fancia Grün bleiben noch sitzen und übernachten dann im Fremdenzimmer, Hans und ich laufen im Regen durch die inzwischen leergefegten Straßen nach Haus. Wir erzählen Tante Frida ausführlich, was die Organisation beschlossen hat.

»Ihr werdet uns noch alle um Kopf und Kragen bringen, ihr größenwahnsinnigen Spinner. Hätte der Scharff nicht woanders hinjehen können, nee, ausjerechnet hierher mussa kommen.« Sie drückt ihren Unmut durch heftiges Kopfschütteln aus. Hans und ich amüsieren uns. »Frida«, fragt Hans kichernd, »haste schon mal 'Die Fahne hoch' jesungen?«

»Nee, kann ick jar nich, wieso?«

»Aber wir.« Hans erzählt, wie unsere Sitzung zu Ende gegangen ist, und schließlich lachen wir alle drei.

Der Ausbau der Organisation geht zügig voran. Günter Naumann ist 22 Jahre alt. Nach einer Woche als Soldat in Rußland wurde er verwundet und 1943 aus der Wehrmacht entlassen. Seine Eltern haben in der Potsdamer Straße 31 in Luckenwalde eine kleine Schraubenfabrik. Er wurde schon vor längerer Zeit gefragt, ob er bereit sei, die jüdische Familie Samuel zu verstecken. Damals erklärte er sich sofort einverstanden. Jetzt, Anfang 1944, wird er wieder um Mitarbeit gebeten und gefragt, ob er seinen Abzugsapparat zur Verfügung stellen und Flugblätter für die Organisation abziehen würde. Naumann ist spontan dazu bereit und wird zu einem der wichtigsten Leute für uns. Das Ehepaar Joachim wird von Günter Naumann im Betrieb seines Vaters beschäftigt, so daß die beiden nicht von morgens bis abends in dem engen Zimmer bei Rosin hocken müssen. Später bringt Naumann sie mit Wissen seiner Eltern in einem kleinen Zimmer über seiner Werkstatt unter.

An einem der letzten Tage im Februar 1944 taucht plötzlich und unangemeldet Gerhard Grün, der geschiedene Mann von Fancia Grün, bei uns in der Bismarckstraße auf. Seine zweite Frau, Ilse Grün, mit der er in Berlin illegal lebte, wurde vor einigen Tagen geschnappt. Danach traute er sich nicht länger, in seinem Versteck zu bleiben, und kam nach Luckenwalde. Die Adresse hatte er von Werner Scharff. Er sitzt in unserem engen Wohnzimmer auf der Couch. Während er noch mit abgehackten Worten und in völliger Hoffnungslosigkeit von dem schrecklichen Ereignis berichtet, klingelt es an der Wohnungstür. Es ist Ilse Grün, eine junge, hübsche, blonde

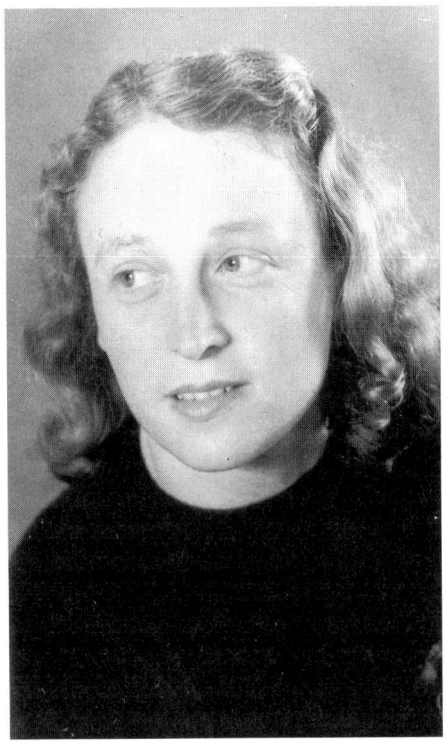

Ilse Grün nach der Befreiung; Berlin 1945

Frau. Wir alle glauben, ein Gespenst vor uns zu sehen. Ilse Grün war schon in einem Güterwagen nach Auschwitz. Außerhalb des Ortes Ruda, noch etwa anderthalb Stunden von dem Vernichtungslager entfernt, öffnete der in dem Viehwagen zur Wache eingeteilte SS-Mann die Schiebetür und befahl den Gefangenen, einen Eimer auszuschütten. Dabei gelang es ihr, unbemerkt aus dem fahrenden Zug zu springen. Ilse Grün lief zum Bahnhof zurück und kaufte sich mit dem Geld, das sie in ihrer Kleidung versteckt hatte, eine Fahrkarte nach Berlin. Hier erfuhr sie, wo sich ihr Mann aufhielt, und kam zu uns nach Luckenwalde. Es dauert lange, bis ihr Mann es fassen kann, daß seine Frau schon wieder da ist. Am nächsten Tag verlassen sie Luckenwalde wieder.

Als Ruth und Horst an einem Sonntagmorgen mit dem Fahrrad in Richtung Holbeck fahren, finden sie am Waldrand Lebensmittelkarten, welche die Amerikaner bei Anflügen auf Berlin abgeworfen haben müssen. Es sind Reisemarken, ganze Bogen. Sie nützen einem nicht viel, weil Geschäfte und Restaurants angewiesen sind, nur noch solche Marken anzunehmen, die an der Originalkarte mit dem Aufdruck der Ausgabestelle hängen. Außerdem können die Marken bei genauer Prüfung als Fälschung erkannt werden. Wir haben dennoch gute Verwendung dafür. Im »Zigeunerkeller« am Kurfürstendamm arbeitet Emil Schwarze als Kellner. Er ist ein langjähriger Freund von Samuels und Winklers. Onkel Hans trifft sich mit ihm in Berlin, erzählt ihm von der Organisation und weiht ihn in die neuen Pläne ein. Er weiß, daß Schwarze Kommunist ist und die Nazis haßt. Spontan tauscht Emil Schwarze einen Teil der gefälschten Lebensmittelmarken im Restaurant gegen echte um. Später nimmt er Hilde Bromberg in seiner Berliner Junggesellenwohnung auf.

Von diesem 20jährigen jüdischen Mädchen hört Scharff bei seinen Freunden in Berlin. In der Nacht, als ihre Eltern abgeholt wurden, war sie bei einem Freund. Als sie einige Tage später nach Hause kam, war die Wohnungstür mit mehreren Papieraufklebern versiegelt. Hilde riß die runden Papierscheiben mit den Stempeln ab und öffnete die Tür. Sie wollte einige Wertsachen retten. Der Nachbar, der die beschädigten Siegel sah und Geräusche in der leeren Wohnung hörte, glaubte an Einbrecher und alarmierte die Polizei. Die Kripo kam, zum Glück nicht die Gestapo. Die Beamten überraschten Hilde dabei, als sie einige Silberleuchter einpacken wollte.

Sie gab den Einbruch zu, nannte einen falschen Namen und wurde verhaftet. Sie hatte keine Papiere, log den Beamten vor, daß sie ausgebombt sei und schon mehrere Einbrüche hinter sich habe, so nahm man sie zur Überprüfung in Untersuchungshaft. Als Jüdin hatte man sie nicht erkannt. Hilde saß im Frauengefängnis in der Barnimstraße. Bei einem nächtlichen Bombenangriff wurde das Gefängnisgebäude beschädigt, und in dem darauf folgenden Durcheinander konnte Hilde fliehen. Sie braucht nun dringend Unterschlupf. Scharff erhält von Winkler eine Bescheinigung, diesmal für Hilde Bromberg, daß sie im Auftrag des Amtsgerichts auf Dienstreise sei, mit dem Stempel vom Amtsgericht »-enwalde«.

Diese Bescheinigung wird mit einem Paßfoto von Hilde versehen. Hans nimmt mich mit, als er zu dem Schuhmacherladen von Georg Brachmüller geht, der mit seiner Ösenmaschine das Bild fachgerecht befestigt. Brachmüller ist ein guter Bekannter vom Gastwirt Rosin und hat sich schon früher im Gespräch mit Winkler bereit erklärt, wenn es notwendig werden würde, die jüdische Familie Samuel zu unterstützen. Onkel Hans erklärt Brachmüller, wer das Mädchen auf dem Paßfoto ist, und auch, warum er mich bei sich aufgenommen hat.

Anfang April 1944 ist das erste Flugblatt der »Gemeinschaft für Frieden und Aufbau« fertig und liegt in einer Auflage von mehreren tausend Stück versandbereit bei uns in der Bismarckstraße im Schlafzimmer unter dem Bett.

Onkel Hans und mein Vater haben Seiten voller Adressen mitgebracht, die sie in den Hauptpostämtern in Berlin aus Telefonbüchern herausgerissen haben. Es sind Anschriften aus deutschen Städten aller Himmelsrichtungen; außerdem brachten sie Tageszeitungen mit, soviel sie auftreiben konnten. Hilde Bromberg, Fancia Grün, meine Mutter, beide Joachims und ich schrieben die Umschläge. Tausende wurden beschriftet und frankiert, teilweise als Brief oder auch als Drucksache. Andere wurden nicht freigemacht, da ein großer Teil der von Landes in Jüterbog gestohlenen Umschläge den Vermerk »Frei durch Ablösung Reich« trug.

Günter Naumann und auch seine junge Frau saßen nächtelang im Keller ihres Betriebes und vervielfältigten die Flugblätter von Matrizen, die sie selbst schrieben oder die Werner Scharff in Berlin hatte tippen lassen. Auch das erste Flugblatt mit dem Schattenmann

Gemeinschaft für Frieden und Aufbau
Reichsführung, München

April 1944

Generalmobilmachung

Die Gemeinschaft für Frieden und Aufbau, geboren aus der Not des Volkes, marschiert. Mutige Männer und Frauen Deutschlands haben sich zusammengeschlossen, um Lüge und Mord der Nazis ein Ende zu bereiten.

Wir wollen nicht mehr mitansehen, wie unsere Soldaten sich an der Front verbluten. Wir dulden nicht mehr, dass Tag und Nacht unsere Heimat von Bombern zertrümmert wird. Wir wollen nicht zusehen, wie unsere Arbeiter in 72 Wochenstunden bis aufs Letzte ausgebeutet werden. Wir wollen ein gesundes Volk bleiben und nicht Nervenbündel sein. Unsere Lage ist aussichtslos. Der Feind steht an den Oelquellen in Rumänien. Die Invasionsheere stehen zum Einfall bereit. Die feindliche Luftwaffe übt immer stärkere Tag- und Nachtangriffe aus. Die Verluste, die wir ihnen zufügen, sind bedeutungslos. Wir haben keine Vergeltungswaffen, denn aus zerstörten Fabriken können wir keine Wunder erwarten. Wir kämpfen für den sofortigen Frieden. Wenn unser Volk erst zu Bettlern geworden ist, war alles umsonst.

Wir rufen zum passiven Widerstand auf !!

Wir verlangen von Dir nichts anderes, als dass Du denken sollst. Rede nicht sinnlos nach, was Dir von der Regierung oder einzelnen Parteigenossen vorerzählt wird. Du verlängerst damit den Krieg und trägst somit die Schuld am Elend unseres Volkes. Wir klären Dich auf. Versuche unsere Aufklärungsschriften zu bekommen.

Folge unseren Anweisungen.

Hilf uns und Du hilfst Dir.

Du hast vorstehendes 10 mal abzuschreiben und an 10 verschiedene Leute zu versenden. Wir werden Dich nach diesen Namen fragen. Wenn Du unserer Aufforderung nicht nachgekommen bist, wirst Du aus der Gemeinschaft ausgeschlossen.

Behalte dieses Schreiben für Dich als Ausweis.

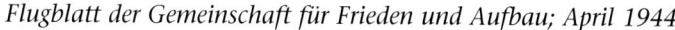

Flugblatt der Gemeinschaft für Frieden und Aufbau; April 1944

wurde noch in großen Mengen abgezogen und versandt. Ab und zu hatte Werner Scharff sich auch bei Naumann das Abzugsgerät ausgeliehen und nach Berlin zu Freunden gebracht, um auch dort Flugblätter abziehen zu lassen.

In den kommenden Wochen werden die Flugblätter aus verschiedenen Gegenden abgeschickt. Paul Rißmann, der einen Heimaturlaub in seiner Laube auf dem Frankenfelder Berg beendet hat, nimmt einen Schwung mit auf seinen Weg nach Rotterdam, wo er stationiert ist. Er wirft die Briefe unterwegs in mehrere Kästen ein. Mein Vater fährt mit einer Tasche voll nach Halle, um von dort Flugblätter abzusenden. Den Rest nimmt Onkel Hans mit nach Berlin, wo unsere Freunde die Sendung auf viele Briefkästen in verschiedenen Stadtteilen verteilen.

In der Straußberger Straße Nr. 4 im Berliner Nordosten wohnt das Ehepaar Klatt. Hilde Klatt ist die Cousine von Hans Winkler. Walter Klatt ist Mitte 30, Arbeiter in einer Maschinenfabrik und seit einigen Jahren Mitglied der NSDAP. Er hat sich aber nicht weiter als bis zum Blockleiter hocharbeiten können. Im Frühjahr 1944 ist er nicht mehr so sicher, ob er auf das richtige Pferd gesetzt hat, und er ist daher gerne bereit, eine bestimmte Aufgabe zu übernehmen, als Onkel Hans ihm die Mitarbeit in der Gemeinschaft für Frieden und Aufbau anbietet.

»Det kann dir ville Ärger ersparen, Walter, wenne erst mal bis zum Stehkragen in die Scheiße steckst«, erklärt ihm Hans bei seinem Besuch in der Straußberger Straße, »aba wenn et so weit is, werd ick mein Händchen schon schützend über dir halten, wenn de jetzt wat für uns tust.«

Klatt nickt eifrig, ist froh, daß er eine Rückversicherung eingehen kann, und dankbar, daß Hans an ihn gedacht hat.

»Hier, lies dir det durch«, Hans hält ihm unser Flugblatt hin. »Det is in tausenden von Exemplaren aus allen Ecken in Deutschland abjejangen. Wir wollen jerne wissen, wie et ankommt, ob die Leute et wirklich abschreiben oder ob se et wenigstens behalten. Dabei sollste uns helfen, det rauszufinden.«

Klatt liest hastig und nickt zwischendurch zustimmend. »Find ick jut, stimmt allet, wat drinnesteht. Aba wie kann icke dabei helfen rauszufinden, wie et ankommt? Hans, erzähl, ick bin jespannt.« Klatt ist ganz besessen darauf mitzumachen.

»Paß uff, du jibst uns det janze Adressenmaterial von deinem Block, ohne Ausnahme, alle, deine selbstverständlich ooch.«

Klatt sieht Winkler fragend an und legt dabei den Kopf schief. »Ja, und wozu?«

»Verstehste denn nich, Mann«, erklärt Hans ungeduldig, »du mußt die Flugblätter doch einsammeln. Als Blockleiter wirste doch uffjefordert wern von deine Ortsjruppe, wa? Dann ham wat doch schon, kapiert? Klar, wir wern die janze Jejend hier mit unseren Briefen bepflastern, damit et nich uffällt.«

»Jetzt vasteh ick.« Walter Klatts Augen leuchten auf, er haut Onkel Hans auf die Schulter und sagt grinsend: »Find ick aba sehr raffiniert.«

»Also, hör zu, du schreibst alle Namen uff ne Liste, sagen wa, bis Anfang nächster Woche. Am Abend kommt dann een Mädchen vorbei, die is so Anfang 20, die sagt bloß: Ick komm vom Chef. Dann weeßte Bescheid. Ihr jibstet dann, klar?«

»Kannsta druff verlassen, Hans. Grüß ma de Frida.« Herzlicher Abschied, inniges Händeschütteln.

Wieder zurück in Luckenwalde erzählt Hans ausführlich, wie alles gelaufen ist, und beendet seinen Bericht mit dem Satz: »Mein Vetter, Frida, du weeßt ja, wat ick von ihm halte, aba diesmal is er zu wat nutze.«

Eine Woche nach diesem Gespräch klingelt Hilde Bromberg in der Straußberger Straße bei Klatt und sagt: »Ich komme vom Chef.« Sie erhält eine handgeschriebene Liste mit etwa 100 Namen und den dazugehörigen Adressen.

Kurze Zeit danach schicken wir an jede dieser Anschriften unseren Kettenbrief. Wir benutzen verschiedenfarbige Kuverts und unterschiedliche Handschriften. Ein Teil geht weg als Brief, ein anderer als Drucksache, mal mit Absender, mal ohne, alles eingeworfen in Briefkästen verschiedener Bezirke.

Walter Klatt nimmt sein Flugblatt aus dem Umschlag und läuft zum Büro des Ortsgruppenleiters der NSDAP, hebt den Arm zum Gruß und sagt: »Heil Hitler, Parteigenosse, diese Hetzschrift kam heute mit der Post.«

»Verdammte Sauerei«, brüllt der braune Bonze und haut donnernd mit der Faust auf den Tisch. »Es waren schon mehrere Parteigenossen hier und haben den gleichen Wisch abgeliefert. Wir müssen davon ausgehen, daß unsere ganze Gegend hier mit diesen defaitistischen Blättern überschwemmt wurde. Sie, Parteigenosse Klatt, gehen sofort in Ihrem Block von Tür zu Tür und fragen jeden Bewohner, ob er diese Feindpropaganda erhalten hat. Wehe, wenn wir einen erwischen, der diesen Zettel nicht abgibt. Der Reichsführer SS hat drakonische Maßnahmen angeordnet. Machen Sie dies den Leuten klar. Heil Hitler.«

Werner Klatt gibt uns später einen genauen Bericht über seinen Besuch in der Ortsgruppe und meldet uns das Resultat seiner Einsammelaktion. Zehn Einwohner aus seinem Block haben behauptet, kein Flugblatt erhalten zu haben, oder gaben an, es schon vor Klatts Ankunft vernichtet zu haben. Wir halten es für ein ganz gutes Ergebnis, wenn auch sicher nicht alle zehn unserer Aufforderung nachgekommen sind, es abzuschreiben oder weiterzuschicken. Wir gehen aber davon aus, daß diejenigen, die den Brief behalten haben, ihn ihren Bekannten zeigen wollen.

Meiner Mutter bereiten unsere Aktivitäten große Angst. Jedesmal, wenn ich zu Besuch in die Friedrichstraße komme, schimpft sie auf Werner Scharff:»Nu, was macht der Meschuggene, hat er wieder neue Ideen? Gott behüte. Haben wir nicht schon genug Zores ohne ihn? Hätte er nicht bleiben können in Theresienstadt, dieser Verrückte. Nein, mußte er kommen nach Luckenwalde, ausgerechnet nach Luckenwalde.« Meine Mutter ist alt geworden, grau und runzlig. Ihr Herz macht ihr zu schaffen und sie stöhnt:»Oijoijoi, mein armes Herz, wie lange kann man das noch aushalten?« Mein Vater sieht auch mit großer Besorgnis, wie Hans Winkler, beeinflußt durch Werner Scharff, Vorsicht mehr und mehr außer acht läßt. Hans wird leichtsinnig und unbesonnen. Ratschläge, gutes Zureden, Warnungen schlägt er in den Wind.

Erste Verhaftungen

Noch im gleichen Monat, als die ersten Flugblätter hinausgehen, beginnt das Verhängnis seinen Lauf zu nehmen. Amtsgerichtsrat Bömert ist der Chef von Onkel Hans und erzählt ihm im Büro vom

Fall des Buchhändlers und Verlegers Bonneß aus Potsdam. August Bonneß wurde am 15. Februar 1944 vom Volksgerichtshof zum Tode verurteilt. Seit Bömert davon erfahren hat, sind erst einige Tage vergangen. »Bonneß hat nur Witze erzählt, das war alles. Zugegeben, die Witze haben unsere Regierung und den Führer lächerlich gemacht, aber dennoch.« Der Amtsgerichtsrat zieht die Stirn kraus, lehnt sich in seinen Sessel zurück, saugt an der Zigarre und pafft Ringe in die Luft. Er steht auf, geht um den Tisch herum, bleibt vor Winkler stehen und sagt: »Stellen Sie sich vor, zum Tode verurteilt. Der Mann hatte sich nie etwas zu Schulden kommen lassen. Der Richter wollte an ihm ein Exempel statuieren, das war alles.« Onkel Hans erzählt uns wortgetreu von dieser Unterhaltung.

Sofort nach dem Gespräch im Gericht hat er herausgefunden, daß die Witwe Bonneß über ein passables Vermögen verfügt. Er ist fest davon überzeugt, daß die Witwe eines Mannes, der von den Nazis zum Tode verurteilt wurde, das Regime verabscheuen und bekämpfen wird. Er will deshalb Frau Bonneß für unsere Organisation gewinnen, und er ist sicher, daß sie einen beträchtlichen Teil ihres Vermögens zur Verfügung stellen wird, um Gleichgesinnte finanziell zu unterstützen und so am Kampf gegen Hitler teilzunehmen. Hans Winkler will unbedingt mit Frau Bonneß Kontakt aufnehmen, und zwar sofort. »Wir müssen et schmieden, solange det Eisen noch glüht«, sagt er voller Überzeugung und meint, daß sich bei einer starken, weitverzweigten Organisation, und dieser Eindruck müsse vermittelt werden, nicht der Kopf selbst um Lappalien kümmern dürfe. Dafür habe er seine Leute. Es sei niemand besser für diese heikle Aufgabe geeignet als Hilde Bromberg, entscheidet er, sie sei jung und intelligent, sehe gut aus und sei voller Schwung und Energie. Sie habe schon immer mehr tun wollen, als nur im Versteck bei Emil Schwarze Adressen zu schreiben. Hans fährt nach Berlin und bespricht alles mit Hilde. Sie ist Feuer und Flamme und freut sich, diese Aufgabe übernehmen zu dürfen.

Am 18. April 1944 fährt Hilde Bromberg in dem Bewußtsein, eine wichtige Mission zu erfüllen, mit der S-Bahn nach Potsdam zu Frau Bonneß, Wall am Kietz 16. Hilde klingelt. Ein Dienstmädchen öffnet die schwere Eichentür und fragt höflich: »Wen darf ich melden?«

»Ich heiße Hilde Bromberg und möchte Frau Bonneß sprechen«, sagt Hilde und fügt hinzu: »in einer persönlichen Angelegenheit.«

Das Mädchen kommt nach einigen Augenblicken zurück. Sie führt Hilde in einen großen Wohnraum, zeigt auf einen weichen, bequemen Sessel, sagt:»Wollen Sie bitte Platz nehmen, die gnädige Frau kommt gleich«, und läßt Hilde allein.

Hilde bleibt stehen und sieht sich um. Großer Gobelin an einer Wand, Biedermeiermöbel, schwere Vorhänge vor hohen Fenstern, die zum Garten zeigen. Offener Kamin, darüber Marmorsims mit Silberleuchtern, Porträts in Öl.

Eine Dame mittleren Alters tritt ein, groß, dunkelhaarig, in dezentem Grau gekleidet.»Sie wollen mich sprechen. Da bin ich.« Sie lächelt, setzt sich auf einen kleinen runden Sessel vor den Kamin und deutet Hilde mit einer Handbewegung an, sich ebenfalls zu setzen.

»Ich komme im Auftrag des Chefs«, beginnt Hilde sogleich ihr Anliegen vorzutragen,»der Ihnen durch mich sein tiefes Mitgefühl ausdrücken läßt für den schweren Verlust...«

Frau Bonneß unterbricht Hilde und sieht sie fragend an:»Wer, bitte, ist Ihr Chef?«

Hilde öffnet ihre Handtasche, nimmt das zusammengefaltete Flugblatt heraus, breitet es aus, streicht es auf der Glasplatte des niedrigen Tisches mit der Handkante glatt und hält es Frau Bonneß hin. Sie nimmt den Bogen und liest. Sie verzieht keine Miene und gibt Hilde das Papier wieder zurück.»Warum zeigen Sie mir das?« fragt sie verwundert.

Hilde beginnt nun ausführlich von der Organisation zu erzählen, von zehntausenden von Kettenbriefen, die erst der Anfang seien, von den vielen Illegalen, die die»Gemeinschaft für Frieden und Aufbau« untergebracht habe und versorgen müsse, von der Zusammensetzung der Mitglieder, Kommunisten, Sozialdemokraten, selbst frühere Nazis. Hilde zeichnet ein beeindruckendes Bild einer sich schnell ausweitenden Widerstandsbewegung.

Frau Bonneß hört unbeweglich zu, bis Hilde aufhört zu sprechen, dann fragt sie kühl:»Mir ist immer noch nicht klar, weswegen Sie mir das alles erzählen.«

»Sie sehen, wir haben volles Vertrauen zu Ihnen und hoffen auf Ihre Mithilfe, was sicher auch im Sinne Ihres ermordeten Gatten sein dürfte.«

»Und wie stellen Sie sich diese Hilfe vor?« fragt Frau Bonneß erstaunt.

»Sie werden gewiß verstehen, daß unsere vielseitigen Aktivitäten mit großen finanziellen Anstrengungen verbunden sind.«

»Wollen Sie Geld von mir?« unterbricht Frau Bonneß zögernd.

»Das wäre eine sehr große Hilfe für uns«, lächelt Hilde sie an.

»Das muß ich mir in Ruhe durch den Kopf gehen lassen«, antwortet Frau Bonneß, steht auf, geht zur Tür und sagt zu Hilde: »Bitte, behalten Sie Platz. Ich gehe in die Küche und laß uns einen Kaffee machen.« Sie macht die Tür hinter sich zu und läßt Hilde allein.

Durch das Fenster sieht Hilde auf Tulpen, Primeln, Osterglocken. Sie hat das Gefühl, ihre Aufgabe gut erfüllt zu haben. Vielleicht wird Frau Bonneß ihr schon beim ersten Besuch einen Geldbetrag mitgeben.

Es dauert eine ganze Weile, bis Frau Bonneß wieder ins Zimmer kommt. Sie hat in der Küche das Mädchen beauftragt, Kaffee aufzubrühen, und ist dann nach oben gegangen, um aus einem anderen Raum die Gestapo anzurufen. Nach dem Telefongespräch trägt sie Kaffeegeschirr und eine silberne Kanne ins Wohnzimmer und setzt alles vor Hilde ab. Es riecht nach echten Bohnen. »Nehmen Sie Milch und Zucker?« fragt die Gastgeberin und gießt ein. »Entschuldigen Sie, daß es etwas länger gedauert hat, aber ich mußte erst den Bohnenkaffee aus dem Versteck holen.« Sie lächelt Hilde dabei an. Das Gespräch dreht sich nun nur noch um die Vorzüge von Bohnenkaffee gegenüber Malzkaffee.

»Wie lange werden Sie brauchen, um ihre Entscheidung zu treffen?« will Hilde beim Abschied wissen.

»Sagen wir mal, bis heute in einer Woche.« Frau Bonneß bringt Hilde selbst zur Tür.

Das Aprilwetter hat sich wieder geändert. Die Sonne ist hinter dicken, schwarzen Wolken verschwunden. Es regnet, als Hilde auf die ruhige, enge Straße tritt und durch den Torbogen zur Hauptstraße läuft. In Gedanken läßt sie das ganze Gespräch noch einmal ablaufen. Man kann eigentlich nicht erwarten, daß beim ersten Anlauf schon alles klappt, denkt sie, die Bonneß hat sich ja nicht abgeneigt gezeigt, ihren Beitrag zur Unterstützung der Organisation zu leisten. Hilde ist zufrieden mit sich, klemmt die Handtasche unter den Arm, schlägt den Mantelkragen hoch und beschleunigt ihr Tempo.

Sie bemerkt den Mann nicht, der auf der anderen Straßenseite mit ihr Schritt hält. Sie biegt in eine Seitenstraße ein, um den Weg zum

Bahnhof abzukürzen. Die Straße ist menschenleer, auf dem nassen Pflaster schallen die hohen Absätze ihrer Schuhe. Der Mann von drüben hat auf ihre Straßenseite gewechselt. Plötzlich hat Hilde das Gefühl, daß sie verfolgt wird. Sie läuft schneller, noch schneller, rennt. Die Schritte hinter ihr bleiben in gleicher Entfernung, kommen dann näher, sind dicht hinter ihr. Hilde dreht sich um und sieht in ein grinsendes Männergesicht.

»Halt, Puppe, stehenbleiben.« Der große Mann packt sie an der Schulter und reißt sie herum:»Weglaufen ist nicht, schön brav mitkommen.« Der Kerl schlägt das rechte Revers seines hellen Staubmantels um, zeigt Hilde eine Blechmarke und sagt mit eisiger Stimme:»Geheime Staatspolizei«.

Ganz plötzlich kommt, fast lautlos, eine schwarze Limousine im Schrittempo herangefahren und hält neben ihnen. Hilde sagt kein Wort, läßt sich widerstandslos zu dem Auto drängen. In dem Augenblick, als der Beamte sie in das Wageninnere schiebt, öffnet sie ihre Handtasche, will ein zusammengefaltetes Stück Papier herausnehmen und versucht, es in den Ausschnitt ihrer Bluse zu stecken. Ihre Hände zittern so, daß sie das Papier fallen läßt. Der Gestapomann bückt sich, hebt es vom Rinnstein auf und faltet es auseinander. Er hält eine Bescheinigung mit Hilde Brombergs Lichtbild in der Hand, aus der hervorgeht, daß sie im Auftrag eines Amtsgerichts auf Dienstreise sei. Das Schreiben trägt den runden Stempel des Amtsgerichts –enwalde.

Es war vereinbart worden, daß Hilde, bevor sie in ihr Quartier zu Emil Schwarze nach Berlin zurückkehrt, von Potsdam nach Luckenwalde kommen soll, um Hans Winkler von ihrem Besuch zu berichten. Aber Hilde kommt und kommt nicht, sie ist schon lange überfällig. An diesem Vormittag des 18. April gibt es für den Großraum Berlin keinen Fliegeralarm, die Züge verkehren einigermaßen pünktlich. Wir ahnen, daß etwas passiert ist. Hilde muß geschnappt worden sein, irgend etwas muß schief gelaufen sein. Aber was? Ist sie in eine Kontrolle geraten, und wurden ihre Papiere als falsch erkannt? Oder hat sie jemand, der sie kennt, angezeigt? Wurde sie verhaftet, bevor sie bei der Bonneß war, oder nach ihrem Besuch? Oder hat Frau Bonneß sie hochgehen lassen im Glauben, daß die Gestapo ihr eine Falle stellen wollte. Wie lange wird Hilde dichthalten können, fragen wir uns, und was hat sie bisher schon gesagt? Was wird die Gestapo mit Hilde anstellen, um sie zum Sprechen zu bringen?

Scharff ist an diesem Tag in Berlin und nicht zu erreichen. Um keine Unruhe auszulösen, wollen wir den anderen noch nichts sagen.

Mein Vater kommt abends zu uns in die Bismarckstraße, um zu hören, was Hilde ausgerichtet hat. Er wird grau im Gesicht und sackt zusammen, als er die Hiobsbotschaft hört. Obwohl er dringend von diesem lebensgefährlichen Spiel, wie er es nennt, abgeraten hat, konnte er Hildes Fahrt nach Potsdam nicht verhindern.»Das arme Mädchen«, stöhnt er jetzt, hält sich die Hände vors Gesicht und läßt sich auf einen Stuhl fallen.»Eines Tages mußte es ja so kommen.«

Onkel Hans wehrt den Vorwurf mit einer weiträumigen Handbewegung ab und sagt ärgerlich:»Imma mit de Ruhe, jetzt nur nich durchdrehen. Ob et richtig oder falsch war, bringt uns jetzt ooch nich weiter. Eujen kann ja vorläufig zu euch, wa? Is für uns alle besser.«

Wir verabreden noch, daß Horst uns auf dem laufenden halten soll, bevor ich meine paar Klamotten in das Köfferchen werfe und mit meinem Vater zum Gasthaus Leonhard zurückkehre. Unterwegs schüttelt mein Vater immer wieder den Kopf und brummt vor sich hin:»Genauso wie sich der kleine Moritz den Kampf gegen Hitler vorstellt.«

Bei Leonhards unterm Dach seufzt meine Mutter ununterbrochen:»Oijoijoi, mein Gott, was wird das noch werden.« Wir verbringen eine schlechte Nacht, keiner kann schlafen, bei jedem Geräusch schrecken wir hoch. Aber es geschieht nichts. Keine Verhaftungen, weder in Luckenwalde noch in Berlin. Onkel Hans geht am nächsten Morgen wie immer ins Amtsgericht. Mein Vater wartet noch zwei Tage, bis auch er wieder in die Drogerie nach Berlin fährt. Die Spannung läßt allmählich nach, wir schöpfen wieder Hoffnung.

Genau zehn Tage nach Hildes Verschwinden trifft sich mein Vater in Berlin mit Pia Kozlowski in dem Damenbekleidungsgeschäft, in dem Pia arbeitet. Sie ist eine KP-Genossin von Emil Schwarze, bei der Hilde auch ab und zu übernachtet hat.

Mein Vater will von ihr wissen, ob Emil Schwierigkeiten hatte, nachdem Hilde nicht wieder aufgetaucht war. Nein, bei Emil sei niemand gewesen, berichtet Pia, aber zu ihr sei am Tag zuvor eine Wärterin vom Alex mit Nachrichten von Hilde gekommen.

»Sie wissen, wat se mit mir machen«, sagte die Frau zu Pia, »wenn det rauskommt, dat ick hier war. Aba die Bromberg hat ma so gedrängelt, und se hat ma ooch so leid getan, als ick jesehen hab, wie se se zujerichtet ham. Grün und blau ham se se jeschlagen, so det ihr de Zähne rausjefallen sind.« Der Wärterin, einer Frau um die 40, kamen die Tränen, die sie sich erst mit einem Taschentuch abwischen mußte, ehe sie fortfahren konnte: »Schlimm sieht se aus, sag ick Ihnen. Aba se hat nichts jesagt, soll ick Ihnen bestellen, keine Namen von ihre Auftraggeber. Ihren Chef, und dat soll ick Ihnen ausdrücklich sagen, hat se folgendermaßen beschrieben: klein, dunkelhaarig, mit starker Brille. Und jetroffen hat se ihn ein paarmal in Berlin, unter anderem ooch im Exelsior am Potsdamer Platz oder im Schottenhamel.« Pia hat dann diese tapfere, fremde Frau umarmt, abgedrückt und sie inständig gebeten, wiederzukommen.

Als mein Vater später in Luckenwalde bei Winklers und bei uns alles fast wörtlich wiedergibt, empfinden wir die Nachricht, was unsere Lage anbetrifft, als einigermaßen beruhigend. Hans Winkler will sofort, daß unser Flugblatt weiter abgezogen wird und in noch größerer Anzahl unter die Leute kommt. »Jetzt erst recht«, posaunt er selbstbewußt. »Die sollen nicht glooben, daß se uns einjeschüchtert haben.«

Wochen sind vergangen, und weitere Verhaftungen haben nicht stattgefunden. Es sieht ganz so aus, als würde es bei dieser einen bleiben. In Leonhards schräger Dachkammer leben wir nun für lange Zeit zu dritt. Die Wirtsleute dürfen mich auf keinen Fall sehen, sie würden sonst argwöhnisch werden. In dem kleinen Raum gibt es keine Winkel und Ecken, in denen ich mich verstecken könnte, wenn jemand unangemeldet hereinkäme. Der einzige Platz, an dem ich unsichtbar bin, ist der alte Kleiderschrank, ein einfaches Möbelstück mit einer zweiteiligen Tür. Die wenigen Sachen, die im Schrank auf Bügeln über der Stange hängen, schiebe ich zur linken Seite, so daß der rechte Teil frei wird. Hier kann ich mich verstecken.

Alle paar Tage kommt am Vormittag das Zimmermädchen herauf, um sauber zu machen. Sie überstürzt nichts, ist ziemlich lahm und arbeitet im Schneckentempo. Um das Zimmer zu fegen und Staub zu wischen, benötigt sie eine halbe Stunde.

Während dieser Zeit verziehe ich mich jedesmal in den engen Schrank. Meine Mutter nimmt dem Mädchen schon einen Teil der

Arbeit ab, damit wir sie eher loswerden und ich früher mein unbequemes Versteck verlassen kann. Ganz wollen wir aber nicht auf sie verzichten, das könnte auffallen, da sie vor meiner Ankunft schon diese Arbeit gemacht hat.

Einmal gibt es beinahe eine Katastrophe. Das Mädchen ist gerade dabei, mit dem Lappen den Staub vom Schrank zu wischen, da geht aus heiterem Himmel die Schranktür auf. Durch irgendeinen Umstand wird das Mädchen aber in diesem Augenblick abgelenkt und wendet sich etwas anderem zu. Ich kann die Tür vorsichtig und von ihr unbemerkt wieder heranziehen. Es ist ein heißer Tag, unter dem Dach ist es besonders drückend und in dem morschen Schrank stickig und muffig. Ich habe deshalb nur eine Badehose an. Das Mädchen hätte wahrscheinlich hilfeschreiend das Weite gesucht, wenn sie mich, ahnungslos wie sie war, plötzlich vor sich gesehen hätte, halbnackt versteckt im Kleiderschrank. Sofort nach diesem Zwischenfall befestige ich einen Bindfaden innen an der Tür, den ich, wenn ich im Schrank hocke, um das Handgelenk wickele und so die Tür zuhalten kann.

Onkel Hans, der sich regelmäßig mit Werner Scharff in Berlin trifft, bringt eine jüngere Jüdin mit nach Luckenwalde, die illegal lebende Dora Levin. Sie gehört zum Kreis der Freunde um Werner Scharff in Berlin und muß vorübergehend in ein neues Quartier, da ihr Versteck durch die Arbeit jüdischer Spitzel aufgeflogen ist. Ein Freund von Paul Rosin, Fritz Arndt, dem Onkel Hans auch von der Organisation erzählt hat und der sich ohne Zögern sofort bereit erklärt hat, in der »Gemeinschaft für Frieden und Aufbau« mitzumachen, arbeitet in der Norddeutschen Maschinenfabrik in Luckenwalde. Er bringt es fertig, Dora Levin eine Stellung im Büro dieses Betriebs zu beschaffen. Sie wohnt, unter falschem Namen zwar, aber ganz offiziell, bei Rosin im Gasthaus. An Opfersonntagen bekommt sie in der Firma eine Sammelbüchse, läuft durch die Hauptstraße von Luckenwalde und bittet die Volksgenossen um Spenden, wenn sie jeweils an einem Sonntag im Monat den von Goebbels propagierten Eintopf kochen. Und im Herbst klappert sie mit dem Geld in der Büchse, um für die Winterhilfe zu sammeln.

Die Wachtmeisterin des Gefängnisses am Alexanderplatz überbringt Pia einige Wochen später einen Kassiber von Hilde. Das Sicherheitshauptamt, das Referat IV/AI, bearbeite den Fall, berichtet

Hilde in der herausgeschmuggelten Nachricht, und die beiden Gestapobeamten Lehmann und Linke haben den Auftrag erhalten, Hildes Chef zu suchen. Die Wärterin erzählt Pia bei dieser Gelegenheit, daß Hilde wieder einigermaßen hergerichtet wurde, ihre Zähne seien in Ordnung gebracht worden, Blutergüsse und Wunden würden behandelt und geschminkt. Hilde erhalte schicke Garderobe und durchstreife mit den beiden Gestapoleuten allabendlich Berliner Hotels, Restaurants und Bars auf der Jagd nach dem Chef. Werner Scharff bringt diese Botschaft von Pia nach Luckenwalde mit, und noch in derselben Nacht sitzen wir zusammen und hecken einen Plan aus, wie wir Hilde zur Flucht verhelfen können.

»Nee, sowat, det wird ja imma schlimma, is ja wie'n Krimi«, meint Tante Frida, die nur beiläufig hört, was wir vorhaben, und schüttelt dabei heftig ihren Kopf.

»Wir wissen also jetzt, daß Hans gesucht wird, und wir wissen auch, daß die Gestapo mit Hilde zusammen in Berlin nach ihm sucht«, sagt Scharff wie zu sich selbst, kritzelt dabei Männchen auf das Papier und überlegt laut weiter: »Wenn es uns möglich wäre, die drei unter irgendeinem Vorwand in den Zigeunerkeller zu locken, könnte Emil, der dort kellnert, ihr sicher behilflich sein, von dort abzuhauen.«

Wir brechen die Überlegungen an diesem Punkt ab und beschließen, daß Günter Naumann am Wochenende nach Berlin fahren soll, um mit Emil Schwarze einen möglichen Fluchtweg zu erörtern.

Als Günter wieder zurück ist, geht die Planung weiter. »Wenn die beiden tatsächlich mit Hilde in den Zigeunerkeller kämen und Emil die Gelegenheit hätte, Hilde einen Wink zu geben, daß sie auf die Toilette geht, könnte sie hinten über den Hof abhauen, durch eine Tür, die Emil für diesen Abend aufschließen würde.« Günter berichtet von seinem Gespräch und fährt fort: »Emil könnte ihr durch das Fenster auf dem Klo genau erklären, wie sie türmen kann, selbst wenn sich die beiden Bewacher vor dem Klo postieren sollten.«

»Prima, aber wie kriegen wir Lehmann und Linke dazu, mit Hilde in den Zigeunerkeller zu gehen?« werfe ich ein.

»Dora Levin kann in ihrem Büro auf einer Maschine schreiben, die wir bisher weder für Matrizen noch für Anschriften benutzt haben, stimmt's?« Scharff sieht sich um, wir nicken. Er dreht das Bleistiftende zwischen den Zähnen und denkt nach. Es ist ruhig in der

Wohnung, Tante Frida ist an diesem Abend schon früh ins Bett gegangen. Nach langer Pause redet Scharff weiter: »Also, Hans, paß auf, du sagst der Dora, sie soll in ihrer Pause oder nach Feierabend einen Brief schreiben, der etwa so lautet: An das Sicherheitshauptamt, Berlin. Die Schreiberin dieser Zeilen fühle sich verpflichtet, die Geheime Staatspolizei darauf aufmerksam zu machen, daß sie im Zusammenhang mit den zur Zeit kursierenden Hetzschriften sehr wahrscheinlich einer deutschfeindlichen Clique auf die Spur gekommen sei.« Scharff steht auf, rückt den Stuhl nach hinten, stellt einen Fuß auf die Sitzfläche, stützt einen Ellbogen aufs Knie und das Kinn in die Handfläche. »Und dann schreibt sie ungefähr so weiter: Sie sei Zeugin eines Gesprächs gewesen, das zwei Männer im Zigeunerkeller am Kurfürstendamm geführt hätten. Sie tauschten eine große Aktentasche aus, und der eine bat den anderen, die Post in verschiedene Briefkästen einzuwerfen. Während der eine Mann circa 45 Jahre alt, klein und dunkelhaarig sei und eine Brille trage, handle es sich bei dem anderen um einen jüngeren Mann, dessen Statur sie nicht gut beschreiben könne, da er ihr während der ganzen Zeit den Rücken zugekehrt habe. Sie habe gerade noch mitbekommen, wie sich die beiden für kommenden Sonnabend, fünf Uhr nachmittags, im gleichen Lokal verabredeten. In der Hoffnung, durch ihren Beitrag der Polizei einen wertvollen Wink gegeben zu haben, und so weiter und so weiter, Heil Hitler.« Werner Scharff setzt sich wieder. »In Ordnung so, was meint ihr?« Hans und ich klatschen Beifall. Der Brief wird geschrieben und in Halensee, oben am Kurfürstendamm, eingeworfen.

An diesem Sonnabend bummeln viele Berliner trotz Bombennächte und Trümmern über den Kurfürstendamm. Das Wetter ist schön warm und der Himmel klar und blau. Onkel Hans hat seine Tochter Ruth mitgenommen, und beide sitzen draußen an einem der Tische vor dem Café Wien. Hans bestellt ein Pils für sich und eine Limonade für Ruth. Nebenan, in der Filmbühne Wien, läuft »Der Blaufuchs« mit Zarah Leander. Während Ruth an ihrem Strohhalm saugt, blättert Hans im Völkischen Beobachter. Beide tragen wie in einem Gangsterfilm große, dunkelgrüne Sonnenbrillen.

Die Tische sind fast alle besetzt, die Schirme werden nach und nach heruntergelassen, die Sonne steht schon tief, als kurz vor fünf zwei Männer mit Hilde Bromberg in ihrer Mitte an den Tischreihen des Café Wien vorbeigehen und direkt durch die Tür zum Zigeuner-keller hinunterlaufen. Der eine ist Ende 30, mittelgroß und hat eine dunkelrote, fast blaue, auffällige Narbe, die den größten Teil der linken Gesichtshälfte bedeckt. Die Narbe sieht aus wie das Mal einer Brandverletzung. Der zweite ist jünger, so um die 30, größer und schlanker. Jeder hat einen Hut auf und einen hellen Mantel über dem Arm. Hilde trägt ein graues, gutsitzendes Kostüm mit blauer Bluse, eine große, dunkle Brille verdeckt das halbe Gesicht.

Hans blättert eine Weile in der Zeitung, läßt sich noch ein Bier kommen und beobachtet unauffällig den Eingang zum Zigeunerkeller. Neue Gäste gehen hinein, andere verlassen das Restaurant, von Hilde und ihren Begleitern keine Spur.

»Fräulein, zahlen bitte«, ruft Hans der Bedienung zu. Er nimmt Ruth an die Hand, und beide spazieren gemächlich die paar Schritte zum Kino, um sich die Bilder von Zarah Leander und Willy Birgel im Aushang anzusehen. Hans läßt dabei die Tür zum Zigeunerkeller nicht aus den Augen.

Kurz nach sechs kommen Hilde und ihre Begleiter heraus. Lehmann und Linke nehmen Hilde wieder in ihre Mitte. Onkel Hans und Ruth folgen langsam in sicherer Entfernung. An der Ecke Fasanen-straße, auf der anderen Straßenseite, steht ein Taxi am Bürgersteig. Der Jüngere hebt den rechten Arm und winkt, steckt gleichzeitig zwei Finger seiner Linken in den Mund und pfeift. Der Taxifahrer nickt und drückt den Anlasser, die drei steigen ein und fahren los.

»Komm, Kleene, wir heben noch eenen«, sagt Onkel Hans zu Ruth, beide machen kehrt, laufen zurück und gehen die Treppe hinunter zum Zigeunerkeller.

Emil Schwarze sieht sie und winkt beide an einen leeren Tisch. »Schade, hat nicht geklappt.« Emil zuckt resigniert die Schultern, nimmt die weiße Serviette vom Arm und wischt einige Krümel von der Tischplatte.

»Aber warum nicht, wat war los?« fragt Hans ungeduldig.

»Wat war, wat war? Nichts war. Hilde ging mir ganz offensicht-lich aus dem Weg. Jedesmal wenn ich in ihr Gesicht sah, sah sie weg. An einen Versuch, ihr ein Zeichen zu geben, war gar nicht zu denken. Sie wollte mich nicht ansehen.«

»Scheiße. Komm, Kleene, wir fahren nach Hause.« Hans und Ruth erheben sich. »Machs jut, Emil.«

»Tschüß, Hans.« Die Enttäuschung ist groß, alle Mühe war umsonst.

Von Hildes Wärterin erfahren wir, daß es genauso war, wie Emil gesagt hat. Als man ihr das graue Kostüm in die Zelle brachte und Linke ihr am frühen Nachmittag dieses Tages eröffnete, daß sie zu dritt den Zigeunerkeller besuchen sollten, bekam sie einen ungeheuren Schreck. Sie befürchtete, die Gestapo hätte herausgefunden, daß sie bei Emil Schwarze gewohnt hatte. Deshalb wollte sie ihn nicht ansehen. Sie wurde erst wieder ruhiger, als sie mit ihren Begleitern das Lokal verließ.

Ende Juli 1944, mitten im Hochsommer, bin ich erkältet, nichts Ernstes, kaum der Rede wert. Aber da ich wieder in den Krallen meiner Mutter bin, muß ich ins Bett. Mein Vater bittet Herrn Leonhard, den Wirt, die Hausangestellte für ein paar Tage nicht heraufzuschicken, da seine Frau nicht auf dem Posten und bettlägerig sei.

Während dieser Zeit klopft es eines Nachmittags unerwartet an der Zimmertür.

»Wer ist da?« fragt meine Mutter besorgt. Noch bevor ich aus dem Bett springen kann, um in den Kleiderschrank zu steigen, hören wir von draußen eine weibliche Stimme:»Icke bins, die Ruth aus Blankenburg.«

Ich lasse mich zurück ins Bett fallen, meine Mutter läuft zur Tür, öffnet und umarmt das Mädchen schon draußen im Flur. »Ruthchen, liebes Ruthchen, komm rein, wie geht es dir? Na so eine Überraschung, was machen die Eltern? Woher weißt du unsere Adresse?«

»Ihr Mann hat vor einijer Zeit mal anjerufen, da ha ick ihn jefracht, weil ick Eujen mal besuchen wollte.« Sie sieht sich um und entdeckt mich im Bett. »Bist ja im Bette, biste krank?«

»Nischt Schlimmet, nur ein bißchen erkältet, halb so wild, setz da hin.« Ich freue mich riesig über den überraschenden Besuch. Mein Vater hat damals, als der ganze Ort darüber sprach, daß ich bei Horns versteckt war, telefonisch erfahren, daß nichts weiter passiert sei. Die Leute haben alle dicht gehalten.

Der Text eines weiteren Flugblatts steht fest. Henry Landes klaut wieder kartonweise Umschläge und Saugpost im Wehrmeldeamt

Jüterbog, und Günter Naumann, unterstützt von seiner Frau, zieht die Flugblätter während der nächtlichen Fliegeralarme in seinem Büro ab. In Luckenwalde schreibt neben Fancia Grün und mir nun auch Dora Levin Adressen. Horst bringt das ganze Material zu uns in die Dachkammer: die abgezogenen Flugblätter, die beschrifteten Kuverts und die Briefmarken. Die Kartons stehen auf dem Kleiderschrank, und wenn das Zimmermädchen mit Putzen fertig ist, frankiere ich die Umschläge und mache die Briefe versandfertig. Mein Vater und Scharff schaffen alles nach Berlin, wo die Post wieder in vielen Bezirken in die Briefkästen wandert. Diese Auflage ist noch größer als die erste: 6000 Kettenbriefe.

Eines Tages im August erzählte uns Hans von einem Ereignis, das uns alle zittern läßt, als er es bildhaft und ausführlich schildert. Nur er selbst geht achselzuckend und lächelnd darüber hinweg. Onkel Hans hatte in seinem Büro die Thermoskanne mit heißem Kamillentee gerade wieder zurück in das Fach unter seiner Schreibtischplatte gestellt, als das Telefon klingelte. Er wurde von seinem Chef, dem Amtsgerichtsrat Bömert, in dessen Arbeitszimmer zitiert. Als Hans bei Bömert eintrat, sah er in dem Zimmer noch zwei Männer sitzen. Einen hatte er schon vor dem Zigeunerkeller gesehen. Er hatte ein großes rotblaues Wundmal im Gesicht.

»Herr Winkler, Sie sehen, ich habe Besuch und kann im Augenblick nicht fort. Würden Sie bitte ein Glas Wasser holen, der Herr hier muß eine Tablette einnehmen.« Bömert zeigte auf einen der beiden, lächelte spitz und sagte noch beiläufig: »Tut mir leid, daß ich Sie damit belästigen muß.«

»Sehr wohl, meine Herren, bin sofort zurück«, sagte Hans, während er sich zur Tür wendete.

»Moment noch, bitte«, rief unvermittelt der andere Besucher, der bis dahin versunken in einem Aktenordner geblättert hatte. »Bringen Sie doch bitte bei dieser Gelegenheit Ihr Dienstsiegel aus Ihrem Büro mit.«

»Selbstverständlich, mein Herr«, erwiderte Winkler und lächelte ihm katzbuckelnd ins Gesicht. Minuten später war er mit Wasser und Stempel wieder zurück.

»Besten Dank, lieber Winkler«, sagte Bömert mit einem süffisanten Grinsen im Gesicht und winkte ihm kollegial mit der Hand zu.

Wir klären auf !!

In unserer letzten Aufklärungsschrift " Generalmobilmachung"
vom April 1944 machten wir auf die aussichtslose Lage und auf
die Nutzlosigkeit des von dem Weltbrandstifter Hitler vom
Zaune gebrochenen Krieges aufmerksam und riefen zum passiven
Widerstand auf. Wir sagten Euch voraus, dass die Invasionsheere
zum Einfall bereit stehen und die Rote Armee an den Oelquellen
Rumäniens steht.

War es gelogen?

Nein!

Der Faschismus hat inzwischen Schläge bekommen, dass es nur noch
gilt, zu retten was zu retten ist, nämlich sofort bedingungslos
zu kapitulieren. Der von der Vorsehung verlassene "Führer "
und seine Befehlshaber führen den aussichtslosen Kampf nur weiter,
um ihr eigenes Leben zu verlängern und ohne Rücksicht darauf, dass
täglich tausende Soldaten nutzlos verbluten. Ganze Städte werden
von den Bombern an einem Tage in Schutt und Asche gelegt; ganze
Familien ausgerottet. Das deutsche Volk wird zu Bettlern, wenn
diesem Verbrechen nicht sofort Einhalt geboten wird.

Wir fordern Euch, deutsche Soldaten daher auf, die Waffen sofort
niederzulegen und Euch gegen Eure Unterdrücker zu erheben.

Das deutsche Volk rufen wir jetzt zum aktiven Widerstand auf !!

Erklärt Euch mit den Soldaten, die unserer Aufforderung folgen,
solidarisch.
Gewährt ihnen Unterkunft, Verpflegung und Zivilkleidung. Sie
werden es Euch später danken.

Folgt unseren weiteren Anweisungen.

Hilf uns und Du hilfst Dir.

Wir ersuchen Dich, vorstehendes 10 mal abzuschreiben und Deinen
nächsten Bekannten weiterzuleiten.

Behalte dieses Schreiben für Dich als Ausweis.

Flugblatt der Gemeinschaft für Frieden und Aufbau; August 1944

Mein Vater, der von Zeit zu Zeit in der Berliner Wohnung nach Post sieht, findet im September 1944 die Einberufung zum Volkssturm vor. Er geht wie befohlen zur Musterung und wird für kriegsverwendungsfähig befunden. Zu diesem Zeitpunkt stehen die Alliierten schon an der deutschen Reichsgrenze. In einem Brief an das zuständige Polizeirevier schreibt mein Vater am nächsten Tag, daß es keinen Zweck habe, nach ihm zu suchen. Da das Leben ihm und seiner Frau nichts mehr zu bieten habe, würden sie es beenden. Er fährt nicht mehr nach Berlin zur Arbeit. Wir leben nun alle drei illegal in Leonhards Gasthaus. In den vorausgegangenen Monaten hat mein Vater ein ausreichendes Quantum Veronal angesammelt und die Tabletten zu Pulver zerrieben, für alle Fälle.

In der zweiten Oktoberhälfte trifft mein Vater Pia Kozlowski in ihrer Wohnung im Norden Berlins in der Utrechter Straße 33. Er begegnet bei diesem Besuch unserer treuen Wachtmeisterin vom Alex, die zu Pia gekommen ist, um ihr die entsetzliche Nachricht von der Verhaftung Werner Scharffs und Fancia Grüns zu bringen. Der Wärterin ist nicht bekannt, unter welchen Umständen beide gefaßt wurden, sie weiß nur, daß Werner bei seiner ersten Vernehmung fast bis zur Unkenntlichkeit geschlagen wurde und von der Gestapo in einem Keller am Alex in Einzelhaft gehalten wird. Was mit Fancia Grün geschehen ist, weiß sie nicht.

Als mein Vater die schreckliche Neuigkeit von den Verhaftungen erfährt, macht er sich sofort auf den Rückweg nach Luckenwalde, um Hans Winkler zu warnen. Als er schnellen Schritts in die Bismarckstraße einbiegt, kommt ihm schon Horst entgegen und winkt ihm, kehrtzumachen. »Herr Friede, haun Se bloß ab. Den Alten ham se vor drei Tage aus seinem Büro jeholt und mitjenommen. Dann warn se bei uns und ham de janze Bude uff'n Kopp jestellt.«

»Was ist mit deiner Mutter?« fragt mein Vater erschrocken den aufgeregten Jungen.

»Die is zu Hause. Weil se so jut erzogene Kinder hat, ham se jesacht, und weil ick in de HJ bin und die Ruth im BDM is, ham se Muttern nich mitjenommen.«

»Sag deiner Mutter, daß man Scharff und die Grün auch verhaftet hat. Grüß sie von mir und sag ihr, daß ich besser vorläufig nicht zu euch komme. Wenn es irgendwas gibt, was ich für sie tun kann, sagst du uns Bescheid, nicht wahr?«

»Mach ick. Übrigens, der Werner Rosin war vorhin ooch hier, seinen Alten ham se ooch am selben Tach wie Vatern kassiert.«

Als mein Vater danach zu uns in die Dachkammer kommt und alles erzählt, sinkt unsere Stimmung auf den Nullpunkt. Meine Mutter faßt sich ans Herz und schluckt eßlöffelweise Baldriantropfen. Sie ist vor Angst mehr tot als lebendig. Wir versuchen sie zu beruhigen, obwohl auch wir damit rechnen, jeden Moment abgeholt zu werden. Hier zu verschwinden und woanders unterzutauchen, diese Möglichkeit haben wir nicht mehr. Wo sollten wir hingehen? Wir sitzen wie in einer Mausefalle, aus der es kein Entrinnen gibt.

Es geschieht nichts. Die Zeit kriecht nur langsam dahin. Der Nachmittag verstreicht, ebenso der Abend. Wir horchen gebannt auf jedes Geräusch, das von der Treppe her kommt. Niemand von uns will ins Bett, keiner kann schlafen, schließlich legen wir uns angezogen hin. Auch am nächsten Morgen bleibt alles friedlich und ruhig. Meine Mutter hat sich wieder beruhigt und macht Frühstück, als wenn nichts gewesen wäre. Mein Vater wandert im Zimmer auf und ab, ist zu nervös, um sich hinzusetzen. Ich quäle mir eine Stulle runter, ohne Appetit. Den ganzen Tag über spielt sich nichts ab. Die Stimmung bleibt gedrückt, wir sprechen kaum etwas, lauschen nur ständig nach draußen. Auch am Tag darauf bleibt alles ruhig. Die Beklemmung weicht ganz allmählich von uns. Im gleichen Maß breitet sich Hoffnung aus. Vielleicht bleibt es nur bei den bisherigen Verhaftungen, die Nazis haben sicher andere Sorgen, reden wir uns ein. Die Russen kämpfen schon in Ostpreußen, die Amerikaner beschießen Aachen. Es gibt für die Nazis bestimmt Wichtigeres, als nach uns zu suchen. Der für uns schon normal gewordene Alltag zieht wieder in unser Versteck ein.

»Wenn du mal gar keine Bleibe hast, nicht weißt, wo du hingehen kannst, dann komm zu mir in die Habedanksiedlung. Ich werde dann sicher an der Front sein, aber meine Frau nimmt dich jederzeit auf«, sagte Paul Hitze und kritzelte mit einem Bleistift etwas in sein Notizbuch, riß die Seite heraus und gab sie mir. »Das ist meine Adresse, merk sie dir gut und jetzt schmeiß den Zettel weg.« Paul Hitze ist ein langjähriger, enger Freund von Hans Winkler und Kommunist. Bei seinem letzten Heimaturlaub, Anfang des Jahres, besuchte er ihn in der Bismarckstraße. Hans berichtete ihm von unseren Aktivitäten und erklärte ihm bei dieser Gelegenheit auch, wer ich sei.

Ich hatte den Besuch von damals ganz vergessen, bis er mir nun wieder in den Sinn kommt und ich meinen Eltern von der damaligen Begegnung erzähle. Sie sind sich sofort einig, daß ich unbedingt dort hingehen müsse. Ich will meine Eltern nicht verlassen, aber sie bedrängen mich so sehr, daß ich mein Köfferchen packe und mich auf den Weg in die Habedanksiedlung mache. Nach einer guten halben Stunde strammen Fußmarsches stehe ich vor dem kleinen schmucken Haus mit Vorgarten und Tannenbäumen hinter dem dunkelbraunen Staketenzaun. Ich läute, und eine jüngere Frau macht auf. Sie wirkt farblos, unordentlich und ist nicht sehr freundlich. Ich stelle mich vor und schildere ihr, was Paul Hitze mir bei seinem Abschied gesagt hat.

»Was erzählst du da? Erzähl noch mal«, fragt sie ungläubig und bleibt auf der Stufe in der Tür stehen, stemmt die Arme in die Hüften und beugt sich herunter zu mir.

Ich wiederhole meine Geschichte und bin am Ende völlig verunsichert. »Hat Ihr Mann Ihnen denn nichts davon gesagt?«

»Nee, wirklich nicht, aber der hat manchmal so verrückte Ideen. Also gut, dann komm mal rein«, sagt sie und läßt mich an sich vorbei ins Haus gehen. Dabei brummt sie vor sich hin, daß sie doch kein Obdachlosenasyl sei, selber nichts zu fressen habe, und macht noch so ein paar mürrische Bemerkungen.

So wenig angenehm wie der Empfang ist die ganze Zeit dort. Aber ich bin schon so abgebrüht, daß mich das nicht sehr stört. Ich rolle mich zusammen, mache mich so klein wie möglich, helfe, wo ich kann, und spiele mit der kleinen Tochter. Wir basteln aus farbigen Silvesterschlangen und Wasserglas bunte Schalen, Schüsseln und Teller. Ich verlasse das Haus nicht, obwohl ich brennend gern gewußt hätte, wie es meinen Eltern geht. Aber ich befürchte, daß Frau Hitze mich vielleicht nicht wieder hereinläßt, wenn ich einmal draußen bin. Bestimmt hat sie Angst, denn ihr Mann ist als überzeugter Kommunist bekannt, und sie glaubt wahrscheinlich, daß man ein ganz besonderes Auge auf sie hat.

Nach drei Wochen halte ich es nicht mehr aus. Ich will mich davon überzeugen, daß es meinen Eltern gut geht. Es ist Sonntag abend, und ich mache mich auf die Socken. Draußen ist es hundekalt, und ein starker Schneesturm sorgt dafür, daß kaum Menschen auf den Straßen sind. Ich nehme mir vor, wenn alles in Ordnung ist, eine Woche in der Dachkammer zu verbringen. Gott sei Dank, meine Eltern sind da und wohlauf. Die Wiedersehensfreude ist groß. Die Angst ist verflogen, nach Onkel Hans' Verhaftung ist nichts Aufregendes mehr passiert.

Meine Mutter wickelt seit den letzten Wochen umfangreiche Tauschgeschäfte mit den »Ostarbeitern« ab, die sich im Lokal bei Leonhard treffen. Sie wollen von ihr Wäsche und Kleidungsstücke und bieten meiner Mutter Speck und Eier dafür. Unter diesen Russen ist auch ein Major der Roten Armee, der in Gefangenschaft geraten war. Er konnte fliehen, wurde jedoch wieder gefaßt und als Zivilarbeiter nach Deutschland in ein Arbeitslager gebracht. Er muß seit einiger Zeit in einem Luckenwalder Betrieb arbeiten. Zu meiner Mutter, mit der er in seiner Sprache reden kann, hat er großes Vertrauen und erzählt ihr seine ganze Geschichte. Die ständige Furcht, eines Tages als geflohener Offizier entdeckt und bestraft zu werden, bringt ihn schließlich dazu, sich außerhalb der Stadt in den Wäldern bei Woltersdorf zu verstecken. Seine Kameraden versorgen ihn mit Lebensmitteln, und hin und wieder kommt er spät abends zu meinen Eltern, um sich auch dort etwas zum Essen zu holen. Meine Mutter erzählt mir das alles am ersten Abend, um mich auf den eventuellen nächtlichen Besuch vorzubereiten.

Es dauert auch nicht lange, da klopft es dreimal kurz hintereinander an der Tür. Wir hatten niemanden die Treppe heraufkommen hören, keine Stufe knarrte. Meine Mutter schließt die Tür auf, und eine vermummte Gestalt kommt herein. »Spasiba«, höre ich den Mann flüstern und sehe, wie er meiner Mutter mit beiden Händen die Hand schüttelt. Er wickelt sich den langen wollenen Schal vom Kopf, den er sich wie eine alte Frau umgebunden hat, klopft sich den Schnee vom Mantel und begrüßt meinen Vater und mich. Er ist durchgefroren und stellt sich an den kleinen Kanonenofen, um sich aufzuwärmen. Der Mann sieht aus wie Mitte 30, ist klein und sehr dünn. Während er sich mit meiner Mutter auf russisch unterhält, lacht er und scheint guter Laune zu sein. Als meine Mutter ihm etwas Speck, Brot und gekochte Eier fertig macht, fängt er an, vielleicht als Bezahlung dafür, Kunststückchen vorzuführen.

Er zieht eine große Sicherheitsnadel aus der Tasche, öffnet sie und zieht mit Daumen und Zeigefinger am Hals über dem Adamsapfel die Haut nach vorne und sticht sich die Nadel durch die Haut. Es kommt kein Tropfen Blut heraus. Als er dabei ist, sich die Nadel durch die Backe zu stechen, bittet ihn meine Mutter, mit den Mätzchen aufzuhören, da sie das nicht sehen könne. Aber er verlangt eine Gabel. Jetzt wird es auch meinem Vater zu bunt, und er schüttelt abwehrend die Hände: »Schluß jetzt damit.« Der Russe versteht gut, daß man seine Vorstellung nicht mehr sehen will, doch er zieht noch mit einer Hand die Lippen weit vor und haut sich die Nadel kräftig durch Ober- und Unterlippe. Wieder kein Blut. Mir wird der Mann unheimlich.

Als er sich endlich verabschiedet, nimmt er seine Geldbörse aus der Hosentasche und macht einen kleinen Sowjetstern aus Blech vom Leder los. Den schenkt er mir. Es sei die Kokarde seiner Uniformmütze, sagt er. Ich freue mich darüber und stecke den Stern ein. »Doswidanje.« Er umarmt meine Mutter, küßt sie auf beide Backen und verschwindet so leise, wie er gekommen ist.

Wir verbringen alle drei eine gute Nacht. Ich schlafe fest und ohne Angstträume. Am nächsten Morgen, Montag, den 11. Dezember 1944, sitzen wir entspannt und zufrieden beim Frühstück. Es hat in der Nacht geschneit. Von dem kleinen Fenster sieht man auf dem Dach des Nachbarhauses die weiße Schneeschicht und glitzernde Eiszapfen an der Regenrinne. Das Eis an den Scheiben taut langsam ab, der eiserne Ofen spuckt Wärme ins Zimmer, es ist sehr gemütlich. Der elektrische Kocher mit den beiden Platten ist in Betrieb. Meine Mutter brät Spiegeleier mit Speck und kocht Kaffee aus echten Bohnen, es schmeckt alles großartig.

Gefängnis Potsdam, Zelle 55

Neun Uhr. Aus dem Volksempfänger kommen Nachrichten: »Das Oberkommando der Wehrmacht gibt bekannt...« Plötzlich kommen Schritte die brüchige Holztreppe herauf, immer näher. Es kann nur jemand für uns sein. Aber wer kommt schon am Montag früh und will uns stören? Mein Vater legt Messer und Gabel vorsichtig aus der

Hand neben den Teller auf den Tisch, dreht sich um und schaltet das Radio aus. »Kusch, still«, flüstert meine Mutter, obwohl niemand etwas sagt, und legt den Zeigefinger auf die Lippen. Ich stehe auf, schleiche auf Zehenspitzen zum Schrank, mache die Tür auf und steige ein. Während ich noch mit vollen Backen auf dem Speck rumkaue und mit dem Bindfaden die Tür bis auf einen engen Spalt zuziehe, klopft es auch schon laut, eindringlich und ungeduldig.

Meine Mutter steht auf, streicht sich die Haare nach hinten, zieht ihre Strickjacke glatt und schlurft zur Zimmertür. »Wer ist da?« fragt sie mit einer Stimme, die seltsam klingt, trocken und tonlos.

»Aufmachen«, schreit draußen jemand zornig und drückt die Klinke mehrmals heftig auf und ab. Meine Mutter dreht zögernd den Schlüssel herum, da wird auch schon die Tür mit einem Stiefel aufgestoßen, und zwei Männer stürzen ins Zimmer, jeder mit einer Pistole in der Hand. Der eine schiebt meine Mutter mit dem Ellbogen brutal beiseite. »Hände hoch«, brüllen beide im Chor.

Ich kann von meinem Versteck aus alles beobachten. Die beiden ducken sich, springen umher und führen sich auf, als wollten sie ein ganzes Partisanennest ausheben. Der Aufforderung, die Hände hochzuheben, kommt keiner nach. Meine Mutter wird so roh gegen die Wand gedrückt, daß sie sich mit beiden Händen die schmerzenden Schultern reibt.

Mein Vater kümmert sich gar nicht um die Eindringlinge. Als es klopfte, war er aufgestanden, an die Waschkommode gegangen und hatte aus der oberen Schublade seinen alten Trommelrevolver herausgenommen. Er hält ihn in der rechten Hand, den Lauf nach unten gerichtet, und steht wie gelähmt da. Der Größere der beiden geht ganz langsam auf ihn zu, hält ihm die linke Hand hin und sagt barsch: »Los, her damit.« Mein Vater reicht ihm den schweren geladenen Revolver. Im selben Augenblick schlägt ihm der Kerl mit voller Wucht den Knauf ins Gesicht. Mein Vater fällt lang hin und bleibt regungslos liegen. Die beiden stecken ihre Waffen ein. Der Kleinere nimmt eine Metallfessel aus der Tasche, kniet sich neben meinen Vater, dreht ihm beide Arme auf den Rücken und schließt sie damit zusammen.

Die Männer stehen jetzt mit dem Gesicht zu meinem Versteck. Der kleinere und ältere hat eine entstellende blaurote Narbe, die sich fast über die gesamte linke Gesichtshälfte zieht. Er trägt einen dunklen

Mantel und Schaftstiefel. Der andere ist wesentlich größer, hat ein Milchgesicht ohne Anflug von einem Bart, glatte weiße Haut und wasserblaue Augen. Beide haben graue Filzhüte mit heruntergebogener Krempe auf. Der jüngere trägt eine einfarbige, dunkle Joppe mit Pelzkragen, Breeches und hohe schwarze, blanke Stiefel. Er macht einen Schritt auf die Schranktür zu und reißt sie mit solch einem Ruck auf, daß ich die Schnur in meiner Hand loslasse.

»Wo sind die Wertsachen?« ruft in gleicher Sekunde der Ältere. Er sieht dabei meine Mutter an, die inzwischen neben meinem Vater niederkniet und ihm das Blut von Mund und Nase wischt. Sie zeigt mit der Hand auf einen kleinen Koffer, der auf dem Schrank liegt. Durch die Frage nach den Wertsachen abgelenkt, läßt der Jüngere die Schranktür los, die leise schnarrend wieder zurückfällt. Im Schrank wird es dunkel. Ich höre, wie der Koffer heruntergenommen wird, und sehe durch einen schmalen Ritz, wie einer der beiden den kleinen Lederbeutel herausnimmt, ihn öffnet und einige Ringe und Ketten in seine Hand gleiten läßt. Er sieht sich die wenigen Schmuckstücke an, nimmt die Ringe einzeln zwischen Daumen und Zeigefinger, tritt ans Fenster und hält sie gegen das Licht. Dann gibt er sie seinem Kollegen. Danach nimmt er sämtliche Ketten in eine Hand, schätzt das Gewicht, schüttet sie wieder zurück in den Beutel und hält ihn auf, bis der andere die Ringe dazutut. »Ist das alles?« kreischt der Jüngere jetzt wütend. Meine Mutter hört nicht, sie kümmert sich noch um meinen Vater und hilft ihm, wieder hochzukommen. Der Kerl tritt einen Schritt vor und stößt meiner Mutter den Stiefel in den Rücken. »He, du, ich hab dich was gefragt. Wo sind die anderen Wertsachen?« schnauzt er sie an.

Sie schüttelt den Kopf und murmelt aus verengter Kehle: »Wir haben nichts mehr.«

Mein Vater steht wieder und lehnt sich einen Moment an die Wand neben der Waschkommode. Ich kann deutlich sehen, wie er sich vorsichtig zur Kommode dreht, so daß er mit den auf dem Rücken gefesselten Händen die Pappschachtel mit dem zerstampften Veronal, die auf der Marmorplatte liegt, greifen und in der Gesäßtasche seiner Hose verstauen kann. Mir fällt ein Stein vom Herzen, als ich das beobachte.

Mein Aufenthalt im Schrank dauert nur noch einige Augenblicke, schon geht die Tür wieder auf, der Jüngere blickt in den Schrank und stimmt ein widerliches Gelächter an. In der Linken hält er noch den Lederbeutel mit dem Goldschmuck, mit der Rechten zieht er seine Pistole aus der Joppentasche und winkt mir damit herauszukommen. »Da sieh mal einer an, da ist ja auch der Eugen«, sagt er mit Spott in der Stimme und lacht. Mittendrin bricht das Lachen plötzlich ab, und das Milchgesicht bekommt Farbe. Die wasserblauen Augen verengen sich zu schmalen Schlitzen, die weißblonden Brauen ziehen sich zusammen, über der Nasenwurzel stehen zwei senkrechte Falten, das Gesicht, noch vor wenigen Sekunden harmlos und glatt wie ein Kinderpopo, verwandelt sich unversehens in eine angsterregende Fratze. Er beißt die Zähne so zusammen, daß die Backenknochen hervortreten, und dann geht es los, das Toben eines Irren: »Raus, du stinkende Sau, du verfluchtes Miststück. Soll ich dir Beine machen, du Scheißkerl, du.«

Ich bücke mich, steige über das Brett unterhalb der Tür und komme ungeschickt und am ganzen Leibe zitternd aus dem Schrank. Kaum stehe ich aufrecht, schlägt er mir mit dem Rücken der Hand, in der er noch die Pistole hält, ins Gesicht. Als er das HJ-Abzeichen an meinem Kragen entdeckt, sagt er mit einer Stimme, die mit einem Mal hell und ruhig ertönt: »Na schau mal, was haben wir denn da? Ein HJ-Abzeichen, na sowas.« Dabei schiebt sich der Widerling mit dem Lauf seiner Pistole den Hut ins Genick. Plötzlich schießt sein rechter Arm vor, und er drückt mich mit dem Pistolenlauf gegen die Schrankecke, so daß ich mich nicht bewegen kann. Den Beutel mit dem Schmuck vergräbt er tief in seiner Joppentasche, greift das Abzeichen und reißt es mit festem Ruck zusammen mit einem Stoffetzen vom Kragen und wirft es über die Schulter nach hinten. Er drückt noch immer die Pistole gegen meine Brust, faßt mit der freien Hand in meine Jackentasche und bringt den kleinen, blechernen Sowjetstern zutage. Er feuert die Kokarde in die Ecke, steckt die Waffe weg und schlägt wie ein Verrückter blindlings auf mich ein. Maulschellen, rechts, links, rechts, links, Handrücken, Innenhand und zurück, peng, wie ein Maschinengewehr. Als er endlich aufhört, blutet die Nase, die Lippen sind aufgeplatzt, und die Ohren tun weh.

Meine Mutter kommt mit einem Taschentuch, feuchtet es fortwährend mit Spucke an und wischt an mir herum. »Mach bloß, daß du in die Ecke kommst«, herrscht er meine Mutter an, die sich ängstlich fortschleicht.

Unterdessen hat der Narbengesichtige begonnen, alles durchzustöbern. Er guckt unter die Betten, öffnet alle Koffer, kippt sie um und streut den Inhalt durch die Gegend. Als er die große Schublade unten in der Kommode herauszieht, findet er eine Mappe mit Zeichnungen, die ich in den letzten Monaten gemacht habe. Unter anderem findet er auch eine Kohlezeichnung, die General von Witzleben darstellen soll, der nach dem 20. Juli hingerichtet wurde. Ich habe ihn nach einem Illustriertenfoto gezeichnet. Auf dem Blatt hängt er, mit einem großen Ritterkreuz dekoriert, am Galgen. Ich habe darunter geschrieben, was mir mein Vater sagte: *Quo usque tandem Catilina abutere patientia nostra.* Der Gestapomann sieht das Bild verständnislos an, nuschelt etwas vor sich hin und reicht es dem anderen.

Der hat sich auch an die Durchsuchung gemacht, zerrt alles aus dem Schrank und schmeißt es auf das Bett. Dann geht er in die Hocke, um besser sehen zu können, was noch unten im Schrank liegt, und stößt dabei auf ein etwa 40 Zentimeter langes, mit schwarzem Gummi isoliertes, dickes Kabel, das ich einmal auf der Straße gefunden und dummerweise mit in die Dachkammer gebracht habe. Er hebt es auf, betrachtet es grinsend und hält es in der Hand. Über die Schulter seines Kollegen besieht er sich meine Zeichnung und knallt dabei das Kabel fortgesetzt gegen den Schaft seines rechten Stiefels. »Scheinst ja direkt Talent zu haben, Eugen, was?« Er dreht sich zu mir um und lächelt richtig freundlich. »Hast ja auch die Schattenmänner ganz gut hingekriegt, stimmt's?« Er lächelt noch immer.

Ich trete einen Schritt vor, den Kopf nach hinten ins Genick geneigt, um mit einem Taschentuch das Nasenbluten zu stillen. »Was denn für Schattenmänner?“ frage ich, durch die freundliche Stimme angeregt, zaghaft.

»Das Ding hier«, er hält mir das Kabel vor das Gesicht und schlägt dann mehrmals das Ende in seine linke offene Handfläche, »wird heute nacht so lange auf deinem Arsch rumtanzen, bis du genau weißt, welche Schattenmänner ich meine.« Bei seinen letzten Worten pumpt er sich wieder zum menschenfressenden Gorilla auf. Aber seltsamerweise braucht er während seiner Schimpfkanonaden nicht ein einziges Mal das Wort »Jude«. Mir graut vor der kommenden Nacht und den angedrohten Schlägen.

Außer dem Kabel und den Zeichnungen bringt die Wühlerei nichts an den Tag, was die beiden interessiert. Der Kleinere nimmt

Mappe und Kabel an sich, zieht seine Knarre wieder aus der Tasche und kommandiert: »Los, Abmarsch.« Der Lange hängt meinem Vater, der die ganze Zeit unbeweglich in der Ecke lehnt, den Mantel über die Schulter, und ich werfe meine Jacke auf das Bett, ziehe meinen dicken, grünen Rollkragenpullover an und die graue Joppe mit dem Fischgrätenmuster darüber. »Kann ich noch meine Zahnbürste einstecken?« Mir fällt so schnell nichts ein, was nützlicher sein könnte, und ich sehe dabei den Kleineren fragend an, der bisher kaum etwas von sich gegeben hat.

»Quatsch, wo du hinkommst, brauchste dir keine Zähne mehr zu putzen«, fährt er mich unwirsch an, aber da habe ich sie schon eingesteckt. Er stößt mich und meine Mutter, die bereits an der Tür steht, mit seinem Schießeisen die Treppe hinunter. Der andere schließt die Tür ab, zieht den Schlüssel heraus und klebt ein weißes Siegel über das Schlüsselloch.

Auf der Straße, ein paar Häuser weiter, wartet ein Polizist in einem schwarzen, großen Auto auf uns. Wir steigen ein und fahren zum Polizeirevier, wo Thierbach, der örtliche Gestapobeamte, unsere Personalien aufnimmt. Danach werden wir zur Lindenallee ins Amtsgericht gebracht und von meiner Mutter getrennt. Mein Vater und ich kommen in einen kahlen Raum mit Holzbänken an den Wänden. Auf den Bänken sitzen bereits Michael Schedlbauer, der Kantinenpächter vom Stalag, Paul Thiele aus der Dahmer Straße und Dr. Joachim, der Zahnarzt. Von ihm erfahre ich, daß Günter Naumann schon bald nach Hans Winklers Verhaftung abgeholt wurde.

»Winkler hat uns alle verpfiffen«, schimpft Schedlbauer und läuft mit gesenktem Kopf hin und her. Thiele stimmt ihm erst zu: »Mich kannte doch außer Winkler niemand.« Dann fährt er aber achselzuckend fort: »Wer weiß, was wir alles erzählen, wenn die uns erst in die Mangel nehmen.« Als ihn alle ansehen, sagt er weiter: »Ihr könnt euch darauf verlassen, die wissen alles. Die würden uns doch sonst hier nicht zusammen sitzen lassen, alle in einem Raum, wo wir miteinander quatschen können.«

Es dauert nicht lange, da wird die Tür aufgeschlossen und der Schuster Brachmüller hereingestoßen. Er fällt jetzt gemeinsam mit Schedlbauer über Winkler her.

Mein Vater und ich beteiligen uns nicht an dem Gespräch. Obwohl wir in dem Raum eingeschlossen sind, hat man meinem

Vater die Fessel nicht abgenommen. Er ist der einzige unter uns, dem man überhaupt eine angelegt hat.

»Du hast gesehen, mein Junge, daß ich das Gift einstecken konnte«, flüstert er mir zu, leichenfahl im Gesicht, und schiebt mich vor sich her in eine Ecke, so daß uns keiner hören kann. »Ich möchte es demjenigen zur Verfügung stellen, der glaubt, es am nötigsten zu haben. Soll ich es dir geben?« fragt er mich mit Augen voller Trauer.

»Das kommt überhaupt nicht in Frage«, schüttele ich entrüstet den Kopf und wehre energisch mit den Händen ab. »Ich bin überzeugt, daß uns nichts Schlimmes mehr passieren wird. Die Amis und die Russen werden eher hier sein, als die ihre Untersuchungen abschließen können. Außerdem ist es für mich eine große Beruhigung zu wissen, daß du es bei dir hast. Aber du wirst sehen, du brauchst es nicht und auch kein anderer.« Damit ist das Gespräch beendet. Ich lache ihn an, umarme und küsse ihn auf beide Backen und versuche, soviel Zuversicht wie möglich auszustrahlen.

Allmählich ist es still geworden in dem großen Raum, die Männer hängen ihren Gedanken nach. Ich auch: Deutsche werden von den Nazis verfolgt und getötet, weil sie andere politische Meinungen vertreten oder etwas gegen die staatliche Gewalt unternehmen, sich auflehnen. Juden aber werden abgeschlachtet, nur aus dem einzigen Grund, weil sie Juden sind, weil sie leben. Sie werden umgebracht, unabhängig von ihrem Verhalten. Wie kann ich da eigentlich glauben, daß alles gut gehen wird? Aber ich bin tatsächlich guten Mutes, verdränge die Gefahr einfach.

Am späten Nachmittag dieses Tages werden mein Vater, Schedlbauer und der Schuhmacher Brachmüller aus dem Raum herausgeholt. Der Justizwachtmeister sagt uns, daß sie nach Berlin gebracht werden, mehr weiß er nicht oder will es nicht sagen. Nachdem wir uns lange umarmt und verabschiedet haben, führt der Beamte meinen Vater zu meiner Mutter in den Raum nebenan, damit sie sich noch einmal sehen können. Man läßt ihnen nur wenige Augenblicke Zeit. Für meinen Vater ist es ein Abschied für immer von uns beiden.

In der Nacht lege ich mich auf eine der Holzbänke und versuche zu schlafen wie alle anderen auch. Niemand kann schlafen. Dr. Joachim hockt mit einem von Furcht und Entsetzen entstellten Gesicht die ganze Nacht am Boden und weint, schluchzt ununterbrochen wie ein kleines Kind. Als man ihn in der Schraubenfabrik von Günter Naumann, wo er immer noch im Lager gearbeitet hat, abholte, war seine Frau im Gasthaus von Rosin. Er weiß nicht, was aus ihr geworden ist.

Die erste Nacht vergeht, ohne daß das dicke schwarze Kabel auf meinem Arsch herumtanzt. Früh am Morgen werden wir auf den Gang hinausgelassen. Meine Mutter steht schon dort, bleich, mit rot geschwollenen Augen, alle paar Sekunden die Nase hochziehend. Ein uniformierter Polizist nimmt uns in Empfang. Er schließt meine Mutter mit Paul Thiele an den Handgelenken zusammen und mich mit Dr. Joachim. Dann gesellt sich noch ein zweiter Polizist zu uns, und wir setzen uns zum Bahnhof in Marsch. Es ist eine jämmerliche Prozession.

In der Nacht hat es aufgehört zu schneien, es ist kälter geworden, und der eisige Wind kommt direkt von vorne, so daß wir uns dagegen stemmen müssen. Wir frieren und drängen uns eng zusammen. Es gehe nach Potsdam, erfahren wir unterwegs. Wir werden in ein Dienstabteil gesetzt und fahren mit der Eisenbahn bis Berlin, Anhalter Bahnhof. Dort wechseln wir über in die Stadtbahn und steigen erst wieder an der Endstation in Potsdam aus.

Bevor wir eine größere Straßenkreuzung überqueren, läßt einer der beiden Polizisten halten. Er überprüft, ob die Handschellen sich nicht gelockert haben und sie noch vorschriftsmäßig sitzen. Sein dickes Mondgesicht nickt zufrieden, als er Paul Thiele und meiner Mutter zu verstehen gibt, daß sie die Arme wieder baumeln lassen können. Dann kommt er zu uns und versucht mit beiden Händen – die Handschuhe hat er ausgezogen und hält sie zwischen den Zähnen fest –, den Ring an meinem rechten Handgelenk auseinanderzuziehen, vergeblich, es geht nicht. Als er dasselbe an Dr. Joachims linkem Handgelenk probiert, kann er das Eisen ohne Widerstand öffnen. Es ist nicht geschlossen. Sein Unterkiefer fällt herab, als er erstaunt »na sowas« von sich gibt und erschrocken in den tiefen Taschen seines blauen Uniformmantels hastig nach dem Schlüssel kramt. Er holt nach, was er in Luckenwalde versäumt hat, und, um ganz sicher zu sein, fordert er uns alle vier auf, ihm noch einmal die Hände entgegenzustrecken, damit er die Metallringe noch um ein paar Zähne enger spannen kann. Sein Kollege, der sich indessen beide Arme mit viel Schwung kreuzweise vor die Brust knallt, um sich durch diese Bewegung die kalten Knochen etwas aufzuwärmen, vergewissert sich auch noch, ob nun alles in Ordnung ist, ehe wir unseren Fußmarsch fortsetzen. Die Nachbehandlung hat zur Folge, daß die Gelenke nicht nur rot sind, als man die Fesseln aufschließt, sondern das scharfkantige Eisen uns teilweise auch tief ins Fleisch geschnitten hat.

Im Polizeipräsidium übergeben unsere beiden Begleiter ihren Potsdamer Kollegen einen großen braunen Umschlag und warten darauf, daß sie einen Wink bekommen, abziehen zu dürfen. Gleichmäßig schlagen sie die Hacken zusammen, umfassen mit der linken Hand das Koppelschloß, reißen den rechten Arm in die Höhe, rufen »Heil Hitler«, machen auf der Stelle kehrt und traben ab.

Wir müssen unsere Taschen nach außen kehren und alles abgeben. Ich habe nur die Zahnbürste dabei. Die wollen sie haben, auch meinen Gürtel und die Schnürsenkel. Paul Thiele hat in jeder Tasche einen Kamm und eine Schere. »Mensch, kannste Haare schneiden?« fragt der Polizist hinter dem Tresen und guckt Paul erwartungsvoll an. Paul nickt und tänzelt mit seinen kurzen Knobelbechern von einem Bein auf das andere. »Für dich is Arbeet jenug da, sowat suchen wa schon lange. Du bleibst hier, die Frau ooch, die anderen beeden zischen ab, marsch, marsch.« Er winkt einem Polizisten, der Joachim und mich über einen viereckigen, von Mauern umgebenen Hof in ein Nebengebäude führt. Wir steigen zur ersten Etage hoch und laufen den langen Gang entlang bis zur Zelle 55 auf der linken Seite.

Der Schutzmann schließt auf, schiebt den Riegel zurück und drückt mit dem Ellbogen die Tür nach innen. In der Zelle springt ein Mann von der Pritsche, reißt die Hände an die Hosennaht und brüllt heiser: »Zelle 55, belegt mit einem Mann.« Der Wachtmeister schiebt den Häftling mit ausgestrecktem Arm beiseite, läuft zwei Schritte an ihm vorbei in die Zelle hinein, zeigt auf die beiden übereinanderstehenden Holzpritschen und sagt mit eiserner Stimme: »Schlagt euch, wer oben oder unten liegt«, und verschwindet, rückwärts gehend, wobei er alle Schließvorrichtungen geräuschvoll bedient. Es dauert nicht lange, da knallen die Riegel zurück, und die Türen werden wieder geöffnet. Zwei Häftlinge kommen herein, montieren das Eisengestell von der Wand und schieben noch vier weitere Holzpritschen in die schon sehr enge Zelle. Kurz darauf wird ein älterer Mann eingeliefert, ein Rechtsanwalt aus Potsdam, wie sich später herausstellt.

Der Mann in der Zelle, der die zackige Meldung machte, als man uns hereinbrachte, heißt Ivo Nemanitsch und ist aus Zagreb in Jugoslawien. Er sei Kameramann bei der Ufa in Babelsberg gewesen, wie er erzählt, und Freund von René Deltgen. Die Worte sprudeln unaufhaltsam aus ihm heraus, er sei schon seit Herbst in Einzelhaft und froh, endlich mit jemandem reden zu können. »Ich habe einen wahnsinnigen Hunger, hat keiner von euch etwas zu essen dabei?« Er fragt uns das immer wieder und stöhnt: »Wenn nur nicht dieser Hunger wäre.« Ivo ist erst 30 Jahre, sieht aber erbärmlich aus. Das Gesicht ist eingefallen, der Körper besteht nur aus Haut und Knochen. Ivo steckt in einem viel zu weiten Sakko und hält ständig mit beiden Händen seine Hose fest, damit sie nicht herunterrutscht.

Er hat die Knastmauke, den Koller, und bekommt fast täglich Anfälle, die jedesmal so anfangen: Er richtet sich auf seiner oberen Pritsche hoch, die Augen quellen aus ihren Höhlen, die gelbliche Haut wird grau, das Blut aus seinen Lippen verschwindet, sie werden blau. Dann stiert er eine Weile mit leerem Blick auf die Tür, springt hinunter, wirft sich gegen den grauen Eisenbelag und hämmert rasend mit Ellbogen und Fäusten dagegen. »Ich will hier raus, laßt mich raus.« Er schreit immer wieder von neuem, pausenlos. Geschwächt wie er ist, ist das Trommeln nur von kurzer Dauer. Er wird leiser, zuletzt haucht er nur noch »raus, raus, raus«, bis seine Stimme wegbleibt. Dann sinkt er in die Knie und rutscht mit seinen Unterarmen an der Tür herunter, bleibt am Boden liegen, röchelt, verdreht die Augen, so daß nur noch das Weiße sichtbar ist, bekommt Schaum vor den Mund, bäumt sich noch ein paarmal auf und bleibt wie tot liegen. Nur die zuckenden Hände verraten, daß er noch lebt. Ganz allmählich tritt wieder etwas Farbe in sein Gesicht, die Starre in den Gliedern läßt nach, der Anfall ist vorüber. Draußen, vom Gang her, kümmert sich niemand um ihn. Nach seinem zweiten Anfall achten wir auch nicht mehr darauf.

Die ersten Tage und Wochen vergehen in der Zelle 55, ohne daß etwas Außergewöhnliches geschieht, keine Vernehmung und auch keine Prügel. Nur der Hunger wird unerträglich. Ivo Nemanitsch zeigt mir eines Morgens einen großen goldenen Siegelring mit den eingravierten Buchstaben I und N. Er läßt ihn in meine Hand fallen, der Ring wiegt schwer. »Ich halt es nicht mehr aus vor Hunger.« Er weint wie ein kleines Kind und raunt mir zu, daß es das Letzte sei, was er noch habe, und daß er es dem Kalfaktor geben werde, um sich wenigstens einmal richtig sattessen zu können. Als wir an diesem Mittag unsere Kelle Suppe in Empfang nehmen, kann Nemanitsch unbemerkt einem Kalfaktor den Goldring in die Hand drücken und ihn flüsternd um mehr Brot bitten. Am Abend erhält Ivo statt der üblichen dünnen Scheibe Brot nur einen dicken Kanten. Er heult vor Wut.

Inzwischen hat jeder von uns seine eigene Technik der Nahrungs- aufnahme entwickelt, um mit dem wenigen, das wir erhalten, den Hunger, so gut es geht, zu überlisten. Der eine ißt eine Ewigkeit an der Scheibe Brot, indem er von Zeit zu Zeit nur einen Krümel in den Mund schiebt und ihn langsam zergehen läßt, während der andere das Brot mit zwei großen Bissen verschlingt, um wenigstens für den Augenblick das Gefühl zu haben, satt zu sein. Die Erfahrung aber zeigt uns bald, daß die beste Methode körperliche Regungslosigkeit ist. Die Wachtmeister kümmert es nicht, ob wir auch tagsüber auf den Pritschen liegen oder sitzen.

Sonntags gibt es regelmäßig Pellkartoffeln und Quark. Dafür hält einer von uns seine Decke auf, und der Kalfaktor schmeißt viermal eine Handvoll Kartoffeln hinein, außerdem bekommt jeder einen Teelöffel Quark in seinen Blechnapf. Sobald die Decke auf einer der unteren Pritschen ausgebreitet ist, stürzt sich Joachim bedenkenlos darauf und frißt die zum größten Teil verfrorenen und verfaulten Kartoffeln, ohne sie zu pellen. Eine nach der anderen schiebt er in den Mund und kümmert sich nicht darum, daß die geringe Menge für alle bestimmt ist. Wir müssen ihn mit Gewalt daran hindern, auch unsere Portion zu verschlingen. Es kommt vor, daß ich ihn festhalten muß, während Ivo ihm die noch nicht zerkaute Kartoffel wieder aus dem Mund holt. Als ich anfangs noch die Kartoffeln pelle, wirft sich Joachim auf das Häufchen Schalen, grabscht es mit einer Hand und ißt es.

Fast in jeder Nacht spielen sich nervenraubende Stänkereien zwischen ihm und dem Rechtsanwalt ab. Sobald das erste Sirenenge- heul ertönt und Fliegeralarm ausgelöst wird, bekommt Joachim Durchfall und klebt auf dem Lokus. Der Rechtsanwalt wartet ge- spannt auf das Brummen der Bomberverbände, die über Potsdam nach Berlin fliegen. Und genau in dem Augenblick, wenn das Geräusch hörbar wird, zieht Joachim an der Wasserspülung.

»Hören Sie doch um Gottes Willen auf, an der Wasserspülung zu ziehen, ich kann ja nichts mehr hören«, ruft wütend der Anwalt. Sobald der Behälter über ihm wieder voll ist, zieht Joachim von neuem an der Kette wie ein kleines Kind an der Schnur eines Hampelmanns, hält sich dann mit beiden Händen die Ohren zu und schreit den Rechtsanwalt an:»Ich will das verfluchte Brummen nicht hören, diese Flugzeuge machen mich verrückt.« Und schon reißt er wieder an der Kette. Die zwei heizen sich gegenseitig so lange ein, bis die Entwarnung dem Streit ein Ende setzt.

Einige Tage vor Weihnachten wird unsere Zelle vormittags aufgeschlossen und der Riegel zurückgeschoben. Ivo Nemanitsch will gerade Meldung machen, aber der Polizist, der in der Tür steht, winkt ab und ruft:»Herman, mitkommen zur Vernehmung.« Ich springe von meiner Pritsche. Draußen warte ich, bis die Tür wieder verschlossen und verriegelt ist, und laufe dann neben dem Uniformierten her, ständig meine rutschende Hose festhaltend. Gleichzeitig muß ich aufpassen, daß ich meine Schuhe nicht verliere, weil die Schnürsenkel fehlen. Es geht über endlose Flure, Treppen hinauf, andere hinunter, rechts rum, links rum, geradeaus, über Höfe und durch verschiedene Gebäude. Ich habe eine heillose Angst und denke immerzu an das dicke, schwarze Kabel. Wenn doch jetzt nur Alarm käme, wünsche ich und bete unaufhörlich vor mich hin:»Bitte, bitte, lieber Gott, laß doch bloß Alarm kommen.« Aber es gibt keinen Alarm, und nichts hält unseren Weg zum Verhör auf.

Schließlich ist es soweit, wir stehen vor einer weißen Holztür. Der Polizist klopft, öffnet, schiebt mich hinein und schließt die Tür lautlos wieder hinter mir. Ich befinde mich in einem hohen Raum mit weißen Wänden. Vor zwei gitterlosen Fenstern steht ein schlichter Schreibtisch, dahinter ein Stuhl und an einer Wand ein Aktenspind. Direkt neben mir steht ein grauer Panzerschrank, so groß wie ich. Das ist die bescheidene Einrichtung. Vor einem der beiden Fenster steht ein Mann und kehrt mir den Rücken zu, er dreht sich auch nicht um, als ich schon eine Weile im Zimmer bin. Der Mann trägt Zivil, einen dunklen Anzug. Er vergräbt beide Hände in den Hosentaschen und schaut durch die Scheiben hinaus in den Hof. Es schneit. Man kann das Glockenspiel der Garnisonkirche hören, es muß eine volle Stunde geschlagen haben, denn es ertönt die Melodie »Üb immer Treu und Redlichkeit«. Von dem Kabel keine Spur. Ich stehe da und bewege mich nicht. Schwarze Punkte und Kringel tanzen vor meinen Augen, das Herz schlägt bis zum Hals, ich drücke die Augen fest zu und sperre sie wieder auf, hoffe, daß ich aus einem bösen Traum erwache. Aber nein, der Mann steht noch vor mir. Ich traue mich kaum zu atmen. Er spricht kein Wort. Es kommt mir wie eine Ewigkeit vor, bis er sich umdreht, hinter den Schreibtisch tritt, sich hinsetzt und in einer Akte blättert. Er ist dunkelhaarig, mittleren Alters und hat ein Allerweltsgesicht. »Wie bist du zu Winkler nach Luckenwalde gekommen?« Der Mann hat mich immer noch nicht angesehen, als er mir unvermittelt diese Frage stellt.

Meine Kehle ist wie zugeschnürt, als ich anfange loszustottern: »Im Mai letzten Jahres traf ich Winkler.« Langsam werde ich ruhiger, schlucke ein paarmal, weil der Mund ganz ausgetrocknet ist, und fahre fort: »Also, ich traf Winkler in einem Lokal in der Nähe vom Potsdamer Platz. Wir saßen zufällig an einem Tisch und kamen ins Gespräch. Ich erzählte ihm, daß ich ausgebombt sei und eine Bleibe suche. Er machte mir den Vorschlag...«

»Mensch, halt die Schnauze.« Der Mann ist aufgesprungen, hält sich mit einer Hand an der Tischkante fest, greift mit der anderen nach einem schweren Metallascher, der vor ihm steht, und schleudert ihn auf mich zu. Ich stehe wie festgenagelt, so erschrocken bin ich. Der Aschenbecher pfeift dicht an meinem Kopf vorbei und kracht gegen die Ecke des Panzerschranks, fällt auf den Boden, kullert ein, zwei Meter weiter und bleibt liegen.

»Denkste vielleicht, ich will mit dir hier ne Märchenstunde veranstalten?« poltert er wütend los. Er steht jetzt hinter seinem Tisch, zieht sein zweireihiges Jackett zurecht, mahlt mit dem Kiefer und wippt mit den Füßen auf und ab. Ich bewege mich noch immer nicht, überlege, ob ich den Ascher aufheben soll, lasse ihn aber liegen. »Na schön, wir wissen, wie du nach Luckenwalde gekommen bist«, sagt er nun vergleichsweise ruhig, kommt um den Tisch herum und steht dicht vor mir, wieder beide Hände in den Hosentaschen versenkt. Nach kurzer Pause redet er weiter: »Jetzt sag mir mal, warum hast du die ganze Geschichte mitgemacht?« Ich weiß nicht, was ich darauf antworten soll, bin auch nicht sicher, ob ich die Frage überhaupt richtig verstanden habe. Einige Sekunden bleibt es still. Wir sehen uns beide an. Dann sagt der Mann mit süßsaurer Miene ganz ruhig: »Du hast wohl gedacht, wenn Stalin kommt, wirste 'n großer Mann, was?« Diese Frage verstehe ich noch weniger. Ich bleibe stumm, schüttele nur leicht den Kopf. Er hebt eine Hand hoch und droht mit dem Zeigefinger, ohne mich dabei aus den Augen zu lassen. »Das wirst du nicht erleben, darauf kannst du dich verlassen.« Er sagt auch das sehr ruhig, macht einen Schritt zur Tür und drückt die Klinke runter. Sofort kommt der Polizist herein, der draußen gewartet hat. »Abführen«, der Gestapobeamte macht eine entsprechende Handbewegung und wendet sich wieder seinem Schreibtisch zu.

Der Wachmann nimmt mich beim Arm und läuft wieder zurück zur Zelle 55. Ich latsche wie ein Schlafwandler neben ihm her. Ich kann es noch nicht fassen, daß das alles gewesen sein soll. Höchstens fünf Minuten, keine Schläge, kein Brüllen, keine Schimpfkanonaden, kein Kabel, kein einziges Mal »Judenschwein«, noch nicht mal »Itzig«. Nur der Aschenbecher, der nicht getroffen hat. Aber das nächste Verhör kann ganz anders sein. Mir geht der große Blonde nicht aus dem Kopf, der mir bei der Verhaftung das dicke Kabel vor das Gesicht gehalten hat.

Weihnachten 1944. Am ersten Feiertag gibt es Pellkartoffeln, diesmal mit einem Salzhering statt Weißkäse. Sonst ist alles so wie an gewöhnlichen Tagen. Die Nacht ist ruhig, es gibt keinen Fliegeralarm und daher auch keinen Anlaß zum Streit für Joachim und den Rechtsanwalt. Nemanitsch ist zu schwach, um gegen die Tür zu bummern, er liegt zuerst apathisch auf seiner Pritsche und erzählt dann gegen Mitternacht von unheimlichen Freßgelagen. Von überdimensionalen Gänsen, Spanferkeln, großen Ochsen an ungeheuren Spießen, von Riesenkarpfen und Truthähnen, so umfangreich wie Straußе. Und von Menschen, die Tage und Nächte nichts anderes taten als nur essen und trinken, bis sie so dicke, runde Bäuche hatten, daß sie sich nicht mehr bewegen konnten und, alle viere von sich gestreckt, auf dem Rücken lagen. Dann wurde mit großen Nadeln in die zu riesigen Ballons aufgeblähten Leiber gepiekt, damit das Gas entweichen konnte, und danach wurde wieder weiter gefressen und gesoffen, tagelang, nächtelang. Ich höre seinen Märchen zu, sehe die Braten und Gerichte greifbar vor mir, und das Wasser läuft mir im Mund zusammen.

Seit unserer Verhaftung habe ich von meinem Vater nichts mehr gehört. Ich denke viel an ihn und wünsche mir, daß man nicht das

Veronal bei ihm entdeckt hat. Meine Mutter wird sicher noch hier in Potsdam sein, hoffe ich, entweder im gleichen Gebäude oder aber in der Nähe. Ich erinnere mich an die vielen schönen Weihnachtsfeste in unserer gemütlichen Wohnung in der Belle-Alliance-Straße, an die Weihnachtsbäume, die stets bis zur Decke reichten, an die bunten Teller, die Geschenke und an meine guten Eltern.

Nach drei Wochen Aufenthalt wird uns eines Morgens durch die aufgeschlossene, aber noch verriegelte Tür vom Gang zugerufen: »Alle Mann ausziehen, fertigmachen zum Baden.« Dann knallt der Riegel zurück, die Tür wird einen Spalt geöffnet, und ein Kalfaktor wirft einen grauen Lappen herein, so groß wie ein Taschentuch, und ruft: »Da, euer Handtuch.«

»Wir sind aber vier«, schreit der Rechtsanwalt und trommelt mit der Faust gegen die schon wieder verriegelte Eisentür.

»Das reicht für euch alle«, brüllt der Kalfaktor von draußen zurück. Wir ziehen uns aus und warten, bis man uns herausläßt. Zum Duschraum gehen wir nackt über die kalten Steinstufen des unge- heizten Treppenhauses hinauf in den dritten Stock, immer im Laufschritt. Alle Zelleninsassen aus einem Gang werden gleichzeitig hochgejagt. »Schneller, schneller, na, los, macht schon, nicht ein- schlafen«, rufen die Posten, die auf jedem Treppenabsatz stehen und in die Hände klatschen. Wer nicht schnell genug ist, bekommt Schläge auf den Hinterkopf. Und im gleichen Tempo, ohne Verzöge- rung, geht es unter eine kalte Brause und wieder in unsere Etage herunter. Das war schon das ganze Baden, es dauert nur Bruchteile von Sekunden, ich werde kaum naß, nur gerade auf Kopf und Schultern. Und schon sind wir wieder in der Zelle. Das Handtuch krallt sich Joachim, wir anderen reiben uns mit den dreckigen Decken ab, bevor wir wieder in unsere stinkenden Klamotten stei- gen.

Am nächsten Tag bin ich krank, Fieber, Schüttelfrost, Halsschmer- zen. Als ich aufstehen will, wird mir schwindlig, es rauscht in den Ohren, ich kann mich nicht halten und falle wieder lang auf eine der Pritschen zurück. Meine Zellengenossen fragen bei der Essenausgabe einen der Wachtmeister, ob ich nicht in die Krankenzelle verlegt werden könne. Er ist ein gutmütiger Bursche, und der Zeitpunkt ist günstig. Am Vormittag sei einer in der Krankenstube krepiert und dadurch ein Bett freigeworden, meint er wohlwollend. Als die

Kalfaktoren mit den leeren Suppenkübeln abziehen, geht der Polizist mit mir einen Stock höher und liefert mich im Krankensaal ab. An jeder der beiden Längswände stehen sechs Betten, und der Tür gegenüber befindet sich ein schmales Fenster. Darunter steht ein Glaskasten, so groß wie eine Telefonzelle, mit einem Klo. Auch im Mittelgang stehen noch einige Betten. Die meisten der Kranken haben Ruhr. Sie sind schon so schwach, daß sie sich nicht mehr bis zur Toilette schleppen können. Trotzdem ist der Glaskasten ständig von den wenigen besetzt, die noch die Kraft haben, dorthin zu kommen.

In der Mitte des Saales steht ein Holztisch, dort sitzt auf einem runden Hocker der Polizeisanitäter, ein dicker, glatzköpfiger Kerl mit einem weißen Kittel über der blauen Uniform. Er zeigt mit dem ausgestreckten Arm auf das dritte Bett von rechts und ruft mir zu: »Zieh dich aus, leg dich da rein. Die Sachen kommen unters Bett.«

Ich lege mich auf das noch warme, nach Kot und Pisse stinkende Bettlaken. Die Bettwäsche wird nie gewechselt. Jeder Kranke, ganz gleich was ihm fehlt, bekommt die gleichen Tabletten, und als Verpflegung gibt es zu jeder Mahlzeit einen Teller mit dünnem, lauwarmem, nach nichts schmeckendem Haferschleim. Selten wird jemand entlassen, die meisten Kranken verenden in ihrem eigenen Dreck. Ich schlafe sofort ein und penne durch bis zum nächsten Morgen.

»Antreten zur Schwanzparade, marsch, alle Mann. Na los, ihr Säcke, macht schon«, mit diesem Weckruf fängt der Tag an. Die dicke Sau setzt sich auf die Tischkante, klatscht in die Hände und brüllt: »Na wird's bald, ihr Nillenhengste, ihr Affenärsche, ihr Saftsäcke.«

Und dann kriechen sie aus ihren Betten, sie sehen aus wie Leichen, wie Skelette, wie Gespenster. Der Schmutz klebt ihnen an den Beinen und den dünnen Waden. Sie wanken, sich gegenseitig festhaltend, stöhnend, jammernd, an dem vollgefressenen, satten, grinsenden und fluchenden Schwein im weißen Kittel vorbei.

Er droht mit erhobenem Zeigefinger: »Los, hochheben, ihr Arschgeigen, wollt ihr mal euren dreckigen Schwanz hochheben. Na wartet, wenn einer von euch Filzläuse hat, dem schneid ich die Eier ab.«

Der Rundgang ist beendet, der Sanitäter hat seine Pflichtübung getan, ohne überhaupt Notiz von den Kranken zu nehmen. Zurück geht es, humpelnd, kriechend, schwankend, zurück in die noch warmgebliebene Kacke.

»Ruhe, ihr verfluchten Simulanten, reißt euch gefälligst zusammen.« Die Fieberkranken phantasieren, die anderen stöhnen, aber der Dicke will seine Ruhe haben, will nicht gestört werden.

Am zweiten Abend platzt unerwartet Hauptwachtmeister Eichhorn in die Krankenstube und schimpft mit kreischender Stimme, als er die Tür aufstößt: »Dieser Gestank ist ja nicht auszuhalten.« Er stürmt quer durch den Raum zur anderen Seite, zieht an einer Eisenstange und öffnet damit das schmale Fenster oben an der Wand. Dann rennt er zurück, nimmt seinen Tschako vom Kopf, legt ihn auf die Tischplatte, kramt ein buntes Taschentuch aus der Hosentasche und wischt sich die Schweißperlen von Stirn und Nacken. Der Stubensanitäter ist derweil aufgestanden und macht Meldung.

»Wieviele Abgänge, wieviel Neue?« Während Eichhorn noch Fragen stellt, dreht er sich langsam um und besieht sich die Jammergestalten in den Betten. Plötzlich hält er inne, wird krebsrot im Gesicht, die Adern an seiner Stirn treten dick hervor, er schnappt nach Luft, stemmt beide Hände in die Seiten und wippt mehrmals mit den Füßen auf und ab. Er hat mich entdeckt. »Was denn, was denn, wie ist denn das möglich?« Seine Stimme überschlägt sich. »Dieser Hund liegt hier. Wie kommt der hierher? Der muß raus, raus, sage ich, aber schnell.« Er steht im Nu neben meinem Bett, faßt mit den Spitzen von Daumen und Zeigefinger die Decke und zieht sie mit einem Ruck weg. »Aber schnell, sag ich dir, raus.« Während er mich anblafft, blickt er besorgt zur Tür, als hätte er Angst, es könne jemand sehen, daß ich hier in dem Krankenrevier liege.

In Windeseile springe ich aus dem Bett, ziehe, zitternd vor Aufregung, mein Zeug unterm Bett hervor, kleide mich, so schnell ich kann, an und torkele zur Tür, wobei ich mich an jedem Bett festhalte. Draußen auf dem Gang muß ich mich an die Wand lehnen, knicke nach vorne ein und rutsche ganz langsam hinunter. Der Sanitäter ist hinterhergekommen, packt mich am Kragen, zieht mich hoch und winkt einem Polizisten, der auf dem Flur Wache hat. Beide greifen mich an den Handgelenken, stützen mich unter den Armen und bringen mich in die Zelle 55 zurück. Ich falle auf den kalten Zementboden und bleibe liegen.

An einem der ersten Tage im Januar wird unsere Zelle nach der Essenausgabe noch einmal aufgeschlossen. Wir springen von den Pritschen, nehmen Haltung an, einer von uns macht Meldung. Ich habe Angst, wie jedesmal, wenn die Tür außerhalb der Essenszeiten aufgemacht wird, daß ich zum Verhör geholt werde. »Herman, rauskommen mit allen Sachen, Joachim auch«, ruft ein Polizist in die Zelle.

Ich ziehe die Schuhe an und nehme meine Joppe über den Arm. Der Wachtmeister bringt uns in einen tiefgelegenen Kellerraum. Er ist niedrig und nur durch eine mattleuchtende Glühbirne an der Decke spärlich beleuchtet. Es ist feucht und kalt. An den schimmeligen, grüngrauen Wänden läuft das Wasser in dünnen Bahnen zu den Pfützen am Boden und sickert dort langsam in die festgetretene Erde. Es riecht modrig, in einer Ecke kommen Pilze aus der Wand. Wir werden alleingelassen, die Tür hinter uns verriegelt. Joachim und ich sehen uns ratlos an, wir haben keine Ahnung, was nun passieren wird.

Es dauert nicht lange, da hören wir schwere, eisenbeschlagene Männerstiefel die Treppe herunterkommen, dann gesellen sich noch leise schlurfende Schritte dazu. Die Tür wird geöffnet und meine Mutter hereingeschubst. Sie ist kleiner geworden, gekrümmt, dünn und fast weißhaarig, genauso verschmutzt wie wir. »Hast du großen Hunger?« ist das erste, was sie sagt. Es ist keine Frage, und sie erwartet auch keine Antwort. Sie sieht mich nicht an, spricht ohne Überraschung in der Stimme, ohne Angst, eigentlich ohne Ausdruck. Dann weint sie leise und wischt sich die Tränen mit dem Handrücken ab. Sie greift in ihre Manteltasche, fingert eine kleine Glasscherbe hervor und reicht sie mir. Ich sehe, daß eines ihrer Brillengläser zerbrochen ist. »Ich habe sie mit Absicht kaputt gemacht. Nimm die Scherbe. Wenn man dich quält, schneid dir die Pulsader auf«, schluchzt sie und sieht mich dabei mit vom Weinen geröteten Augen an.

»Kommt doch gar nicht in Frage, Mama, mir geht's doch gut.« Ich nehme das Stück Glas und werfe es demonstrativ in die Ecke, wobei es mir gelingt, ein kleines Lächeln zustandezubringen. Ich nehme meine Mutter in die Arme, küsse sie und streichele ihre Haare.

»Du wirst schon sehen, mein Sohn. Aber wie du meinst.«

Ausbruchsversuche, Kalfaktorendienste und Rausschmiß

Am Nachmittag verlassen wir Potsdam, eskortiert von zwei Polizisten in blauer Uniform. Wir fahren mit der S-Bahn nach Berlin in den Wedding. Dort in der Iranischen/Ecke Schulstraße ist das Jüdische Krankenhaus. Im Gebäude der Pathologie hat sich die Gestapo eingenistet. Illegal lebende Juden, die von der Gestapo und ihren jüdischen Spitzeln geschnappt werden, bringt man hierher, um sie von hier in die Todeslager abzutransportieren. Herrscher in diesem Haus ist der berüchtigte SS-Oberscharführer Dobberke. Eine Reihe von Juden hat Dobberke zu Ordnern ernannt, die so etwas wie eine Selbstverwaltung im Haus darstellen sollen. Sie sorgen für Ruhe und Ordnung und sind dafür verantwortlich, daß niemand flüchtet. Es ist ihnen überlassen, wer von den Insassen auf die Transporte geschickt wird, nur die Anzahl gibt ihnen Dobberke vor. Dem SS-Mann zur Seite stehen die drei gefährlichen Denunzianten Stella Kübler, ihr Freund Isaaksohn und Ruth Danziger. Von ihrer Existenz und ihrem schäbigen Treiben habe ich in Luckenwalde schon gehört. Günther Samuels Frau, die als Schwester Pia im Jüdischen Krankenhaus gearbeitet hat, berichtete Hans Winkler davon.

Schon bald nach dem Aufbau der Organisation beschlossen wir, an Spitzel und Denunzianten Femegerichtsurteile zu versenden, unter anderem auch an Stella Kübler. Hans Winkler brachte dafür aus dem Gericht Papierbögen mit nach Haus, auf deren Kopf in fetten Buchstaben »Im Namen des Volkes« stand. Mit der Maschine schrieben wir hinzu, daß Stella Kübler wegen ihrer Zusammenarbeit mit der Gestapo durch das Femegericht X zum Tode verurteilt sei und die Vollstreckung nach Kriegsende durchgeführt werde. Unterschrift »Gemeinschaft für Frieden und Aufbau«.

Als ich ihr auf dem Gang in der Schulstraße begegne, einer großen, blonden, sehr gut aussehenden Frau, spürt sie immer noch mit ihrem Freund Isaaksohn, der in seinem braunen Ledermantel und dem Schlapphut wie ein waschechter Gestapolümmel aussieht, untergetauchte Juden auf und liefert sie der Gestapo in der Hoffnung aus, dadurch ihren eigenen Kopf zu retten.

Unsere Personalien werden von Ordnern aufgenommen, dann weisen sie uns in eines der Stockwerke ein. In den ehemaligen, jetzt unmöblierten Krankensälen sind Männer und Frauen, Alte und Junge gemeinsam untergebracht. Ich darf mit meiner Mutter zusammenbleiben. Es sind ungefähr 15 bis 20 Leute in unserem Saal. Die meisten stehen herum und diskutieren, andere liegen oder hocken auf dem blanken Boden. Einige mit Stroh gefüllte Unterlagen hat man den wenigen Älteren überlassen. Abends gibt es auch hier Wassersuppe mit Kohlblättern. »Iß das auf. Ich kann nicht essen, mein Magen ist nicht in Ordnung«, lügt meine Mutter und hält mir ihre Portion hin. Ich bin so ausgehungert, daß ich, ohne zu zögern, zugreife und auch ihre Suppe herunterschlinge, obwohl mir klar ist, daß auch sie Hunger haben muß.

Sobald es in den Sälen dunkel wird und die Nacht hereinbricht, fängt ein lebhaftes Treiben an. Die Decken und Mäntel, mit denen man sich zudeckt, werden zurückgeschlagen, Gestalten erheben sich, schleichen sich geduckt davon, über andere hinwegspringend, flüsternd und zischelnd. Das leise Hin und Her vollzieht sich nicht nur innerhalb der einzelnen Räume, sondern greift auch durch die offenen Türen auf alle Säle über. Männer und Frauen hasten durcheinander, stoßen sich im Dunkeln, stolpern, fallen, raffen sich auf, hüpfen weiter, wecken die Unbeteiligten. Sie vertauschen ihre Plätze, suchen sich einen Partner für die Nacht. Unterdrücktes Kichern und anhaltendes Stöhnen, kurzes, trockenes Lachen und jämmerliches Weinen vermischen sich zu einem schaurigen, erstickenden Geräusch und einer geisterhaften Stimmung. Die Alten, die Kranken und die ganz Jungen bleiben an ihrem Platz am Boden liegen und versuchen zu schlafen.

Ehe der Morgen anbricht und die Dämmerung sich auflöst, liegt jeder wieder dort, wo er sich auch tagsüber aufhält. Wenn es hell wird, kriecht die Furcht wieder aus allen Ecken, das Grauen macht sich breit. Gerüchte, durch Ordner von außen hereingebracht, durchlaufen die Säle. Sie werden weitergesponnen und aufgebauscht. Manch ein Gerücht macht Hoffnungslosen und Verzweifelten Mut, anderer Klatsch schafft noch mehr Verwirrung und Schrecken. Es bilden sich wieder Gruppen, die Leute stehen herum, debattieren, streiten, erörtern, ventilieren und gestikulieren dabei mit erhobenen Händen und verzerrten Gesichtern. »Die Russen sind schon in Frankfurt an der Oder, sie marschieren schon auf Berlin zu. Dobberke, die SS und seine Helfer bereiten die Flucht vor«, das sagen die einen und wissen alles aus ganz zuverlässiger Quelle. Die anderen sind sicher, daß man uns umbringen wird, bevor die Russen anrücken.

Meine Mutter und ich hatten Hilde Bromberg vorher nie gesehen. Deswegen erkennen wir sie nicht, und es dauert auch einige Tage, bis wir erfahren, daß sie hier in einem der Säle ist. Als ich sie aufsuche, sehe ich eine aufgedunsene, dicke Frau vor mir. Sie wirkt wesentlich älter als 20, ist ungekämmt und schmutzig. Nur mit einem Unterrock bekleidet und einer grauen Decke um die Schultern, sitzt sie am Boden und lehnt sich gegen die Wand.

Leider weiß sie nicht viel zu berichten, von meinem Vater und den anderen habe sie nichts gehört, sie selbst sei schon seit drei Wochen in der Schulstraße. »Man bereitet einen Prozeß vor wegen Vorbereitung zum Hoch- und Landesverrat, Wehrkraftzersetzung und Feindbegünstigung«, erzählt sie mir hinter vorgehaltener Hand. »Je mehr Leute reingezogen werden, umso länger dauern die Vorbereitungen. Das ist unsere Chance.«

Wir werden immer wieder unterbrochen, weil jüngere Männer vorbeikommen und Hilde zunicken. Sie verteilt Kußhändchen nach allen Seiten, lächelt und zwinkert mit den Augen. Alle paar Sekunden wirft sie den Kopf nach hinten, dann wieder zuckt sie mit den Schultern, mal mit der rechten, dann mit der linken. Sie fährt sich dauernd mit der Hand durch die Haare und zieht ständig die Nase hoch. Es fällt mir schwer, mich länger mit ihr zu unterhalten. Sie macht auch nicht den Eindruck, als sei sie an einem Gespräch mit mir interessiert. Ich will sie noch fragen, wie der Besuch bei Frau Bonneß in Potsdam eigentlich ablief, da winkt sie ab, steht auf, schiebt den hinuntergerutschten Träger ihres Unterrocks hoch und läuft einem Mann hinterher, der gerade den Saal verlassen will.

Wir sind ungefähr zwei Wochen in der Schulstraße, da macht sich das Gerücht breit, daß ein Transport für Theresienstadt zusammengestellt werde. Es heißt, daß nun auch Jüngere und Arbeitsfähige nach Theresienstadt kommen sollen. Bedeutet dies, daß die anderen Lager schon von den Russen befreit sind? Warum dann aber überhaupt noch Transporte, so kurz vor Schluß? Oder sind die Nazis etwa wieder auf dem Vormarsch, wie kürzlich in den Ardennen?

Listen, für jeden sichtbar, werden einige Tage später ausgehängt. Sie machen den Spekulationen ein Ende. Der Name meiner Mutter steht auf einer dieser Listen. Sofort bitte ich einen Ordner, Dobberke auszurichten, daß ich mich freiwillig für den Transport nach Theresienstadt melde. Komme nicht in Frage, ist die Antwort, die notwendigen Untersuchungen, die den Prozeß vorbereiten, seien noch nicht abgeschlossen. Aber warum schafft man meine Mutter vor Prozeßbeginn fort? Wir haben noch von keinem Fall gehört, in dem der jüdische Partner aus einer privilegierten Ehe abtransportiert worden wäre, es sei denn, er wurde Witwer. Es kann nur eine Lösung für dieses Rätsel geben: mein Vater ist nicht mehr am Leben. Zwei Tage, nachdem die Namen für den Transport bekannt sind, muß ich mich von meiner Mutter verabschieden. Sie und andere werden dann am 2. Februar 1945 vor dem Gebäude auf Lastwagen verladen und mit dem 116. Transport nach Theresienstadt verfrachtet.

Mich bringen einige Tage zuvor zwei Männer mit weißen Armbinden, auf denen das Wort »Ordner« steht, in den Bunker. Der Bunker ist ein Verlies im Souterrain des Gebäudes. Hier werden die »schweren Jungs« gefangengehalten, solche, bei denen Fluchtgefahr besteht. Solange ich mit meiner Mutter zusammenbleiben konnte, sah man diese Gefahr bei mir offenbar nicht. Wir sind acht Mann in dem kalten, feuchten Loch. Das einzige Fenster ist bis auf einen ausgesparten Ziegelstein zugemauert. Dadurch kommt etwas frische Luft herein. Tag und Nacht brennt an der Decke eine schwache Glühbirne. Die Tür ist mit Eisen beschlagen und bleibt verriegelt und verrammelt. Es gibt keine Pritschen, geschlafen wird auf dem Steinboden. Aber wir haben Decken und einen Tisch mit zwei Hockern. Es sind nur junge Männer im Bunker. Einige von ihnen konnten auf den Transporten entwischen, wurden aber wieder eingefangen, andere in ihren Verstecken von Spitzeln aufgespürt. Zweimal am Tag, einmal am frühen Vormittag und einmal am Nachmittag, werden wir von Ordnern eine Treppe höher zur Toilette geführt, die neben der Wachstube liegt. Danach geht es in einen kleinen Innenhof, wo wir zehn Minuten im Kreis herumgehen, bewacht von bewaffneten SD-Leuten in grauer Uniform.

Für ein paar Tage bekommen wir einen Mann in die Zelle, großgewachsen, gepflegt, Ende 20, mit grauem Ledermantel und schwarzen, glänzenden Offiziersstiefeln. Er nimmt an den Rundgängen im Hof nicht teil. Er spricht kein Wort mit uns, sondern hockt in einer Ecke und blickt teilnahmslos vor sich hin. Selbst auf Fragen antwortet er nicht. Er wird von einem SD-Mann abgeholt, und wir hören später von einem Ordner, daß er Offizier einer Fallschirmjägereinheit gewesen sein soll. Bei Kämpfen auf Kreta soll er sich ausgezeichnet haben, in späteren Einsätzen ebenfalls. Dann sei er für das Ritterkreuz vorgeschlagen worden. Dabei kam heraus: Er hatte verschwiegen, daß eine Oma oder ein Opa nicht »arisch« waren. Wohin er gebracht wird, kann niemand sagen.

Einer von uns hat die Idee, und wir alle beschließen spontan mitzumachen. Es ist Ende Januar 1945, als wir unseren Ausbruch vorbereiten, ganz leise, ganz vorsichtig, ganz langsam. Am 30. Januar, dem Jahrestag der »Machtergreifung« rechnen wir mit besonders schweren Luftangriffen und wollen bis dahin fertig sein. In zäher, mühevoller Kratzerei schaben wir mit Löffelstielen die Fugen aus und lockern die Ziegel, mit denen das Fenster zugemauert ist. Immer nur ein Mann arbeitet, die anderen decken ihn oder horchen an der Tür. Jeder kratzt so lange, wie er kann, dann wird er abgelöst. Der Staub und die Krümel, die bei der Arbeit herunterfallen, werden fein säuberlich mit den Händen zusammengefegt, in die Hosentaschen verstaut und beim Gang auf die Toilette ins Becken geworfen. Auch nachts wird gekratzt und geschürft im Gleichklang mit Bomben, Minen und Flakgranaten.

Schließlich ist es soweit, nur eine lose Wand trennt uns noch von der Straße. Es sind so viele Steine gelockert worden, daß wir sie nur herauszubrechen brauchen, um bequem durchsteigen zu können. Als wir nachts die ersten Ziegel unterhalb der Luftöffnung mit kräftigem Ruck herausreißen, passiert etwas, womit keiner gerechnet hat. Es fängt an zu rieseln, erst langsam, stockend, dann immer schneller und schneller. Sand, feiner gelber Sand, fließt herein. Immer mehr, immer schneller, immer breiter wird der Strom, unaufhaltsam. Wir versuchen die Ziegel dagegenzustemmen, umsonst, sie haben keinen Halt mehr und fallen nach innen auf den Boden. »Licht aus«, flüstert einer aufgeregt, ein zweiter springt auf den Tisch und dreht an der heißen Glühbirne.

Draußen werden Stimmen laut. Der Posten ist bei seinem kurzen Rundgang auf das Geräusch aufmerksam geworden und hat Alarm geschlagen. Es wird lebendig auf der Straße, Taschenlampen blinken auf, Rufe gehen hin und her, Karabinerläufe werden durch die

Öffnung gehalten und auf uns gerichtet. Dann hören wir schon die Männer vom Sicherheitsdienst polternd die Treppe heruntertrampeln. Wer von uns konnte schon ahnen, daß außen an der Hauswand ein Sandkasten für Luftschutzzwecke steht, der keine Rückwand hat, voll mit Sand.

Die SD-Mannschaft jagt uns mit Kolbenschlägen aus dem Bunker die Treppe hoch in das Büro von Dobberke. Er ist durch den Alarm aus dem Schlaf gerissen worden und gebärdet sich wie ein Tobsüchtiger, als er die Meldung von dem Ausbruchsversuch hört. Er kommt über den Gang angerannt, bleibt in der offenen Bürotür stehen, ungekämmt, mit aufgeknöpfter Uniformjacke, einer Pistole in der Hand. Dobberke ist groß mit bulliger Figur, trägt sein Haar militärisch kurz und hat ein zusammengekniffenes, markiges Gesicht. »Raus, in den Gang stellen, nebeneinander«, donnert er wutentbrannt, steckt die Pistole in den Halfter und nimmt einen vielschwänzigen, ledernen Ochsenziemer vom Haken an der Wand. Bei jedem einzelnen von uns nimmt er neuen Anlauf und schlägt von oben herunter, mit voller Kraft. Nach dem Vierten zieht sich Dobberke die Uniformjacke aus, geht ins Büro, hängt sie über eine Stuhllehne, putzt sich die Nase, holt tief Luft und geht in die alte Position. Ich bin der Siebte und damit vorletzte in der Reihe. So hoffe ich, daß seine Kraft etwas nachgelassen hat, bis ich dran bin. Beim letzten wird er wahrscheinlich noch einmal mit aller Gewalt zuschlagen.

Ich beiße die Zähne zusammen, balle die Fäuste so fest, daß die Fingernägel ins Fleisch drücken, stehe steif wie ein Brett, kneife die Augen zu und halte das Kinn dicht an die Brust gepreßt. Die Lederriemen mit den vielen kleinen Knoten sausen durch die Luft und klatschen auf Kopf und Schultern. Der Schmerz ist teuflisch, ich zucke zusammen, unterdrücke einen Aufschrei und torkele einen Schritt vorwärts, stehe aber gleich wieder in der Reihe. Sterne kreisen vor meinen geschlossenen Augen, der Schädel dröhnt. Ich fühle, wie die Kopfhaut aufplatzt und langsam warmes Blut durch die Haare am Ohr vorbei hinunterläuft. Die Schultern tun weh, obwohl sie durch den Pullover und die dicke Joppe geschützt sind, das linke Ohr schmerzt. Da pfeift die Peitsche auch schon wieder neben mir herab zum letzten Hieb.

Dobberke atmet schwer, nimmt den Peitschenschaft in die linke Hand, streicht mit der rechten die Lederriemen glatt, wippt mit seinen Stiefeln auf und ab und geht dann einige Schritte zurück. Er schaut uns, noch immer zornig, ins Gesicht. Keiner ist umgekippt, niemand sagt auch nur einen Mucks. Dobberke nimmt eine Zigarette aus der Schachtel, steckt sie in den Mund und zündet sie an. »Bringt sie weg«, ruft er einigen SD-Leuten zu, die von weitem der Bestrafung zugesehen haben, geht in sein Amtszimmer und knallt die Tür hinter sich zu.

Wir werden in einen anderen Keller geführt, ohne Licht und ohne Luft. Drei Tage bekommen wir nur Wasser und mittags eine Scheibe trockenes Brot. Inzwischen wird unser alter Bunker wieder instand-gesetzt, diesmal wird auch die Luftöffnung zugemauert. Am dritten Tag in der Frühe, vor der Rückführung in unser altes Loch, wird die Tür aufgeschlossen, ein Ordner kommt herein, wirft uns eine Schach-tel vor die Füße und bemerkt dazu: »Da, für euch, von Dobberke.« Es ist eine Packung Zigaretten, Marke R 6.

Als wir wieder einige Stunden in unserem alten Kerker sind, wird die Tür aufgeschlossen, und ein Skelett mit gelber Haut wankt gebeugt herein. »Ernest Wilkan«, stellt sich die Jammergestalt mit vor Kälte klappernden Zähnen vor. Über seinen Schultern hängt eine graue Decke, und die nackten Füße stecken in dünnen, löchrigen Turnschuhen. Die kurzsichtigen Augen blinzeln zunächst zur Decke, wo die Lampe hängt, dann sieht sich der Mann im Raum um, und seine Augen versuchen jeden einzelnen von uns zu erfassen. Er kann Anfang 40, aber auch schon Ende 50 sein. Das Auffallendste an ihm sind sein kahlgeschorener Schädel und seine große krumme Haken-nase. In der Hand hält er ein fleckiges, graues Bündel, so geknüpft, wie es Landstreicher am Stock über der Schulter tragen. Er legt es auf den Tisch, öffnet die zwei Knoten, legt die vier Ecken auseinander, zieht einen alten Laib Brot hervor, den er neben das Tuch legt. »Das ist noch von meinem Reiseproviant übriggeblieben. Wer Hunger hat, kann sich davon nehmen«, ermuntert er uns.

Wir stehen alle um ihn herum und mustern ihn neugierig. In solch einem schlechten Zustand wie er ist niemand von uns, auch wenn jeder verschorfende Wunden hat, Beulen am Kopf oder geschwolle-ne Stellen im Gesicht. »Wo kommst du her?« fordert ihn einer von uns auf zu erzählen.

»Ich komme aus Plötzensee«, beginnt Ernest Wilkan seine Ge-schichte. »Vor Plötzensee war ich schon im Gefängnis in Tegel. Die

Nazis fingen mich in Frankreich, wohin ich von Spanien aus ging, als der Bürgerkrieg zu Ende war. Dort kämpfte ich in der Internationalen Brigade, später war ich in der Résistance. Als ich in Südfrankreich Waffen von britischen Schnellbooten übernehmen wollte, wurde ich geschnappt und in ein Lager am Fuß der Pyrenäen gesteckt. Von dort ging es nach Deutschland, zunächst in ein Arbeitslager der Organisation Todt und dann, völlig überraschend, nach Auschwitz. Doch nach einigen Tagen wurde ich in einen leeren Güterwaggon verfrachtet und zurück nach Berlin gebracht, wo man mich von einem Gefängnis ins andere schob. Warum man diese Odyssee mit mir veranstaltet, davon habe ich keine Ahnung. Von hier aus soll ich nach Theresienstadt kommen.«

»Wenn du nach Theresienstadt kommst, suche bitte meine Mutter, Anja Friede. Du wirst sie bestimmt finden, sie ist erst seit kurzem dort. Sag ihr Grüße von mir und erzähl ihr, daß es mir gut geht.« Ernest verspricht mir fest, es zu tun.

Unter meinen Mitgefangenen im Bunker ist ein junger Mann, ein paar Jahre älter als ich. Er heißt Günther Gerson. In der Prinz-Albrecht-Straße haben Gestapoleute ihn so geschlagen, daß ihm ein Trommelfell geplatzt ist und er seitdem schwerhörig ist. Er wurde nackt an Händen und Füßen zusammengebunden, wie ein Stück Vieh an eine Stange gehängt und in kurzen Abständen mit eiskaltem Wasser begossen. Man wollte aus ihm herausbekommen, von wem er die gefälschten Formulare hatte, die man bei ihm fand, als er festgenommen wurde. Er hatte neben anderen Papieren ein Dokument bei sich, das ihn als Beamten der Geheimen Staatspolizei auswies. So ausgestattet, hielt er zu nächtlicher Stunde ältere Frauen auf der Straße an, um Ausweiskontrollen durchzuführen. Wenn die in schroffem Ton Angesprochenen keine Kennkarte vorzeigen konnten, beschlagnahmte Gerson die Handtasche mit der Zusicherung, dieselbe wäre gegen Vorlage der Ausweispapiere am nächsten Vormittag auf dem Polizeirevier wieder abzuholen. Auf diese Art und Weise beschaffte er für sich und seine Schwester, die auch untergetaucht war, Geld und Lebensmittelmarken. Später meldete sich Gerson mit gefälschten Dokumenten zur Waffen-SS und bewarb sich, da er etwas von Elektrotechnik verstand, bei einer technischen Einheit. Es klappte, er montierte Schalttafeln und blieb unerkannt. Bis er eine kleine, aber verhängnisvolle Nachlässigkeit beging. Er fuhr den Tauentzien entlang und hielt vor dem KaDeWe. Als er im Kaufhaus die Gänge entlangschlenderte, um die Auslagen zu betrachten, wurde er von einer Streife angehalten. Er trug zwar Uniform, aber keine Kopfbedeckung. Das Käppi lag im Kübelwagen, der draußen vor dem Eingang parkte. Das reichte aus, man nahm ihn mit, kontrollierte, prüfte und fand heraus. Wir hocken oft zusammen am Boden in einer Ecke, und ich lausche seinen phantastischen Erzählungen, lache bei der Vorstellung, wie der Jude Gerson als Gestapomann Ausweiskontrollen durchführt oder bei der Waffen-SS in Uniform elektrische Schaltanlagen baut.

Nachdem der Versuch zu türmen wegen des unerwartet herabrieselnden Sands nicht gelungen und die Bestrafung verhältnismäßig milde ausgefallen war, stellen wir laufend neue Überlegungen an, wie man doch noch fliehen könnte. Gerson hat eine Idee, und wir wollen versuchen, sie durchzuführen. Die Wachstube neben der Toilette, auf die wir täglich geführt werden, hat keine Gitter vor den Fenstern. Wir haben auch festgestellt, daß der Schlüssel von außen im Türschloß steckt, wenn sich jemand in der Wachstube aufhält. »Wir müssen kieken, dat wa'n Schlüssel kriejen.« Gerson grübelt immerzu darüber nach. Als wir am nächsten Vormittag wieder auf das Klo geführt werden, stößt er mich auf der Treppe an und macht mich auf eine Mülltonne aufmerksam, die in einer Ecke am Treppenabsatz steht. Er erklärt mir später in unserem Keller, was er vorhat, und schließt mit den Worten: »Morjen suchste, ob wat drinne is, womit wa'n Abdruck machen können, klar?«

Einen Tag danach, zur gleichen Zeit, sehen wir den Schlüssel in der Tür zur Wachstube stecken. Ich beuge mich über den Rand der Abfalltonne, greife blitzschnell eine teilweise verfaulte Kartoffel heraus, drängele mich an den anderen vorbei und renne nach oben. Gerson steht bereits an der Tür, zieht leise und unauffällig den Schlüssel ab und drückt den Bart in die Kartoffel, die ich ihm hinhalte. Dann schiebt er den Schlüssel unbemerkt ins Schloß zurück. Wir haben einen brauchbaren Abdruck.

»Eene Woche noch, und wir sind weg.« Gerson reibt sich die Hände und lacht. Er hat durch einen Ordner Verbindung zu seiner Schwester, von der er weiß, daß sie sich noch in Tempelhof versteckt hält. Ihm kann er heimlich die Kartoffel zuschieben und erklären, was er damit machen soll. Wir sitzen in unserer Ecke und träumen, sehen uns schon im Freien und warten nur noch auf die Lieferung des Schlüssels. Wir werden auf dem Weg zum Lokus die Wachstube aufschließen und durch das Fenster verschwinden können. Aber es klappt nicht.

Ich werde ganz plötzlich in das Polizeipräsidium in der Dirksenstraße am Alexanderplatz, den alten, monströsen Bau aus rotem Backstein, verlegt. Es geht einen langen, nur notdürftig erleuchteten Gang entlang, an dessen Ende ein Saal liegt. In diesem Raum, der ursprünglich für 40 Leute vorgesehen war, sind nun über 300 Häftlinge zusammengepfercht. Ein schmales Fenster mit dicken Eisenstäben, deren Schatten man nur undeutlich durch das undurchsichtige Glas wahrnehmen kann, geht zum Hof hinaus. Unser Saal liegt zu ebener Erde, gegenüber dem mächtigen Seitenflügel mit vielen Büros für die Beamten des Berliner Polizeipräsidiums und der Gestapo. 60 schwere, massive Holzpritschen, die meisten zu dreien übereinander, stehen an einer Seite.

Ein babylonisches Sprachgewirr erfüllt den Raum von früh bis spät. Die meisten der Gefangenen sind Russen, aber auch Holländer, Franzosen, ja sogar Perser sind da. Außer Dr. Joachim, der am gleichen Tag aus einem der ehemaligen Krankenzimmer in der Iranischen Straße hierher gebracht wird, und mir sind keine Deutschen im Saal.

Als ein junger Franzose eingeliefert wird, der es trotz der scharfen Kontrollen fertigbringt, seine Armbanduhr einzuschmuggeln, die er noch am selben Tag gegen Tabak eintauschen will, ist er sofort von Ukrainern umringt. Sie reden auf ihn ein, gestikulieren wild mit Händen und Füßen, sprechen in russisch, in deutsch, mit Zeichensprache und überbieten sich gegenseitig. Als man sich schließlich einigt, will der Franzose die Uhr abnehmen. Er hat sie nicht mehr, sie wurde ihm schon längst geklaut. Rauchen ist streng verboten, trotzdem wird ständig irgend etwas gequalmt. Wer keinen Tabak oder Machorka hat, der trocknet die Schalen von Pellkartoffeln. Andere schaben mit einem Stück Glas feine Holzspäne von den Pritschen. Alles Rauchbare wird in Zeitungspapier, das Kalfaktoren hin und wieder hereinschleusen, geschüttet, gestopft und gepafft. Einige Häftlinge halten das Monopol für Feuer, und wer rauchen will, ist gezwungen, diese Leute in Anspruch zu nehmen, gegen Bezahlung mit Tabak. Sie haben kleine Blechdosen, gefüllt mit Wollresten, die als Zunder dienen. Um Feuer zu machen, werden winzigkleine Zelluloidsplitter mit einer Glasscherbe von einer Zahnbürste abgehobelt, dann wird ein Feuerstein so lange gerieben, bis ein Funke auf den Zelluloidstaub fällt, der flammt auf und bringt schließlich den Zunder zum Glimmen. Ich rauche öfter eine mit Holzspänen gefüllte Papierrolle, was sehr umständlich ist. Wenn man sie mit viel Geduld und Mühe endlich angesteckt hat, zischt eine große Stichflamme hervor. Das ist der Augenblick, den man ausnutzen muß, um zu ziehen. Wenn es dann noch gelingt, das Feuer auszupusten und die Späne wieder zum Glühen zu bringen, wiederholt sich das Spiel bei jedem neuen Zug.

Wir werden mittags aus dem ungelüfteten, schmutzigen Saal herausgelassen und stehen, um unser Essen abzuholen, in langer Schlange auf dem kalten, düsteren Flur. Nacheinander schieben wir uns im Schneckentempo buffend und stoßend an den essenausgebenden Kalfaktoren vorbei, halten ihnen die Schüsseln hin und bekommen eine Kelle voll lauwarmes Wasser mit Kohl oder eine dünne Brotsuppe hineingehauen. Mein brauner Napf ist verrostet, mit rissigem Rand und ausgezacktem Loch am Boden. Wenn ich meinen Schlag bekommen habe, muß ich einen Finger unter das Loch halten und mit einem langen Zug die wasserdünne Flüssigkeit hinuntergießen. Im Saal kann ich dann in aller Ruhe die zwei, drei Blättchen Kohl herausfingern. Anfänglich hatte ich noch versucht, die Blattläuse und anderes Ungeziefer aus der Kohlsuppe zu fischen, später gebe ich es auf, es sind zu viele, und letztlich ist die Brühe eiskalt.

Es dauert nicht lange, und ich bin wie alle anderen auch von oben bis unten voller Ungeziefer: Kopfläuse, Filzläuse, Flöhe, Holzböcke. Das Jucken macht mich wahnsinnig, ich kann nicht schlafen, muß immerzu kratzen. Besonders in dem wollenen Rollkragen nistet sich das Viehzeug ein. Jeden Morgen sitzen wir mit nacktem Oberkörper auf den Pritschen oder am Boden, die alten, stinkenden und verdreckten, zerrissenen und zerlöcherten Fetzen vor uns auf dem Schoß, und versuchen soviele Läuse und Flöhe wie möglich zu fangen und mit den Fingernägeln zu knacken. Hinter einer dünnen, mannshohen Bretterwand befinden sich in einer Ecke drei Toiletten, vor denen ständig Andrang herrscht. Die Becken sind verstopft und laufen über, die meisten Häftlinge treten nur hinter die Wand und verrichten ihre großen und kleinen Geschäfte auf dem Steinboden. In Rinnsalen fließt der Dreck bis zur Mitte des Raumes. Die Luft ist zum Schneiden, der Gestank unerträglich. Auch Waschgelegenheiten gibt es nicht, weder im Saal noch draußen auf dem Gang. Jeden Tag werden vormittags einige Häftlinge zum Rasieren geholt. Auf dem Korridor steht ein Stuhl und daneben ein schwuler Frisör, der nur solche Knastologen gut bedient, die sich sein Betatschen gefallen lassen. Erst knotet er einem ein vor Dreck starrendes Laken um den Hals, und während er mit einer Hand das Gesicht einseift, versucht er mit der anderen unter dem Laken die Hose zu öffnen und die Eier zu packen. Wer ihm energisch auf die Finger klopft oder ihn anschreit, den schabt er möglichst schmerzhaft mit stumpfem Messer. Die Wachmannschaft kümmert sich nicht um den Frisör und seine Behandlung der Gefangenen.

Als ich die zweite Woche am Alex bin, kommt einer der beiden Russen, die das Kalfaktoramt auf unserem Flur innehaben, fort. Es werden täglich neue Häftlinge hereingebracht, aber die Zahl derjenigen, die man herausruft und die nicht zurückkommen, wird immer größer. Man munkelt, daß sie entlassen werden. An diesem Mittag stehe ich bei der Essenausgabe in der Schlange der Wartenden weit hinten. Die ausgemergelten Figuren mit den leeren Augen über den eingefallenen Wangen rücken schrittweise vor. Es geht heute viel langsamer als sonst, denn nur ein Mann verteilt die dünne Suppe. Ich bin an der Reihe, halte den Napf hin. Der Russe, dem die Kelle allmählich zu schwer geworden ist, faßt den Griff mit beiden Händen und holt die Brühe vom Grund des tiefen Kessels mit Schwung nach oben und gießt ein. Ich setze sofort die Schüssel an den Mund, sauge das lauwarme Wasser durch die Zähne, mache einige Schritte, bleibe stehen und angele mit zwei Fingern Kohlblätter vom Boden des Napfes. Ein paar Männer sind noch hinter mir, laufen an mir vorbei in den stickigen Saal zurück. Ich bin so beschäftigt mit meinem Fraß, daß ich gar nicht merke, daß der Posten den Saal schon wieder abgeschlossen hat. Er steckt den Schlüsselbund ein, dreht sich um und will gehen. Da sieht er mich und ruft: »Mensch, verflucht noch mal, was machst du noch hier draußen?« Er bleibt erschrocken stehen. Außer uns ist niemand mehr auf dem langen Flur. Der Kalfaktor hat einen seiner beiden leeren Kübel ergriffen und ist in Richtung Küche abgezogen. Meine Schüssel ist inzwischen leer, ich wische meine Finger an der Hose ab und gehe langsam auf die Tür zu. Der Aufseher macht kehrt, schließt auf und winkt mir hastig mit dem Arm.

Da bleibe ich jäh stehen, lächele freundlich und sage in aller Ruhe: »Lassen Sie die Tür nur zu, Wachtmeister. Sie können es noch nicht wissen, weil eben erst Ablösung war, aber ich bin der neue Kalfaktor.« »Ach so, dann is ja jut. Dann mal ran an die Arbeit«, sagt er sichtlich erleichtert, schließt noch einmal ab, riegelt zu und verzieht sich an das Ende des Flurs, wo ein Stuhl steht und er seinen Platz hat.

Der Russe kommt zurück, und wir schleppen gemeinsam den zweiten Suppenkessel fort in die geräumige Küche. Als ich auf dem Rückweg erneut an dem SD-Mann vorbeigehe, winkt er mich zu sich und meint wohlwollend:»Ihr habt schwer zu arbeiten, aber dafür könnt ihr fressen, soviel ihr wollt.«

»Vielen Dank«, sage ich höflich zu ihm und gehe auf die Toilette, die auch von der Wachmannschaft benutzt wird. Dort schließe ich mich ein und lache, lache so laut und andauernd, daß ich mir die Hand vor den Mund pressen muß. Ich krümme mich vor Lachen, die Tränen laufen mir das Gesicht herunter. Ich kann mich nur mit großer Anstrengung zusammenreißen und langsam beruhigen. Ich Kalfaktor, ich kann es noch nicht glauben. Dieses Amt bedeutet nach Herzenslust zu essen, auf einer reservierten Pritsche zu schlafen, mit so vielen Decken, wie man will, zum Drunterlegen und zum Zudekken, eine richtige Toilette benutzen und sich waschen zu können. Tagsüber arbeiten und sich auf den Gängen frei bewegen zu dürfen. Es ist schon fast wie im Paradies.

Um fünf Uhr in der Frühe werden wir, der Russe und ich, herausgerufen. Die Kaffeekessel müssen aus der Küche herangeschleppt werden und das Brot. Dann kommt die Verteilung im Saal, unter den Augen des Postens. Es gibt noch zwei kleine Säle auf unserer Etage, die mit je 20 Männern belegt sind. In diesen Sälen gibt es große Kübel zum Pinkeln, die wir jeden Morgen holen, leeren und spülen müssen. Nach dieser Arbeit wird eimerweise Wasser über den langen Flur geschüttet und mit Aufwischlappen wieder aufgenommen. Morgen für Morgen und jeden Nachmittag. Nachdem wir mittags die 80-Liter-Kessel aus der Küche zum Gang an die Ausgabestelle getragen und hingestellt haben, warten wir, bis der Inhalt sich gesetzt hat. Es dauert eine Weile, bis sich das Gemüse und die Kartoffeln in der riesigen Wassermenge auf den Boden gesenkt haben. Dann fahren wir ganz behutsam mit der langen Kelle an der Kesselwand entlang bis auf den Boden, ziehen langsam die Kelle, immer an der Wand bleibend, herum und heben sie vorsichtig wieder nach oben. Sie ist nun bis zum Rand voll mit Kartoffeln und Kohl. In den ersten Tagen schlinge ich drei Blechschüsseln davon hintereinander in mich hinein. Das sind je Mahlzeit sechs Liter. Und eine weitere volle Schüssel stelle ich mir für den Abend weg. Danach bin ich nicht mehr ausgehungert und gehe zu normalen Portionen über. Ich kann auch ab und zu Dr. Joachim Brot zustecken oder eine Schüssel Suppe geben.

Alle Wachen, die auf diesem Flur Dienst haben, kennen mich bald, und die Gefahr, wieder eingesperrt zu werden, ist gering. Hoffentlich holt mich niemand von der Gestapo zum Verhör ab, denke ich jeden Morgen. Die Beamten hier unten benehmen sich mir gegenüber recht anständig. Sie geben mir gelegentlich Zigaretten und auch schon mal eine Zeitung. Wenn die Sirenen ertönen, werden wir wieder eingeschlossen, die Wachleute begeben sich in den Luft-schutzkeller.

Eines Abends erfahre ich, als ich wieder nach der Arbeit in unserem Saal bin, daß noch in derselben Nacht ein Ausbruch stattfinden soll. Fast alle Männer packt fieberhafte Unruhe. Sie stehen in kleinen Gruppen zusammen, flüstern und tuscheln miteinander. Es sind einige Russen, die erst vor wenigen Tagen eingeliefert wurden, von denen der Fluchtplan ausgeht. Er spricht sich in Windeseile herum. Sobald die Sirenen anfangen zu heulen, soll es losgehen. Während des Lärms, so erklärt mir ein Holländer, wenn die Bomben herunter-rauschen, bersten, detonieren, wenn die in der Nähe stationierten Flugabwehrkanonen anfangen zu bellen und zu knallen, wollen die Russen die kleine, eiserne Tür an der Wand zum Hof aufbrechen. Dafür wollen sie eine der schweren stabilen Pritschen als Rammbock benutzen. An der Außenwand des gegenüberliegenden Gebäudes ist eine schmale Feuerleiter, die bis zum Dach hochgeht. Dort hinauf und über die Dächer soll der Fluchtweg führen.

Während der Schilderung wird mir schon klar, daß ich große Probleme habe. Mir ist bereits kotzübel, als ein stämmiger, breit-schultriger Russe, der zu den Neuankömmlingen gehört, auf mich zukommt und sich breitbeinig vor mir aufbaut. Er faßt mit beiden Händen das Vorderteil meiner Jacke und zieht mich dicht zu sich heran, sieht mir dabei unbewegt in die Augen und sagt mit kehliger Stimme in gebrochenem Deutsch: »Wenn du mich verpfeifst, schlagen wir dich tot, verstanden? Schlag nicht an die Tür, panimaiesch?« Er schubst mich von sich, läßt meinen Kragen los, fährt mit dem Zeigefinger über seinen Kehlkopf und macht drohend: »Krrrr«. Dann zieht er ab. Ich streiche den Stoff meiner Joppe glatt und nicke, ohne ein Wort herauszukriegen. Der Russe kommt noch einmal zurück und sagt: »Wenn wir draußen sind, kannst du auch kommen«, und zieht endgültig mit den Händen in den Hosentaschen ab.

Mir wird heiß und kalt. Wenn es den Leuten gelingen sollte auszubrechen, stelle ich mir vor, werden die Aufseher mich zur Verantwortung ziehen, ich habe schließlich ihr Vertrauen. Ich selbst hätte viel zu viel Angst, die Leiter bis zum dritten Stock hochzuklettern. Mein Kalfaktorkollege scheint sich überhaupt keine Sorgen zu machen, er steht bei seinen Landsleuten und diskutiert fleißig mit. Ich bin sehr aufgeregt und hoffe nur, daß es keinen Fliegeralarm geben möge. Umsonst.

Gegen Mitternacht beginnt der Luftangriff. Kurz nach dem auf- und abschwellenden Sirenenton ballern die ersten Kanonenschüsse los. Dann folgen Krachen, Bersten, Donnern, eine fast ununterbrochene Kette von Explosionen. Wenn in anderen Nächten die Bomber angreifen, ist es auch nicht anders, nur kümmert man sich nicht darum, sondern versucht zu schlafen. Der Saal wird in kurzen Abständen durch das Mündungsfeuer, dessen Licht durch das schmale Fenster hereinfällt, blitzartig erhellt. Schattenhafte Figuren huschen kreuz und quer. Dr. Joachim scheint der einzige zu sein, der von dem geplanten Ausbruchsversuch nichts mitbekommen hat, er liegt auf einer Pritsche und schnarcht. Diese Pritsche ist eine der wenigen, über der nicht noch eine oder zwei weitere hochgebaut sind, deshalb soll gerade sie als Ramme dienen. »Los, aufstehen, dawei, dawei«, ruft einer der vier Russen, die um Joachim herumstehen, ihm ins Ohr und versucht, ihn wach zu bekommen. Er hört nichts, schläft wie ein Murmeltier. Als es ihnen zu bunt wird, heben sie die Pritsche hoch und kippen sie zur Seite. Joachim knallt auf den Boden, zappelt mit Armen und Beinen, weiß nicht, wo er ist und was mit ihm geschah. Die Umstehenden lachen.

Zwei Mann klemmen nun das schwere Holzgestell unter den Arm, rennen in Richtung Tür, halten einige Meter davor, holen tief Luft, nehmen Anlauf und donnern mit der Ramme gegen das Türschloß. Nichts, die Tür gibt nicht nach. Wieder zurück und neuer Anlauf, immer gleichzeitig mit dem Ballern der Flak. Das Schloß fängt an zu wackeln. Die umherstehenden Russen feuern an, verhalten, nicht zu laut, in schneller werdendem Rhythmus. Noch ein letzter kräftiger Stoß und die Tür geht auf.

Die ersten Russen hetzen über den Hof zur Feuerleiter. Der erste erreicht die untere Sprosse, rast die steile Treppe hinauf. Der zweite klettert hinterher, der dritte rennt über den Hof, während Stimmen laut werden, Kommandorufe ertönen, Trillerpfeifen schrill den Lärm durchdringen, Schüsse aufpeitschen und in der Enge des Hofes widerhallen. Der Ausbruch ist mißglückt. Die beiden Russen auf der Leiter werden angeschossen, schreien auf und humpeln zurück. Der dritte wirft die Arme in die Luft und ergibt sich. Die Türöffnung wird von Polizisten besetzt, Karabiner im Anschlag. Gleichzeitig wird die Tür zum Gang aufgeschlossen. Mit Gewehrkolben, Feuerhaken, Spaten und Schaufeln werden wir auf den Gang getrieben. Wer nicht schnell genug rennt oder in eine Stockung gerät, bekommt Tritte und Schläge auf den Schädel und ins Kreuz. Wir fegen den Gang entlang, die Wendeltreppe hoch bis zur ersten Etage.

»In vier Reihen aufstellen«, brüllt wutschnaubend ein Polizist. Die Häftlinge sehen sich stumm an, einige befühlen ihren Hinterkopf und betrachten ihre Finger, ob sie blutig sind. Es dauert einige Zeit, bis wir uns in vier Reihen hintereinander aufgestellt haben. Ich stehe in der letzten Reihe, hinten an der Wand. In meinem Kopf dreht sich ein Karussell. Jetzt werden sie gleich die Kalfaktoren rausrufen, denke ich angsterfüllt, und dann ist es aus.

»Ihr werdet alle erschossen«, schreit ein SS-Offizier und rennt an der ganzen Reihe entlang, hin und her. Zunächst kann ich nur seine Mütze mit dem glänzenden Totenkopf erkennen. »Die Hände an die Hosennaht«, donnert er zitternd vor Wut und tritt einige Schritte zurück. Nun kann ich ihn besser sehen. Er öffnet mit der linken Hand die Pistolentasche, nimmt die Waffe heraus, tritt wieder vor und stößt einem Mann in der ersten Reihe, dessen Kopf blutet, den Lauf gegen die Brust. Dieser kippt nach hinten, die drei Männer hinter ihm fallen um und werden erst von der Wand aufgehalten.

»Wollt ihr wohl Haltung annehmen, ihr Sauhunde«, bellt der SS-Mann uns an und fährt mit sich überschlagender Stimme fort:»Ihr kriegt so lange nichts zu fressen, bis ihr umfallt.« Er steckt die Pistole in das schwarze Lederfutteral zurück, zieht mit beiden Händen den Uniformrock straff und marschiert mit schnellen Schritten und strammer Haltung davon.

Langsam weicht die Angst, der Kloß in meinem Hals löst sich allmählich auf. Es scheint besser auszugehen, als es am Anfang aussah. Ein Trupp Polizisten, alle mit Gewehren bewaffnet, kommt im Eilschritt angelaufen und eskortiert uns zu einem anderen, sehr kleinen Raum.»Marsch, rein, weiter«, die Polizisten drücken uns mit ihren Karabinern durch die enge Tür. Wir drängeln, schieben, stoßen uns gegenseitig vorwärts. Es ist so wenig Platz, daß wir fast ersticken. Von außen stemmen sich die Beamten mit ihren Körpern gegen die Tür, bringen sie endlich zu und schließen uns ein. Wir können uns nicht bewegen, kaum atmen und müssen regungslos stehenbleiben. Es ist eine qualvolle Nacht, die kein Ende nehmen will. Endlich, am nächsten Vormittag, wird wieder aufgeschlossen. Wir quellen heraus, schütteln uns, hopsen auf der Stelle, bewegen uns, um die eingeschlafenen, kribbelnden Glieder wieder durchbluten zu lassen. Man führt uns wieder in unseren alten Saal zurück. Die Türöffnung wurde inzwischen zugemauert.

»Kalfaktoren raus.« Der Wachtmeister hat beide Hände an den Mund gelegt und schreit es in den Raum hinein, um sich Gehör zu verschaffen. Ich schiebe mich durch die Menschenmenge, der Russe kommt von der anderen Seite, wir gehen hinaus auf den Flur. Ich schwitze Blut und Wasser und bin sicher, daß man uns nun bestrafen wird. Meine Handflächen werden feucht, kalter Schweiß bricht aus. Der Mann in der grauen SD-Uniform sieht uns streng an und fragt vorwurfsvoll, während er mich ansieht, warum wir den geplanten Fluchtversuch nicht sofort gemeldet hätten.

»Man hätte uns auf der Stelle totgeschlagen«, sage ich ihm wahrheitsgemäß,»wenn wir auch nur den Versuch gemacht hätten.« Ich schlucke ein paarmal und rede dann weiter:»Solange wir abends mit den anderen Gefangenen eingeschlossen werden, können Sie beim besten Willen nicht von uns verlangen, daß wir so etwas melden.« Ich sehe meinem Gegenüber fest in die Augen und merke an seinem Gesicht, daß er mir zustimmt.

Am gleichen Nachmittag werden wir in eine Kalfaktorenzelle eingewiesen. Was wir hier vorfinden, ist schon fast das Schlaraffenland: einen Raum mit zwei eisernen Bettgestellen, mit Matratzen, Laken, sauber bezogenen Kopfkissen und bezogenen Decken, einem Tisch und vier Hockern. Die Tür steht vom Morgen bis zum Schlafengehen offen. In der Kleiderkammer erhalten wir alte, aber saubere, ockerfarbige Polizeisommeruniformen, die wir alle paar Tage wechseln können. Unsere eigenen Sachen werden desinfiziert. Ein Wachtmeister bringt mir Graue Salbe, womit ich meine Läuse ausrotten kann. Wir dürfen die Dusche benutzen und finden in unserer Zelle Rasierzeug und Seife vor.

Das Arbeitsgebiet bleibt das gleiche, die unteren Säle und der lange Gang. In der Küche habe ich bald Freunde, andere Gefangene, die mir Delikatessen zustecken: gekochte Eier, rohe Mohrrüben oder Brot mit Marmelade. Mein körperlicher Zustand bessert sich sehr schnell und auffallend. Ein Beamter, der mir seine Stiefel zum Wienern gibt, ruft mir belustigt hinterher:»Mensch, Junge, du kriegst ja'n Kopp wie'n Ballon.«

Sobald es Fliegeralarm gibt, fahren wir mit dem Fahrstuhl hinunter in den Luftschutzkeller. Dort warten wir zusammen mit SS-Offizieren, Gestapobeamten, SD-Wachen und den höchsten Bonzen des Präsidiums auf die Entwarnung. Mir ist gar nicht wohl dabei. Ich gebe mir Mühe, mich so unsichtbar wie möglich zu machen, verstecke mich in den Ecken und bekomme eine Gänsehaut bei dem Gedanken, daß man entdecken könnte, wer ich bin.

Durch die Kalfaktoren der anderen Abteilungen versuche ich etwas über meinen Vater oder die anderen Freunde zu erfahren. Vergeblich, niemand hat je von ihnen gehört. Joachim ist noch in dem großen Saal. Ich mache ihm klar, daß er versuchen soll, beim Essenempfang als letzter in der Reihe zu stehen, so daß ich ihm dickere Suppe und ein größeres Stück Brot geben kann.

Die Tage gehen jetzt schnell um. Es ist bereits Mitte April 1945, und das Gefängnis wird immer leerer. Die Leute, die man aus den Zellen und Sälen ruft, werden entlassen, raunt man sich zu. Alle Kalfaktoren werden eines Tages nach dem Mittagessen in den Hof geführt. Seit vielen Wochen ist es das erste Mal, daß ich an die Luft komme. Blauer Himmel, warme Sonne, an deren Helle ich mich erst gewöhnen muß. In dem großen Hof stehen Holzkisten, Pappkartons und Körbe, bis zum Rand gefüllt mit Leitzordnern, Aktendeckeln, Schnellheftern, Dokumenten, Unterlagen, Papieren. Wir müssen alles verbrennen. Immerzu wird neues Papiermaterial von Kalfaktoren herangeschleppt. Berge türmen sich auf. Es brennt lichterloh, knistert, die Flammen bekommen laufend neue Nahrung. Mit Spaten und Schippen drehen wir die angekohlten, schwelenden Akten ständig um, schütteln sie durcheinander, damit sie weiterbrennen können. Es qualmt, der Rauch beißt in den Augen. SS-Leute kommen von Zeit zu Zeit, inspizieren, stochern in den Haufen herum und werfen selbst Stöße voller Akten in die Glut. Die Verbrennungsaktion dauert bis zur Dämmerung. Um die noch glühenden Aschenberge zu löschen, begießen wir sie aus einem langen Wasserschlauch. Ich hoffe sehr, daß auch unsere Unterlagen dabei sind und als Ascheflokken in der Gegend herumfliegen.

18. April 1945. Die Essenausgabe ist beendet, die Suppenkessel sind bereits in der Küche, Wasser ist in die Eimer gefüllt, und ich stehe bereit, um den Flur aufzuwischen. Da kommt der SD-Mann, der um diese Zeit Dienst hat, auf mich zu und ruft schon von weitem: »Kalfaktor, du wirst noch heute entlassen.«

»Meinen Sie das wirklich«, frage ich ihn ganz aufgeregt, »oder sagt man das nur so? Vielleicht knallt man uns draußen ab?«

»Nein, bestimmt nicht. Du kannst dich drauf verlassen. Du wirst noch heute frei sein.«

»Kommt Joachim auch mit?« frage ich neugierig.

»Nein«, er schüttelt den Kopf, »der wurde vorhin mit dem Wagen abgeholt. Wahrscheinlich Oranienburg.« Der Mann dreht sich achselzuckend um und geht fort. Nach einigen Schritten macht er halt, wendet sich erneut an mich und ruft: »Zieh deine eigenen Klamotten wieder an und gib die alte Uniform in der Kleiderkammer ab. Bleib danach oben in deinem Zimmer.«

Ich flitze hoch, ziehe mich um, liefere die ockerfarbige Uniform ab und verabschiede mich von meinen zurückbleibenden Kalfaktorkollegen. »Ihr werdet morgen ganz bestimmt auch rauskommen«, sage ich tröstend, »was sollen die sonst mit euch machen.«

Trotz der Skepsis, die ich nicht ganz loswerden kann, glaube ich mehr und mehr, daß der Wachmann mir die Wahrheit gesagt hat. Es vergehen noch einige Stunden, bis es endlich soweit ist. Ein Polizist holt mich ab und bringt mich in das Hauptgebäude. Ungefähr 20 Männer stehen schon in der Eingangshalle und warten. Ich soll mich dazu stellen. Die Männer sprechen alle deutsch und sehen sauberer und gepflegter aus als die, mit denen ich bisher zusammen war. Auf meine Frage antwortet mir einer, daß sie alle in den Aufstand vom 20. Juli verwickelt gewesen seien. Keiner weiß so recht, was mit uns geschehen wird. Viele meinen, daß wir entlassen werden. Nach mir wird keiner mehr gebracht, ich bin der letzte, der zu der Gruppe stößt.

Nach einer Weile erscheint ein SS-Mann mit einer Liste und ruft jeden von uns namentlich auf. Der Aufgerufene muß sich zur Seite stellen. Als er alle Namen der Liste abgehakt hat, ruft er meinen Namen noch einmal auf. Ich trete vor. Der SS-Mann holt einen Polizeibeamten herbei, der in der Nähe steht und mir nun die Arme auf den Rücken zerrt, um mich an den Handgelenken zu fesseln. Nur mich, die anderen bleiben davon verschont. Meine Hoffnung auf Freilassung zerplatzt wie eine Seifenblase. Im Gegenteil, ich werde schlimmer behandelt als die Verschwörer des 20. Juli. Wir müssen uns zu zweit aufstellen, ich bilde allein den Schluß. Angeführt von zwei Polizisten mit umgehängten Karabinern setzt sich der kleine Zug durch das Eingangsportal in Bewegung. Rechts und links neben mir marschiert jeweils ein Polizist mit über die Schulter gehängtem Gewehr.

Niemand weiß, wo es hingehen wird. Autos, die uns abtransportieren können, sind nicht zu sehen. Warum soll man uns auch in ein anderes Gefängnis bringen? Uns aus Berlin hinauszufahren, ist kaum noch möglich, da die Russen schon am Stadtrand sind. Wenn man mich ins KZ Sachsenhausen bei Oranienburg bringen will, hätte man mich mit Joachim zusammen fortgeschickt. Man wird uns sicher irgendwo abknallen. Vielleicht sollen wir vorher noch unser Grab schaufeln, sonst hätten wir auch auf dem Hof umgelegt werden können. Die Angst kommt mit Riesenschritten, kriecht in mir hoch und schnürt mir die Kehle zu.

Ich latsche willenlos hinter meinen zwei Vordermännern her. Wir überqueren den Hackeschen Markt und kommen in die Gegend, in der ich zur Schule gegangen bin. Von der Oranienburger Straße biegen wir rechts in die Große Hamburger Straße ein und halten vor dem ehemaligen jüdischen Altersheim. Einer der beiden Schupos an der Spitze des Zuges klingelt. Das große Holztor wird geöffnet, wir marschieren hinein. Hinter uns wird das Tor verriegelt, und wir müssen auf dem Pflaster der Einfahrt stehenbleiben. Eine Gruppe von SS-Leuten steht uns gegenüber. Der Polizist übergibt einem von ihnen die Liste. »Herman, Eugen Israel, vortreten.« Ich bin der erste, der aufgerufen wird. Der Polizist, der mir die Handschellen angelegt hat, schließt sie auch wieder auf. Einer der SS- Männer tritt auf mich zu, greift mich wie ein Karnickel hinten am Kragen, wartet einen Augenblick, bis derjenige mit der Liste laut sagt »Bunker Null«, und schiebt mich einige Schritte vor sich hin bis zu einer Kellertreppe. Hier läßt er mich los, geht die schmale Steintreppe voran und bedeutet mir, ihm zu folgen. Die Treppe ist eng und niedrig, wir müssen beide den Kopf einziehen. Wir laufen durch einen schmalen Gang, dessen nasse, schimmlige Wände durch eine schummrige Birne dürftig erhellt werden, durch Pfützen, über festgetretenen Sandboden geht es noch einige Stufen tiefer. Es wird noch dunkler, noch niedriger, noch enger. Der SS-Mann schaltet eine Taschenlampe ein, schließt ein Vorhängeschloß auf, öffnet eine knarrende Lattentür, stößt mich hinein und schließt sofort wieder zu.

Es stinkt wie die Pest. Ich stehe regungslos und versuche, in der Dunkelheit etwas zu erkennen. Es scheint unmöglich. Rechts und links von mir höre ich Atemgeräusche und leises, unverständliches Gemurmel vom Boden. Es sind also noch mehr Menschen hier. Um mich an die Finsternis zu gewöhnen, bleibe ich eine längere Zeit unbeweglich an der Tür stehen. Als ich dann vorsichtig den ersten Schritt machen will, stoße ich an einen menschlichen Körper, murmele »Verzeihung«, will zur Seite ausweichen und fühle wieder einen Körper am Boden liegen. An beiden Seiten klirren Ketten, einige Augenblicke Ruhe, dann wird das Kratzen von Fingernägeln hörbar und kurzes, kaum vernehmbares Fluchen. Meine Augen haben sich, so gut es geht, an das Dunkel gewöhnt. Durch die Holzlattentür scheint trübes Licht der Glühbirne, die ganz hinten am Ende des schmalen Flurs hängt. Der Raum ist vier bis fünf Meter lang, etwa drei Meter breit und sehr niedrig. Ich kann nicht aufrecht stehen und hocke mich auf den Boden. Mit einem Mal bewegt sich vor mir ein gebückter Körper, Ketten rasseln, kurze Schritte schlurfen ruckweise vorwärts. Die Figur bleibt geduckt neben mir stehen, stößt mit dem Schuh an Blech, Flüssigkeit schwappt über, klatscht auf den

Boden und spritzt herum, auf meine Hand und ins Gesicht. Ich kann erkennen, wie der Mann neben mir mit gefesselten Händen an seiner Hose hantiert und in einen kleinen, schon vollen Gurkeneimer pinkelt. Ich rücke zur Seite, will den Spritzern entgehen und stoße wieder an die liegende Gestalt neben mir, die sich ein wenig weiterschiebt, um mir Platz zu machen. Dabei werden wieder Ketten hörbar. Ich stelle fest, daß mein Nachbar an Händen und Füßen mit breiten, schweren Eisenringen gefesselt ist. Außerdem verbindet eine dicke Kette Hand- und Fußfesseln. Solche eisernen Ringe und Ketten habe ich noch nie gesehen. Allmählich kann ich die Umrisse von weiteren acht oder neun Männern ausmachen. Sie sitzen alle vornübergebeugt. Dieses Verlies ist mit allem, was ich vorher kennengelernt habe, nicht zu vergleichen. Das hier ist tiefstes Mittelalter. Hier fragt mich kein Mensch, wer ich sei oder warum man mich hierher gebracht habe. Niemand spricht, jeder versucht sich zu kratzen. Das Geräusch der scheppernden Kettenglieder, das Kratzen der Fingernägel auf der Haut, kurzes stoßweises Atmen, ab und zu ein paar russische Wortfetzen, das sind für Stunden die einzigen hörbaren Laute. Irgendwann wird die Tür einen Spalt geöffnet und für jeden ein Freßnapf hereingeschoben. Da ich der Tür am nächsten sitze, gebe ich die Schüsseln weiter. Ich kann das Essen nicht herunterkriegen und biete es dem Nachbarn an. Er trinkt die Hälfte, rülpst und reicht den Rest dem nächsten. Alles geht völlig still vor sich, gespensterhaft. Später wird noch einmal aufgeschlossen, um die Schüsseln abzuholen und den vollen Eimer herauszutragen, wobei der Inhalt mehrmals überschwappt.

In stumpfsinniger Angst vergeht ein Tag nach dem anderen. Dann werden zum ersten Mal einige herausgeholt, kommen nicht mehr zurück. Neue Gefangene werden nicht eingeliefert. Die Optimisten denken an Entlassung, die weniger Zuversichtlichen an Erschießen. Einer will wissen, daß in der Nähe ein Steinbruch sei, in dem wir arbeiten müssen. Schließlich sind wir nur noch drei Mann im Bunker. Seit dem Abmarsch vom Gefängnis sind fünf Tage vergangen.

Es ist der 23. April – mein 19. Geburtstag –, als ein SS-Mann das Schloß öffnet und ruft: »Herman, mitkommen.« Das Wasser steht stellenweise knöcheltief auf dem engen Gang und spritzt mir ins Gesicht, wenn mein Vordermann mit seinen Stiefeln hineinklatscht. Es geht die schmalen, niedrigen Treppen hinauf bis zur Toreinfahrt.

Dort erwartet mich ein SS-Offizier in eleganter Uniform, wie aus dem Ei gepellt, mit blankgeputzten Schaftstiefeln. Er trägt einen gelben Aktendeckel unter dem Arm. Der Posten, der mich hergebracht hat, knallt die Knobelbecher zusammen, streckt den rechten Arm hoch zum »deutschen Gruß«, macht kehrt und verschwindet hinter einer Tür. Der SS-Offizier und ich sind allein in der hohen Toreinfahrt. Er blättert in aller Ruhe in der Akte, liest einige Stellen scheinbar sehr sorgfältig, schlägt dann den Pappdeckel zu, sieht mich an und fragt:»Herman?«

Ich nicke.

»Vorname?«

»Eugen.«

»Israel.« Das Wort kommt wie ein Peitschenschlag. Ich nicke schnell und zustimmend. Er ist einen Kopf größer als ich und sieht mich von oben bis unten an, blasiert und hochnäsig. Er geht einige Schritte zu dem großen Holzportal und schließt eine kleine Tür, die dort eingelassen ist, auf. Dann kommt er zurück, nimmt mich bei der Schulter, dreht mich in Richtung der offenen Tür und gibt mir einen gewaltigen Schlag auf den Rücken. Ich stolpere über die Holzschwelle, behalte aber das Gleichgewicht und komme auf der Straße zum Stehen. Die Holztür ist schon wieder ins Schloß gefallen, als ich nach rechts, dann nach links in die menschenleere Große Hamburger Straße blicke.

Ein neues Leben und eine kurze Karriere

Ich bin frei. Für Freudensprünge ist keine Zeit, auch nicht zum Nachdenken, gerade nur zum Tief-Luft-holen. Ich muß zusehen, daß ich irgendwo unterschlüpfen kann, bis die Russen ganz Berlin besetzt haben. Meine Lage ist sehr heikel. Ich trage keine Uniform, habe keinen Ausweis, keine Entlassungspapiere, sondern mache einen verwahrlosten, heruntergekommenen Eindruck.

Der Himmel ringsum ist rot. In der Nähe grollt und donnert es, hin und wieder knattern Maschinengewehrsalven, brummen Flugzeuge, schlagen Granaten ein. Es riecht nach Brand, die Luft läßt die Augen tränen, kratzt im Hals. Rauchsäulen steigen hinter den Häusern auf. Ich stecke die Hände in die Taschen meiner zerrissenen, abgeschabten, verlausten Joppe, laufe bis zur nächsten Straße und schiele um die Ecke. Ich laufe weiter bis zur Königstraße, überall riesige Trümmerhaufen, Häuser, deren Mauern noch stehen, aber ohne Fensterscheiben, ohne Dächer. Ich halte an, verschnaufe in einem Hausflur und überlege.

Mir fällt Onkel Willi ein, der in der Reichsbank arbeitet. Vielleicht kann ich ihn dort finden. Die Bank ist nicht weit, in der Nähe vom Schloßplatz. Ich lasse mir keine Zeit, eile im Dauerlauf weiter. Von weitem sehe ich die breite Einfahrt zu der unterirdischen Garage an der Seite des langgezogenen Gebäudes. Viele Menschen, meist Frauen, Kinder und alte Leute drängen sich in der Einfahrt zu den Eingängen der Luftschutzräume. Ohne anzuhalten, renne ich weiter, in die Menge hinein, zwänge mich durch die Masse, stoße, schiebe mich vorwärts, bin Sekunden später untergetaucht, verschwunden, arbeite mich rücksichtslos weiter durch. In einer Halle treffe ich auf einen Mann, der so aussieht, als könne er zum Haus gehören. Ich frage ihn nach meinem Onkel.

»Immer gradeaus, die sechste oder siebte Tür auf der rechten Seite. Name steht draußen dran.«

So ein Glück. Tatsächlich, da steht doch groß und deutlich »Willi Bremeyer«. Ich drücke die Klinke und trete ein.

Heute ist mein 19. Geburtstag, der Tag, an dem ich freigekommen bin, ein Geburtstag im wahrsten Sinne des Wortes und eine Entlassung, wie sie unglaublicher kaum sein kann, geht mir durch den Kopf, bevor ich Onkel Willi und Tante Grete inmitten zahlreicher Kisten und Kartons, zwischen Truhen und Paketen sitzend, vorfinde. Wie die Ölgötzen mit offenem Mund und ungläubigem Blick in den aufgerissenen Augen blicken sie mich an. Ich muß ihnen wie ein Gespenst, wie ein Spuk vorkommen. Sie können kein Wort herausbringen.

Auf einer der herumstehenden Kisten lasse ich mich nieder und frage sie lachend:»Ja, da staunt ihr, was?« Ich ziehe meine Joppe aus und lasse sie auf den Boden fallen. »Ich bin voller Läuse und Flöhe, bleibt mir besser vom Leib. Wenn Onkel Willi mir erst mal sein Rasierzeug geben würde und Wasser. Na, nun kommt mal wieder zu euch.« Onkel Willi erhebt sich von seinem Stuhl, sagt kein Wort, geht kopfschüttelnd nach draußen, kommt mit einer Emailleschüssel voll Wasser zurück und nimmt Rasierzeug aus einem Schrank. Hinter einem hohen Holzkasten ziehe ich mich aus, seife mich ein und rasiere alle Haare ab, um als erstes die Filzläuse loszuwerden. Dabei erzähle ich den beiden, wie ich am Vormittag aus dem Kerker hinausgeschmissen wurde. Meine übrigen Kleidungsstücke werfe ich auf die Joppe und knülle sie zu einem Bündel zusammen. Onkel Willi gibt mir Sachen von sich zum Anziehen. Mein Zeug nimmt er mit spitzen Fingern und schmeißt es auf dem Flur in eine Mülltonne.

»Nein sowas, daß du wieder da bist.« Tante Grete kann sich kaum beruhigen. Sie fällt mir um den Hals, bricht in Tränen aus und sagt unter anhaltendem Weinen: »Und dein lieber Papa ist tot.« Sie erzählt dann stockend, daß sie im Februar ein Schreiben der Polizei am Alexanderplatz erhalten habe. Mein Vater sei Mitte Dezember 1944, also schon einige Tage nach unserer Verhaftung, verstorben, Ursache unbekannt. Sie seien mit dem ganzen Kram, den sie mitbringen konnten, in den letzten Wochen hierhergezogen. Sie fühlten sich, halb unter der Erde in diesem ehemaligen Aufenthaltsraum für Kraftfahrer, doch sicherer als in ihrer Wohnung in der Maxstraße.

Draußen knallt und kracht es. Ich komme nicht zum Nachdenken, habe keine Zeit zur Trauer. Ich muß mich noch immer versteckt halten und verlasse diese Bleibe nicht.

Zwei Tage später besetzt die Rote Armee das Gelände der Reichsbank. Das ist meine Befreiung. Die Granateinschläge verstummen, kettenrasselnde Panzer sind in unmittelbarer Nähe zu hören, und ich kann russische Wörter vom Hof her vernehmen. Dann wage ich mich hinaus, steige über dutzende von verwundeten Soldaten, die zum Teil nur notdürftig verbunden sind, über hinkende Krüppel, über stöhnende Sterbende. Es ist nur spärlich erhellt hier unten. Rotkreuzschwestern laufen geschäftig hin und her, verbinden Wunden, schleppen neue Verletzte heran. Soldaten, die nicht verwundet sind, stehen herum oder sitzen in Gruppen auf dem Boden. Neben ihnen ein ganzer Berg weggeworfener Gewehre.

Ich steige einige Stufen hinauf bis zum Erdgeschoß, hier ist es menschenleer. Plötzlich geht auf dem Korridor eine Tür auf, und vor mir steht der erste Rotarmist meines Lebens. Er ist aus einer Toilette gekommen und wankt mit ausgebreiteten Armen auf mich zu. In der Linken ein Zahnputzglas voll klarer Flüssigkeit, in der Rechten eine geschälte, rohe Zwiebel, auf der Brust über der schmutzigen, olivgrünbraunen Uniformbluse hängt eine Maschinenpistole mit einem runden Magazin. Das Käppi sitzt quer auf dem kahlen Kopf. »Stoi«, ruft er, als ich erschrocken zwei Schritte rückwärts mache. Er ist besoffen und poltert: »Stoi. Du trinkst Wodka.« Ich nehme ihm das Glas ab, das er mir mit ausgestrecktem Arm hinhält, trinke einen mäßig großen Schluck von dem widerlichen Zeug und gebe ihm das Glas zurück. Er nickt zufrieden, kippt den Rest in einem langen Zug herunter und schiebt die Zwiebel direkt nach.

Als ich weitergehe, komme ich zu einer großen Halle, wo hinter einem Schreibtisch ein russischer Offizier sitzt, umringt von mehreren Soldaten. Ich gehe zu der Gruppe und erzähle dem Offizier, daß ich als Jude eingesperrt gewesen sei und die Gestapo mich freigelassen habe, kurz bevor die Rote Armee gekommen sei. Der Offizier hört zu und scheint zu verstehen. Als ich ihm sage, daß ich mich zur Verfügung stellen möchte, wenn ich etwas tun könne, winkt er ab, reißt ein Stück Papier von einem Block, kritzelt mit einem Füller einige Sätze darauf und hält es einem Soldaten hin, der neben ihm steht. Dieser holt aus der Brusttasche seiner Uniformbluse einen Stempel und ein Stempelkissen hervor, knallt einen großen runden Stempel auf das Blatt Papier und gibt mir den Zettel. Ich weiß zwar nicht, was darauf steht, bedanke mich aber. Die Russen wenden sich ab und kümmern sich nicht weiter um mich.

Ich verziehe mich eine Etage höher und sehe dort auf einem Flur mehrere kleine, vergitterte Wägelchen, zum Teil vollgepackt mit Geldnoten. Ich rolle einen dieser Geldwagen vor mir her. Rechts und links stehen schmale graue Metallspinde mit Vorhängeschlössern. Ein Russe knackt mit einem Brecheisen die Schlösser und öffnet die Türen. Als ich an ihm vorbeikomme, hält er mich an und fragt etwas auf russisch. Ich verstehe kein Wort, zeige ihm nur meinen Zettel mit dem Stempel. Er liest den Text durch, nickt dabei mit dem Kopf, drückt mir das Brecheisen in die Hand und haut ab. Beim Weggehen zeigt er auf mein Geldwägelchen und sagt geringschätzig: »Deutsches Geld Dreck.« Ich stimme ihm zu und versetze dem Gefährt einen kräftigen Stoß, so daß der Karren weit wegrollt.

Jetzt öffne ich mit dem Brecheisen eine Tür nach der anderen. Die Schränke sind voll mit Kleidungsstücken, die fein säuberlich auf Bügeln hängen: Anzüge, Kleider, Pelze, Mäntel. Ich probiere vieles an. Was mir nicht paßt oder nicht gefällt, werfe ich zurück. Ich kleide mich komplett ein, nehme, soviel ich tragen kann, mit hinunter zu meiner Tante und bringe ihr Pelze und Kleider, die sie in ihre schon prallen Koffer stopft. Keiner hindert mich an meinem Tun.

Am nächsten Tag verlasse ich schon früh Onkel und Tante in der Reichsbank und mache mich auf die Suche nach Günther Gerson. Bevor wir uns in der Iranischen Straße getrennt hatten, nannte er mir eine Adresse in Tempelhof, wo ich ihn wahrscheinlich treffen würde, wenn wir mit dem Leben davonkommen sollten. Weiter als ein paar hundert Meter komme ich nicht, dann werde ich von einem russischen Soldaten angehalten, der mir eine Schippe in die Hand drückt und mich mit den Worten »Rabota, Rabota« auffordert, den Schutt beiseite zu räumen. So geht es allen, die sich auf die Straße trauen. Aber mein Zettel wirkt Wunder. Der Russe wirft nur einen Blick darauf, nimmt mir die Schippe wieder ab und drückt sie dem Nächsten in die Hand.

Die meisten Straßenzüge liegen in Schutt und Asche. Ich muß über Berge voll Geröll steigen und durch Bombentrichter klettern, um weiterzukommen. Pferdekadaver liegen herum, verwesen, stinken. Zerlöcherte Panzer sperren den Weg. Ein russischer Jeep hält an, ein Offizier mit grasgrünen Leinenstiefeln steigt aus und fragt mich etwas, das ich nicht verstehe. Ich halte ihm meinen Zettel unter die Nase. Der Russe liest, grinst und sagt: »Och a Jidd«, klopft mir auf die Schulter und fährt weiter. Es gibt aber auch Russen, die von meinem Zettel nicht beeindruckt sind und mich schippen lassen. So brauche ich viele Stunden, um vom Schloßplatz nach Tempelhof zu gelangen.

Schließlich finde ich Gerson. Er blieb im Bunker eingesperrt, bis die Russen das Krankenhaus besetzt hatten. Als ich ihn in dem Haus aufspüre, hat er eine leerstehende Wohnung aufgebrochen und sich dort niedergelassen. Ich bleibe bei ihm. Er erzählt mir, daß man Dobberke gleich nach dem Einmarsch der Russen in Zivilklamotten mit aufgenähtem Judenstern in einer Rot-Kreuz Stelle aufgegabelt haben soll.

Wir gehen zusammen zur Kommandatura in Tempelhof, wo auch Gerson einen Papierfetzen erhält, handgeschrieben und mit großem runden Stempel. Die Russen lassen uns in ihrer Kantine essen, soviel wir wollen. Wir sollen ihnen nur Nazis abliefern.

Ich möchte gern den vier Schwestern aus der Belle-Alliance-Straße 31, die uns immer den Stürmer unter die Nase gehalten haben, einen Schreck einjagen. Ich bitte deshalb einen Russen, mit einem Lastwagen mitzukommen. Wir fahren zur Belle-Alliance-Straße. Das Haus Nummer 31 wurde schon im Januar 1944 total zerstört, aber ich lasse trotzdem davor halten. Vielleicht habe ich Glück und finde die alten Weiber in der Nähe. Im unbeschädigten Nebenhaus klopfe ich an und frage nach den Schwestern Menges. Ich habe Glück, sie wohnen direkt gegenüber. Mit den Füßen bummere ich gegen ihre Tür, trete das Türblatt ein und brülle in den dunklen Gang:»Kommt raus, ihr verfluchtes Nazipack, ihr alten Jungfern, ihr Zimtzicken, los, raus.« Eine nach der anderen kommt, duckt sich, huscht verängstigt an mir vorbei, stolpert die paar Stufen hinunter und rennt auf die Straße. Der Russe sieht die vier alten, verhutzelten, schwarzgekleideten Weiber, krümmt sich vor Lachen, winkt abwehrend mit beiden Händen und scheucht sie wieder zurück. Einen Augenblick lang genieße ich den Anblick und die Angst der zitternden Jammerfiguren, dann kann auch ich nicht anders als lachen und treibe sie händeklatschend wie Hühner ins Haus und durch die zersplitterte Tür in ihre Wohnung zurück. Der letzten versetze ich einen Tritt in ihren abgemagerten Hintern und schreie ihnen hinterher:»Heut wollte ich nur sehen, wo ihr haust, ihr Naziweiber. Morgen komm ich wieder, und dann geht's ab nach Sibirien.« Damit sind meine Rachegelüste erst einmal verpufft. Wir fahren mit leerem Lastwagen zurück.

Am Paradeplatz in Tempelhof stehen Russen und beschlagnahmen Fahrräder, Günther Gerson und ich helfen ihnen dabei. Wer keine Genehmigung hat, muß das Fahrrad abgeben. Kaum jemand weiß, daß man eine Erlaubnis bekommen kann, doch hilft auch sie oft nichts. Die Verhandlungen führen wir.»Na, los, heb deinen Arsch schon runter. Ich zähl bis drei. Eins, zwei...« Die Russen haben uns ihre Maschinenpistolen umgehängt und amüsieren sich.

»Aber ick hab doch ne Jenehmigung, da kiek doch.« Der Mann sieht mich wütend an.

Aber sein Rad ist zu schön, es funkelt und glitzert, hat einen Dynamo, Lampen vorne und hinten, einen Gepäckträger, und alles ist so gut wie neu.»Stimmt, hattste mal.« Ich zerreiße das Stück Papier in lauter kleine Schnipsel, werfe sie hoch in die Luft und beginne wieder zu zählen: »Eins, zwei ... Na los, hau ab.« Ich hebe die Maschinenpistole in die Waagerechte und grinse ihn an.

»Mann, ihr werdet ma doch nich wejen een Fahrrad erschießen.«

»Hast du ne Ahnung. Wir wurden wejen jar nischt erschossen. Los, vapiß da jetzt.« Ich werde rot vor Wut und stoße ihm den Lauf in den Bauch. Der Mann steigt endlich ab, nimmt seinen abgewetzten Ranzen vom Gepäckträger und wirft mir wutschnaubend das Rad vor die Füße.

Nach einigen Stunden haben wir 20 bis 30 Räder organisiert. Jeder sucht sich eins aus, den Rest überlassen wir den Russen. Mit unseren Fahrrädern nutzen uns aber auch die Zettel mit den eindrucksvollen Stempeln nicht viel. Meist ist die Freude nur von kurzer Dauer, bis irgendein russischer Soldat kommt und sich durch nichts davon abbringen läßt, uns das Rad abzunehmen.

Unsere Kommandatura zieht bald fort. Das große rote Schild über dem Hauseingang wird abgemacht, der rote hölzerne Ehrenbogen mit den Hammer-und-Sichel-Fähnchen und dem Stalinbild in der Mitte wird demontiert, zusammen mit Möbeln und Hausrat auf Lastwagen verladen und abgefahren. Günther Gerson hat die Befürchtung, daß uns Werwölfe eine Bombe durch das Fenster werfen, wenn wir uns hier in der Nähe wieder Russen suchen, und will unser Tätigkeitsfeld verlegen. Er weiß von einer Kommandatura in der Ackerstraße im Zentrum. Da wir keine Fahrräder haben, brauchen wir für diese Entfernung ein geeignetes Fortbewegungsmittel. Günther weiß, wo ein Auto versteckt ist.

In einem Haus an der Manfred-von-Richthofen-Straße Ecke Badener Ring ist hinter einem längst geschlossenen, kleinen Gemüseladen auf dem Hof eine Garage. Wir brechen sie auf und finden unter Strohballen, Holzwolle und Gerümpel einen dreirädrigen Hanomag. Es ist ein Pritschenwagen mit Plane. Wir schieben ihn auf den Hof. Der Anlasser leiert ein paarmal, nach einigen Startversuchen springt der Motor an. Benzin ist genügend im Tank. Wir zotteln los. Unser Ziel ist die Ackerstraße. Als wir dort in die Toreinfahrt einbiegen, hebt der Wachtposten seine Maschinenpistole und hält uns an. Wir strecken ihm unsere Zettel vors Gesicht und dürfen passieren. Als wir auf dem Hof aussteigen, nehmen uns zwei Soldaten in ihre Mitte und führen uns ab. Sie lassen sich durch unsere Papiere nicht beeinflussen, bringen uns in einen Keller und schließen uns mit anderen Gefangenen ein. Unsere Proteste nützen nichts. Wir sitzen wieder, diesmal mit Nazis zusammen.

Am nächsten Morgen läßt man uns frei, das Auto dürfen wir nicht mitnehmen.

»Die ham uns doch bloß eingelocht, weil se uff unsere Karre scharf sind«, sagt Günther auf der Straße. Ich gebe ihm recht. Unser Bedarf an Kommandatura ist gedeckt.

In der Iranischen Straße beginnt man damit, das ehemalige Jüdische Krankenhaus notdürftig wieder herzurichten. Überlebende aus Theresienstadt, die am 8. Mai 1945 befreit wurden, kommen dort an. Durch das Rote Kreuz erfahre ich, daß meine Mutter zu den Überlebenden gehört und auch Ernest Wilkan alles überstanden hat. Aber erst Ende Mai kann ich meine Mutter in der Iranischen Straße abholen. Sie hat nach der Befreiung des Lagers als Dolmetscherin für die Russen gearbeitet.

Ich hole sie mit dem Fahrrad ab, hebe sie auf die Stange und radle mit ihr in Richtung Pankow, wo ich für uns eine kleine möblierte Wohnung vorbereitet habe. Als »Opfer des Faschismus« habe ich sie von der Stadtverwaltung zugewiesen bekommen. Unterwegs wird es meiner Mutter zu unbequem, und sie setzt sich auf den Gepäckträger. Das geht so lange gut, bis ich in die Spur einer Straßenbahnschiene gerate. Bei dem Versuch, wieder herauszukommen, knickt das Hinterrad ab, und meine Mutter liegt daneben. Wir lachen beide, aber das Rad ist hinüber. »Towarischtschi«, ruft meine Mutter und hält den nächsten LKW mit Soldaten an. Sie fahren in die entgegengesetzte Richtung und können uns nicht mitnehmen. Aber der Fahrer steigt aus, hält den ersten vorbeikommenden Radler an, entreißt ihm das Rad und gibt es uns, so daß wir unsere Fahrt fortsetzen können.

Mitte 1945 werde ich Mitglied der KPD. Es geschieht auf einer Straße in Pankow, an einer Bretterbude unter dem Bild von Ernst Thälmann. Ein Agitator der Partei wirbt um Mitglieder. Ich habe keine Ahnung, was Kommunismus bedeutet, höre aber, wie diese Leute ständig betonen, mit dem Faschismus aufräumen zu wollen. Außerdem waren viele der Leute, die mir das Überleben ermöglichten, Kommunisten. Das ist für mich entscheidend. Und schließlich habe ich es der Roten Armee, die Berlin erobert hat, zu verdanken, daß ich freigekommen bin.

Wir bleiben nicht lange in Pankow. Wir kennen dort niemanden und beschließen, nach Luckenwalde zu ziehen. Meine Mutter hat Glück, sie kann gerade noch in den überfüllten Zug einsteigen. Ich finde auf einem Puffer zwischen zwei Waggons Platz.

In Luckenwalde treffen wir alte Freunde wieder. Der Prozeß gegen die Mitglieder der »Gemeinschaft für Frieden und Aufbau« sollte am 23. April 1945 vor dem Volksgerichtshof in Potsdam beginnen, aber die Alliierten haben durch ihren Vormarsch dieses Vorhaben vereitelt. Hans und Frida Winkler sind in die Jänickendorfer Straße gezogen, da ihre Wohnung in der Bismarckstraße noch vor Kriegsende beschädigt worden war. Paul Thiele läßt seine Frau den Frisörsalon weiterführen und schiebt wieder Schwarzware hin und her. Henry Landes, Schedlbauer, Rosin, alle sind wieder in Luckenwalde. Hilde Bromberg und auch Dr. Joachim haben die Gestapohaft überstanden, sind aber bald danach an den physischen und psychischen Folgen gestorben. Die anderen verhafteten jüdischen Mitglieder der Organisation haben nicht überlebt.

Die Stimmung unter den ehemaligen Widerständlern ist gedrückt. Einige sind sehr enttäuscht. Hans Winkler war zuletzt in Bayreuth eingesperrt. Die Amerikaner haben ihn dort befreit und danach ärztlich behandelt. Sein gesundheitlicher Zustand hat einen sofortigen Heimtransport nicht gestattet, er kam daher erst spät zurück. In der Zwischenzeit waren alle Posten in Luckenwalde an Kommunisten vergeben. Man bot ihm nur die Kohlenverteilungsstelle in Trebbin an. Paul Rosins Gasthaus ist von den Russen besetzt, sie gaben es nicht frei, als Rosin sich auf seine antifaschistische Tätigkeit berief und dagegen protestierte. Henry Landes' Fleischerei wird nicht besser beliefert als andere Geschäfte. Außerdem herrscht Mißtrauen unter den ehemaligen Freunden, einer glaubt vom anderen, er habe ihn bei der Gestapo hereingelegt.

Wochen später hole ich Ernest Wilkan in der Iranischen Straße ab und bringe ihn nach Luckenwalde. Er mußte erst in Theresienstadt aufgepäppelt werden, weil er zu schwach war, den weiten Weg bis Berlin zu überstehen. Er bleibt bei uns. Wir ziehen in eine große möblierte Wohnung in die Breite Straße über dem Eisenwarengeschäft von Runge. Als altes Mitglied der Kommunistischen Partei, als Widerstandskämpfer, als langjährig Inhaftierter und als Textilfachmann erhält Ernest von der Partei den Auftrag, die Leitung der beiden

Tuchfabriken Fähndrich & Co. und Luckenwalder Feintuch zu übernehmen. Er nimmt an und führt die beiden von jetzt an volkseigenen Betriebe gewissenhaft und fleißig.

Weil ich meine Mutter in guten Händen wissen will, mich selbst aber nicht um sie kümmern kann, dränge ich sie und Ernest, so bald wie möglich zu heiraten. Die Hochzeit findet fast ohne Öffentlichkeit statt, nur in Gegenwart von Willi Meyer, dem Parteivorsitzenden vom Kreis.

Mir bietet die KPD an, auf die Landesparteischule zu gehen, was ich sofort annehme. Südwestlich von Potsdam, in Fläming, liegt das kleine Schloß Schmerwitz, umgeben von einigen Bauernhöfen, inmitten von Wäldern und grünen Wiesen. Wir sind ungefähr 50 Genossinnen und Genossen. Der Tag beginnt mit Frühsport. Danach wird gearbeitet: Vorträge, Seminare, Diskussionen. Schulleiter ist Genosse Schmidt, der aus der Moskauer Emigration zurückgekommen ist.

Ernest Wilkan; Luckenwalde, um 1946

Ich lerne die Grundsätze der Dialektik kennen, den historischen Materialismus, und bin begeistert von der Theorie des Marxismus. Wir lernen, daß die gleichen Gesetze, die in der Natur herrschen, auch für die menschliche Gesellschaft gültig sind, daß sich alles vom Niederen zum Höheren entwickelt, daß aus dem Kampf der Widersprüche das Neue entsteht, daß die Entwicklung der Produktivkräfte das Zusammenleben der menschlichen Gesellschaft bestimmt, daß nach Urkommunismus, Sklaverei, Feudalismus und Kapitalismus der Sozialismus und als dessen höchste Stufe der Kommunismus kommen muß, gesetzmäßig. Wir begreifen, daß man im Sozialismus entsprechend seiner Leistung lebt, im Kommunismus nach seinen Bedürfnissen, und wir verstehen, daß Kommunismus nichts mit Gleichmacherei zu tun hat. Wir lernen, die Geschichte als ständige Folge von Klassenkämpfen, den Menschen als werkzeugmachendes Tier, den Staat als Machtinstrument der jeweils herrschenden Klasse zu betrachten, und erfahren, daß Religion Opium für das Volk ist. Wir studieren die Geschichte der KPdSU, das Kapital von Marx, büffeln im Anti-Düring und lesen das Kommunistische Manifest.

Teilnehmer des Lehrgangs der Landesparteischule in Schmerwitz, Eugen Friede hinten Mitte im Pullover; Herbst 1945

157

Ich bekomme das Gefühl, im Besitz der Zauberformel zu sein, mit der man alle Probleme des Lebens erklären und lösen kann, und, was noch wichtiger ist, daß man mit ihr Entwicklungen schon im voraus abzusehen vermag. Dieses Wissen gibt mir eine innere Überlegenheit anderen Menschen gegenüber, die von den Zusammenhängen noch keine Ahnung haben und noch nicht dialektisch denken können. Ich will an der künftigen historischen Entwicklung aktiv teilhaben und verbreite die Theorien überall, wo es mir möglich ist. Bei jeder Gelegenheit halte ich Vorträge vor den Arbeitern in Ernests Fabriken und kann stundenlang diskutieren, ohne müde zu werden. Ich lerne in späteren Jahren nie wieder so lautere und ehrenhafte Menschen kennen wie die idealistischen und humanen Kommunisten dieser Parteischule.

Bevor der Lehrgang in Schmerwitz nach sechs Wochen zu Ende geht, kommt der Genosse Knüppel aus der Bezirksleitung der Partei in Brandenburg in die Schule und sieht sich nach einem jungen Genossen um, der die Arbeit als Lokalredakteur der Parteizeitung »Märkische Volksstimme« übernehmen kann. Ich werde vorgeschlagen und ziehe noch in derselben Woche von Luckenwalde nach Brandenburg.

Ernest besorgt einen alten Opel P 4, ein Freund bringt mir zwischen Luckenwalde und Woltersdorf das Fahren bei, und ein Anzugstoff überzeugt den Genossen Polizeichef, daß ich meinen Führerschein verloren habe und dringend einen neuen benötige. Die Tätigkeit für die Volksstimme macht mir großen Spaß. Ich fahre kreuz und quer durch die Provinz, setze Berichterstatter ein, schreibe selbst, besuche Veranstaltungen, Parteiversammlungen, Betriebe und Landwirte.

Nach acht Wochen Journalistenlehrgang auf der Parteihochschule in Liebenwalde gehe ich auf Vorschlag der Partei 1947 nach Rostock an die Universität und werde Student der Gesellschaftswissenschaft. Der Arbeiter- und Bauernstaat braucht Genossen, die nach gründlicher Ausbildung in den auswärtigen Dienst eintreten können. Da ich kein Abitur habe, muß ich eine Aufnahmeprüfung ablegen. Sechs Mann stellen mir Fragen: War Tolstoi verheiratet? Wann schrieb Schiller die Räuber? Wann entstand das Kommunistische Manifest? Worin liegt der Unterschied zwischen Wassernot und Wassersnot? Worin die Bedeutung Luthers nach den Bauernkriegen?

Wodurch hat Hegel sich verdient gemacht? Ich weiß nicht, wieviel ich beantworten kann, aber es reicht aus, ich kann mich immatrikulieren.

In den Semesterferien lade ich meinen Freund Otto aus Schwerin ein, mit mir nach Luckenwalde zu kommen. Ernest gibt uns sein Auto für einen Ausflug in die Umgebung. Als wir durch Kloster Zinna fahren, glauben wir, nicht richtig zu sehen. Ich trete scharf auf die Bremse und halte am Rinnstein, Otto schüttelt empört den Kopf und wiederholt mehrmals: »Das kann doch nicht wahr sein. Das ist doch nicht möglich. Schlafen denn die Leute hier?« Da steht doch wirklich und wahrhaftig auf einem Podest, geschützt durch ein fast mannshohes Eisengitter, Friedrich der Große in seiner bekannten Haltung, vorgebeugt, die rechte Hand auf der Krücke und den Dreispitz auf der Perücke. »Wir hätten keinen Hitler gehabt, wenn der Alte Fritz nicht gewesen wäre«, so lautete das Fazit einer Vorlesung über das Preußentum und Hitlerdeutschland, die wir gehört haben. Wir steigen aus, Otto macht einen Klimmzug, schwingt sich über die spitzen Eisenstäbe und beklopft die Figur. Sie ist hohl. Wir wollen das Denkmal sofort abreißen und erkundigen uns nach einem Schmied. Dort leihen wir uns ein kräftiges, langes Seil und versprechen als Gegenleistung eine Menge Metall. Wir sputen uns, rasen zurück. Ich lenke das Auto rückwärts auf den Bürgersteig, so dicht wie möglich an das Denkmal heran. Wir springen beide über die Pfähle und werfen das Seil wie ein Lasso über den Kopf von Friedrich dem Großen. Otto zieht den Knoten fest, ich klettere zurück und binde das Seilende hinten am P 4 fest.

Wir bemerken in unserem Eifer nicht, daß erst einige, dann immer mehr Bauern, die um die Mittagszeit vom Feld heimkommen, ihre Fuhrwerke und Traktoren anhalten und anfänglich neugierig, dann aber wütend auf uns zukommen. »Das sind Räuber, die wollen unser Denkmal klauen«, ruft einer den anderen zu.

»Metalldiebe«, schreit ein weiterer und schwenkt drohend seine Mistgabel. Mehrere Bauern laufen zurück zu ihren Wagen und holen Schaufeln und Forken. Dann geht alles sehr schnell. Im Nu sind wir umzingelt, die Bauern und Landarbeiter sind böse, schreien wutschnaubend durcheinander: »Diebe, Denkmalschänder. Verprügeln, aufspießen.«

Denkmal Friedrichs des Großen in Kloster Zinna; Postkarte, undatiert

«Ich klettere zurück hinter den rettenden Eisenzaun und blicke in eine Menge aufgebrachter Bauern. Otto ist auf das Podest gestiegen und versucht die Menschen zu beruhigen: »Leute, alle mal herhören Der Alte Fritz ist der Vorläufer des Faschismus. Wenn er...« Doch weiter kommt er nicht.

»Quatsch kein dummes Zeug.«

»Halt die Schnauze.«

»Ihr wollt bloß das Metall.« Die Bauern machen Anstalten, über die Einzäunung zu steigen.

In letzter Minute kommt Rettung, eine Vopostreife. Sie bahnt sich mühsam eine schmale Schneise durch die hysterische Menge. »Was geht hier vor?«

»Die wollen den Alten Fritz klauen. Metalldiebe, Vandalen, Strolche.« Alle antworten gleichzeitig.

»Genossen Volkspolizisten, sorgt bitte dafür, daß ich den Leuten erklären kann, wer der...« Otto schreit sich heiser.

»Wir werden dafür sorgen, daß ihr hinter spanische Gardinen kommt.«

»Bravo«, schreit das Volk.

Die Volkspolizisten schützen uns vor der tobenden Menge, die mit Mistgabeln nach uns schlagen will, und bringen uns mit dem Wagen nach Luckenwalde. Dort werden wir zwar nicht verhaftet, aber auch die Genossen zeigen kein Verständnis für unsere Aktion und bekunden mit ernsten Mienen ihr Mißfallen. Am Ende der Semesterferien steht der Alte Fritz noch immer in Kloster Zinna, jetzt blumengeschmückt.

Obwohl ich nach wie vor davon überzeugt bin, daß die Menschen sich nur im Sozialismus zu einer humanen Gesellschaft entwickeln können, möchte ich schon bald nach den Semesterferien aus Rostock weg. Das Studium ist interessant, aber auf Dauer will ich doch etwas anderes machen, nicht Politik als Beruf. Ich habe die Nase voll von Theorien und will etwas Praktisches tun, möchte mit meinen Händen arbeiten.

Im Frühjahr 1948 gehe ich an die Hochschule für Bildende Kunst in Westberlin, in die Klasse für Modegrafik. Ich bin der einzige Junge unter lauter Mädchen. Eine davon ist Inge. Sie ist nicht zu groß, nicht zu klein, ein bißchen pummelig, blond, Himmelfahrtsnase und riesige Kulleraugen.

»Kommste mit heut abend, mein Bruder aus Paris ist da?« frage ich sie in der Pause und versperre ihr auf dem Flur den Weg. Mit einem Bruder aus Paris bin ich ohnehin der Größte.

Von der Tatsache, daß ich einen Bruder habe, hörte ich zum ersten Mal, als ich ungefähr elf Jahre alt war. Er lebte bei Herman, dem ersten Mann meiner Mutter. Herman zog nach der Scheidung mit seinem älteren Sohn von Berlin nach Riga. Mitte der dreißiger Jahre lernte ich meinen Bruder kennen, als er von Riga nach Straßburg fuhr, um dort Chemie zu studieren. Er unterbrach seine Reise in Berlin und besuchte uns. Danach hatten wir bis 1948 nichts mehr von ihm gehört. Durch das Rote Kreuz hat er uns ausfindig gemacht und kommt für ein paar Tage nach Luckenwalde. Ich bin inzwischen 22, er ist schon fast Mitte 30.

Inge will mitkommen. Wir gehen in die »Badewanne« in der Nürnberger Straße, wo Wolfgang Neuß als der Mann mit der Pauke Jazz macht.

Es dauert noch bis zum Sommer, bevor Inge einverstanden ist, mit mir ein Wochenende zu verbringen. Heute nachmittag will sie kommen. Endlich einmal mit ihr allein, in dem schönen Landhaus eines Herrn Lochner. Den Tip, hierher zu fahren, habe ich von meinem Freund, dem Zahnarzt Band in Luckenwalde, bekommen.

Das gelbe Ortsschild Blankensee wird sichtbar. Ich fahre durch die menschenleere Hauptstraße, noch ein Stück durch den Wald, dann eine letzte Kurve, und der hochbeinige Opel kommt beim Bremsen bedenklich ins Schleudern. Haus Lochner, mitten in einem gepflegten Garten, mit einem Teich und tiefhängenden Weiden, es ist fast schon ein kleiner Park. Ich presche durch die offene Einfahrt und parke das Auto vor einem flachen Schuppen.

Inge kann ich erst in zwei Stunden abholen.

Lochner begrüßt mich. Ich trete in das Haus ein und sehe mich um. Das Zimmer ist klein, aber geschmackvoll eingerichtet. Genauso hatte ich es mir vorgestellt: alte Bauernmöbel, breiter Schrank, großes Bett, derbe Stühle, alles mit bunten Blumen reich bemalt, rot weiß kariertes Plumeau, weißer Schafwollteppich auf blanken, honigfarbenen Dielen.

Ich gehe nach unten und durchquere die Diele. Weiter unten im Keller ist die Bar. Ein niedriger Raum, spärliches grünes Licht kommt von einer Neonröhre im Aquarium. Über einer langen Theke hängt von der Decke ein hölzerner Propeller herab. Neben vielen Gläsern steht eine ganze Batterie verschiedener Flaschen im Regal: Aquavit, Danziger Goldwasser, Bärenfang, Drei-Sterne-Weinbrand und sogar Whisky. An den Wänden hängen Fotos: Lochner in Uniform, Lochner in Knickerbockers mit Lederkappe, Lochner vor dem Flugzeug, Lochner im Flugzeug, in Militärmaschinen, Doppeldeckern, Sportflugzeugen. Lochner im Kreis alter Kameraden aus zwei Weltkriegen.

Plötzlich steht er hinter mir. »Tja, das waren noch Zeiten«, sagt er wehmütig und zeigt auf die Bilder, geht hinter den Tresen, nimmt eine Flasche, schüttelt sie kräftig, so daß lauter winzige Goldplättchen durcheinander wirbeln, und gießt uns beiden Danziger Goldwasser ein. »Na, dann Prost, auf Ihr Wohl, und daß es Ihnen gut bei mir gefällt.«

»Das wird es ganz sicher«, antworte ich und bin überzeugt, daß auch Inge sich hier wohlfühlen wird. Ich nippe nur an dem Glas. Alkohol ist nicht mein Fall. Wir setzen uns auf die hohen Hocker und rauchen von meinen Lucky Strike.

»Ich kann noch von großem Glück sagen, daß ich mein Haus behalten habe und auf diese Weise etwas Geld verdienen kann«, beginnt Lochner das Gespräch. »Als ehemaliger Offizier finde ich ja keine Arbeit.« Er kippt seinen Likör und fährt fort: »Na wer weiß, wie lange sich diese Brüder noch halten. Eines Tages bricht der ganze Laden doch zusammen.« Er schüttet sich noch einen ein.

Sein Gequassel geht mir auf die Nerven. Ich kann diese Kommißhengste nicht ausstehen, diese Militaristen, diese Reaktionäre. Aber ich will mich an diesem Tag auf keine Diskussion einlassen, sondern will mich auf Inge freuen. Doch morgen werde ich ihm was erzählen. Ich rutsche sachte vom Hocker, drücke die Zigarette aus und verabschiede mich: »Muß jetzt meine Freundin holen.« Oben im Zimmer lege ich mich kurz aufs Federbett und döse vor mich hin.

Wieder nach Potsdam, diesmal Zelle 57

Plötzlich ist es mit der Ruhe vorbei. Draußen rollen Räder über den Kies, Wagentüren schlagen zu, Schritte werden hörbar. Ich richte mich neugierig auf, gehe zum Fenster und lehne mich hinaus. Vor der Tür steht ein dunkler, eleganter Wagen der Marke Wanderer, spiegelblank und weinrot. Unten im Haus werden Stimmen laut. Ich kann nichts verstehen und lege mich wieder hin. Dann kommen eilige Schritte die Treppe hoch, einen Augenblick später wird die Tür zu meinem Zimmer aufgestoßen. Mir fährt der Schreck in die Glieder. Ich springe hoch und stehe neben meinem Bett.

Im niedrigen Türrahmen steht ein junger Mann in hellem Sportanzug. Hinter ihm, halb verdeckt, ist die blaue Uniform eines Polizisten zu sehen. »Sind Sie Eugen Herman?«

»Ja, warum?« Mit Inge ist etwas passiert, denke ich sofort und bekomme Atemnot.

Die beiden stehen jetzt dicht vor mir. Unversehens stürzt der Uniformierte auf mich zu und tastet mich von oben bis unten ab. Noch im Knien fragt er:»Haben Sie Waffen?«

»Waffen?« frage ich ihn völlig verwirrt.»Was soll ich mit Waffen? Was soll der Quatsch?« Ich schiebe den Polizisten mit beiden Händen von mir weg. Langsam läßt der Schreck nach, ich fühle in mir das Blut aufsteigen, mein Gesicht wird rot. Ich streiche die Haare aus der Stirn und frage ärgerlich:»Was soll das Theater, was wollen Sie von mir?«

»Kriminalpolizei«, antwortet der Jüngere, zieht eine Blechmarke an einer langen Uhrkette aus der Hosentasche und hält sie mir unter die Nase.»Wir müssen Sie verhaften.«

»Verhaften, mich verhaften?« Ich verstehe überhaupt nichts mehr. »Weswegen denn zum Donnerwetter? Was soll ich denn getan haben?«

»Das werden Sie noch früh genug erfahren.«

So ein verdammter Mist, denke ich, ausgerechnet heute muß so ein Irrtum passieren. Ich koche vor Wut und fange an zu zittern. Meine Stimme überschlägt sich:»Hören Sie mal, ich bin ...«

»Machen Sie keine Schwierigkeiten«, unterbricht mich der Beamte und holt ein Paar Handschellen aus der Jackentasche, »sonst muß ich Ihnen diese Dinger hier anlegen.« Er hält sie mir vor die Augen und sieht mich ohne jeden Ausdruck im Gesicht an.

Unterdessen hat der Polizist den Schrank aufgemacht und die wenigen Sachen, die dort liegen, durcheinandergewühlt.

»Packen Sie Ihre Sachen wieder ein«, befiehlt er mir grinsend und stellt den Koffer auf den Stuhl.

»Kommt ja überhaupt nicht in Frage. Die Sachen bleiben, wo sie sind«, schreie ich voller Zorn.»Heute abend bin ich spätestens wieder zurück.«

Wir gehen zu dritt nach unten. Lochner steht schweigend in der Tür und sieht durch mich hindurch.

»Tut mir leid«, sage ich verlegen, »aber das wird sich ganz schnell aufklären. Ich habe meine Sachen oben gelassen. Wenn meine

Freundin kommt, sagen Sie ihr bitte schöne Grüße und sie möchte hier auf mich warten.« Lochner nickt geistesabwesend und dreht sich um.

Vor der Tür verlangt der Polizist meinen Autoschlüssel. Der Kriminalbeamte und ich steigen in den Wanderer, der P 4 fährt hinter uns her. Im Auto erfahre ich, daß auch meine Mutter und Ernest Wilkan verhaftet wurden. Aber weshalb die Verhaftungen? Keine Auskunft, nur:»Das werden sie noch früh genug erfahren.« Dann ist wieder Ruhe, nur das gleichmäßige Summen des schweren Motors ist zu hören. Ich grübele, rätsele herum, zerbreche mir den Kopf, kann mir aber keinen Reim machen. Nach vierzig Minuten flotter Fahrt bin ich wieder in Luckenwalde. Kurzes Warten vor dem Rathaus, dann trudelt der Polizist mit meinem Auto ein. Er steigt aus, öffnet die Tür auf meiner Seite und nimmt mich am Arm. Wir gehen über breite Stufen, durch die Vorhalle, einen Gang entlang, dann schließt er eine Eisentür auf und schiebt mich in eine Zelle.

Die Tür knallt hinter mir ins Schloß. Es stinkt nach Urin. Durch das vergitterte Fenster kann ich in den Rathaushof sehen, auf eine Mauer und die hohen Bäume dahinter, der Raum liegt zu ebener Erde. Ich laufe hin und her, immer noch wutschnaubend. Man kann uns doch nicht einfach so mir nichts, dir nichts einbuchten, uns doch nicht, geht es mir ständig durch den Kopf. Aber man kann. Und da ist nichts gegen zu machen, gar nichts. Ich habe wieder Atemnot, wie immer, wenn ich Angst kriege oder aufgeregt bin, und versuche tief Luft zu holen. Es dauert lange, bis ich gleichmäßig durchatmen kann. Dann bekomme ich eine Gänsehaut und friere. Wenn Mama verhaftet wurde und Ernest auch, dann ist niemand draußen, der etwas für uns tun kann, der uns hier herausholen kann, überlege ich. Ich höre mit dem hastigen Hin- und Herlaufen auf und lege mich lang.

Was könnten sie von Ernest wollen, frage ich mich. In den beiden volkseigenen Tuchfabriken ist er doch der große Manitu. Er versteht etwas von der Materie, arbeitet wie ein Pferd, gönnt sich keine Ruhepause, keinen Sonntag, keinen Feiertag, ruiniert seine Gesundheit. Er rast durch die Gegend, kompensiert von früh bis spät: Stoffe gegen Treibriemen, Stoffe gegen Motoren, Stoffe gegen Maschinen, bei der Sowjetischen Militäradministration: Stoffe gegen Garn und Kohlezuteilungen, für den Betriebskindergarten: Stoffe gegen Milch. Ohne Stoff als Tauschobjekt würde er nichts erhalten, und die

Betriebe könnten dichtmachen. Das weiß auch die Partei, und das wissen auch die Russen. Ernest ist einer der größten in der Partei, einflußreich und tonangebend. Er ist ein grundanständiger Mensch, ein ehrlicher, hundertprozentiger Kommunist, ein Idealist, der für sich kaum etwas in Anspruch nimmt. Internationale Brigade in Spanien, Résistance in Frankreich, Haft und KZ in Deutschland, was also will man von ihm?

Na endlich, denke ich, als Schritte zu hören sind. Ich springe auf, schüttele die Hosenbeine und mache einen Schritt auf die Tür zu. Aber es schiebt nur jemand von draußen eine Klappe hoch und einen Eßnapf herein.

»Scheiße, noch nichts«, fluche ich laut und kicke das Blechgeschirr mit dem Fuß in die Ecke. Dann rätsele ich weiter: Inge wird mittlerweile in Blankensee angekommen sein. Als sie in Trebbin am Bahnhof gemerkt hat, daß ich nicht da war, um sie abzuholen, wird sie sich zu Fuß auf den Weg gemacht haben. Und das bei dieser Hitze. Mir kommt die Galle hoch. Ich fange wieder an, wie ein Idiot im Kreis herumzulaufen. Was, verflucht noch mal, wollen sie von Mama? Sie ist schwer herzkrank. Kein Wunder, nach all den Jahren der Angst bei den Nazis. Sie darf sich nicht aufregen. Das könnte ihren Tod zur Folge haben.

Kein Mensch läßt sich sehen. Ich rüttele wie wild mit beiden Händen an den verrosteten Eisenstäben. Die Stunden schleichen dahin, ohne daß etwas geschieht. Allmählich werde ich ruhiger, aber die Hoffnung, hier bald wieder herauszukommen, wird immer geringer und erreicht schließlich den Nullpunkt. Ich schlafe ein.

Geräusche auf dem Flur zerreißen die Alpträume. Es sind Stimmen, die näher kommen. Im Raum ist es fast dunkel, es muß schon spät in der Nacht sein. Ich verlasse die Pritsche, torkele in Richtung Tür, reibe die Augen und werde hellwach. Ein Schlüssel dreht sich im Schloß, die Tür wird aufgestoßen, das Licht eingeschaltet. Ich halte die Hände vor die Augen, um mich an die Helligkeit zu gewöhnen. Zwei Wachtmeister stehen im Gang. Sie nehmen mich in ihre Mitte, wir gehen in den ersten Stock, wo die Räume des Polizeireviers sind. »Warten«, nuschelt einer von beiden, tritt vor und klopft.

»Herein«, schnarrt es von drinnen. Der zweite Polizist macht die Tür auf und schiebt mich vor sich her in die Stube. Hinter dem Schreibtisch sitzt der Polizeichef, Genosse Gebauer. Es ist zehn nach elf, wenn die Wanduhr richtig geht. Wir kennen uns gut. Der Polizeichef sieht mich nicht an, guckt an mir vorbei, winkt die Beamten hinaus und blättert in Akten.

Ich gehe auf ihn zu, reiche ihm die Hand, wie sonst auch, wenn ich ihn treffe. »Genosse...«

»Setzen«, fällt er mir ins Wort und zeigt auf einen Stuhl vor dem Schreibtisch.

Ich fange noch mal an: »Was soll der Unsinn?«

»Ruhe«, schnauzt er los. »Sie reden nur, wenn Sie gefragt sind. Hinsetzen.« Ich setze mich, wie vom Blitz getroffen. »Ihre Personalien?« Er macht sich Notizen.

Während er die Fragen stellt, höre ich aus einem anderen Raum Ernests Stimme. Ich kann sie klar erkennen, er spricht französisch. Dann höre ich meine Mutter, russisch redend.

Plötzlich wird die Tür vom Nebenraum aufgerissen, und herein stürzt ein Gnom, höchstens einsfünfundfünfzig, mit Segelohren und Glotzaugen. Er trägt ein offenes, blau-rot gemustertes Hemd mit hochgekrempelten Ärmeln und ist stark behaart. Ohne ein Wort setzt er sich umständlich auf eine Ecke des Schreibtisches und stiert mich an. Der Polizeichef stellt keine Fragen mehr, lehnt sich nach hinten und schaut interessiert zu. Unvermittelt schreit der Zwerg mich an: »Warum willst du nach Paris fahren?« Er hält sich mit beiden Händen an der Tischkante fest und beugt sich so weit vor, daß unsere Nasen fast zusammenstoßen.

Ich antworte wahrheitsgetreu: »Meinen Bruder besuchen.«

»Wozu? Er war doch hier.«

»Wir haben uns über zwölf Jahre nicht gesehen. Ich will seine Frau und seine Kinder kennenlernen.«

Der Kerl hat sich wieder aufgerichtet, stößt sich vom Tisch ab und steht nun vor mir. Die buschigen Augenbrauen ziehen sich zu einem dicken, schwarzen Balken zusammen. Er sieht böse aus, seine Hände ballen sich zu Fäusten, als er loskreischt: »Du willst also nicht zugeben, daß du und dein sauberer Bruder Spionage treiben?«

Jetzt bin ich vollends sprachlos. Mein Bruder und ich sollen Spione sein? Wie aus weiter Ferne höre ich: »Leugnen nützt nichts. Wir wissen alles. Deinen Bruder haben wir auch erwischt, er sitzt im Nebenzimmer.« Solche Spinner, denke ich. Mein Bruder ist längst wieder in Paris. Ich fühle mich besser.

Der Kleine fängt nun an zu toben, rennt zwischen den Büromöbeln hin und her, reckt die Arme in die Luft und schüttelt die Fäuste. Alles, was ich seit meinem Eintritt in die Partei 1945 getan habe, soll nur dazu gedient haben, Spionage zu treiben: mein Besuch in Schmerwitz, der Lehrgang in Liebenwalde auf der Parteihochschule, die Zeit an der Universität in Rostock, das alles nur, um zu schnüffeln und auszukundschaften. Meine Arbeit für die »Märkische Volksstimme«, für die Bezirksleitung in Brandenburg, für das Sowjetische Nachrichtenbüro, alles nur, um Spionage zu treiben, nur um der Partei zu schaden. Ich bleibe stumm, kann kein Wort herausbringen. Was soll ich auch dazu sagen? Währenddessen hat der Polizeichef die Tür zum Nebenraum geschlossen.

Sie wird jäh mit heftigem Ruck aufgestoßen und kracht mit der Klinke gegen die Wand. Noch so ein Irrer schießt herein, rennt schnurstracks auf den Schreibtisch zu und trommelt mit beiden Fäusten auf die Platte. Der Kleine hat seinen Redeschwall von meiner angeblichen Agententätigkeit abrupt abgebrochen und schleicht zur Wand, um dort schweigend zu verharren. Ich beobachte den Neuen. Er ist ziemlich groß und dünn. Die Haare hängen ihm wirr in die nasse Stirn. Heiser bellt er mich an:»Du Schwein weißt wohl nichts davon, daß dein lieber Ernest Wilkan in Frankreich mit der SS zusammengearbeitet hat, was? Natürlich nicht. Du hast ja keine Ahnung davon. Na warte, du Hund, heute Nacht noch knalle ich dich ab.« Er greift erregt nach hinten, faßt unter sein Jackett, zieht eine Pistole aus dem Gürtel und fuchtelt damit herum. Noch ehe ich richtig verstanden habe, was er eigentlich gesagt hat, ist er schon wieder in das andere Zimmer zurückgerannt. Die Tür bleibt offen.

Ich lasse ihn nicht aus den Augen und starre hinter ihm her. Nebenan sehe ich meine Mutter auf einem Stuhl sitzen. Noch immer die Pistole haltend, zappelt der Dünne, beide Hände in der Luft, vor ihr herum und krächzt:»Und Sie bringe ich selbst nach Minsk und lasse Sie dort auf dem Marktplatz aufhängen.«

Meine Mutter denkt gar nicht daran, nun tot vom Stuhl zu fallen. Sie ist äußerst beherrscht und sagt ganz ruhig:»Aber warum denn bis nach Minsk, warum der große Umweg? Luckenwalde hat doch auch einen sehr schönen Marktplatz.«

Der Verrückte gerät jetzt vollends aus dem Häuschen, springt mit beiden Füßen hoch und rauft sich die Haare:»Ihr Lumpen, ihr verfluchtes Lumpenpack.« Er wechselt dann ins Russische über, das ich nicht verstehe.

»Diese Ausdrücke kennen wir noch von früher«, unterbricht ihn meine Mutter sehr ruhig und winkt dabei lässig mit der Hand ab.

»Wollen Sie etwa damit sagen, daß wir Antisemiten sind?«

»Ich will damit nur sagen, daß wir das alles schon mal...«

Er hört meine Mutter nicht bis zum Ende an, sondern rast durch die nächste Tür und krakeelt dort mit sich überschlagender Stimme auf französisch. Ich kann nur einige Wortfetzen verstehen. Er hat sich jetzt Ernest vorgenommen. Danach rast er wieder zurück zu Mama und poltert auf russisch los.

Der kleinere der beiden Russen tritt nun abermals in Aktion. Er löst sich von der Wand und setzt sich wieder auf die Schreibtischkante. Er greift umständlich in seine Hosentasche, fördert eine Schachtel Stella zutage und reicht sie mir. Ich nehme mir eine Zigarette heraus, er gibt mir Feuer und winkt dem Polizisten, die Tür zu schließen. Ich warte, was nun kommen wird. Der Gnom lächelt freundlich und sagt ganz ruhig, fast versöhnlich: »Wenn du zugibst, daß Ernest Wilkan im KZ Kapo war und mit der SS zusammengearbeitet hat, lassen wir dich sofort frei. Na, was ist?« Er nimmt einen tiefen Zug aus der Zigarette und blinkert mir zu.

»Das kann ich doch nicht zugeben, zum Donnerwetter nochmal.« Ich springe vom Stuhl und zertrete gereizt die Stella. »Ihr wißt doch genauso gut wie ich, daß das alles nicht stimmt. Was ihr redet, ist hirnverbrannter Quatsch. Ernest war mit mir zusammen in Gestapohaft und kam von dort nach Theresienstadt, wo er meine Mutter kennengelernt hat. Glaubt ihr im Ernst, meine Mutter hätte einen Kapo geheiratet, einen, der mit der SS zusammengearbeitet hat?« Ich schlage mir mehrfach verzweifelt mit der flachen Hand gegen die Stirn.

Das versöhnliche Lächeln verschwindet aus seinen Zügen. Er wird bitterböse, läuft rot an, dicke blaue Adern treten auf die Stirn, und sein Mund öffnet sich, geht wieder zu und öffnet sich abermals. Er überlegt gespannt. Unversehens stößt sein Arm vor, sein Zeigefinger bohrt sich in meine Brust und ganz bedächtig, jedes Wort betonend, sagt er leise, fast flüsternd: »Du weißt auch sicher nichts davon, daß Wilkan mit der französischen Kommandantur im Wedding in Verbindung steht, nicht wahr? Ja, da staunst du, was?« Er beobachtet mich genau, will sehen, welche Wirkung seine Worte haben. Ich zeige keinerlei Regung. Einige Augenblicke später springt er vom Tisch, klopft im Vorbeigehen dem Polizisten auf die Schulter und geht durch die Tür nach nebenan.

Mein Schädel brummt wie verrückt. Das mit dem Wedding weiß ich, Ernest hat dort einen Freund aus der Résistance, den er manchmal besuchte. Er sprach nicht darüber, wenn er in den französischen Sektor fuhr. Er wollte Probleme vermeiden, die vielleicht mit den Russen hätten entstehen können. Sie sehen es nicht gerne, wenn man Kontakte zu westlichen Behörden hat. Könnte da nicht doch etwas dran sein? Ich merke aber rechtzeitig, daß durch den Druck pausenloser Fragen meine Vernunft ins Wanken kommt. Wie kann ich auch nur für einen Moment zweifeln und solchen Mist denken, schäme ich mich. Meine Gedanken zu sammeln, macht mir Mühe, dennoch fällt mir auf, daß sie Ernest etwas anhängen wollen, und ich soll dabei helfen, soll ihn belasten. Ich kann mir den Grund nicht erklären und sehe auch keine Zusammenhänge.

Es ist schon längst Morgen, da wird das stundenlang dauernde Verhör beendet. Alle sind erschöpft und übermüdet. Zwei Polizisten bringen mich zurück in meine Zelle. Ich wanke auf die Pritsche zu, lasse mich fallen und bin im Nu eingeschlafen.

»Aufstehen, mitkommen.« Zwei frischrasierte, ausgeschlafene Beamte reißen mich aus bleiernem Schlaf. Ich muß überlegen, wo ich bin. Wir gehen wieder in das Polizeibüro, es fällt mir schwer, Schritt zu halten. Der Raum ist verändert. Das große Bild von Stalin ist mir in der Nacht nicht aufgefallen. Hinter dem Schreibtisch stehen im Halbkreis sechs hölzerne Bürostühle. Von einem dieser Stühle erhebt sich der Polizeichef, geht zu einem grauen Blechspind, zieht seinen Uniformrock an, schiebt den Krawattenknoten hoch und kämmt sich. Dann geht er mit seinen beiden Kollegen hinaus. Ich bleibe allein, stehe hinter dem einzigen Stuhl vor dem Schreibtisch. Es dauert nicht lange, da geht die Tür auf, und sechs Männer mit undurchschaubaren Mienen kommen im Gänsemarsch hereinspaziert. Sie sind mir alle bekannt, die Spitzen der Partei. Sie setzen sich auf die Stühle, die mir gegenüber den Halbkreis bilden. Das Schlußlicht bildet Polizeichef Gebauer, dem man ansieht, daß er sich der Wichtigkeit des hohen Besuchs bewußt ist. Ich bin sprachlos, so viel Prominenz, und das alles unseretwegen.

In der Mitte, mit schwarzem Anzug und randloser Brille, hat Friedrich Ebert Platz genommen. Er ist Vorsitzender der SED in Potsdam. Links von ihm sitzt Fritz Lang, Leiter der zentralen Kontrollkommission in Berlin. Ich hatte öfter mit ihm zu tun, als er noch Bürgermeister in Brandenburg war und ich für die »Märkische Volksstimme« arbeitete. Neben dem massigen Ebert sitzt Bruno Lentzsch, Leiter der Landeskontrollkommission in Potsdam. Er ist groß, hat eine imponierende Gestalt, silbergraues, glatt nach hinten gekämmtes Haar und im markanten Gesicht eine dünnrandige Brille vor eiskalten Augen, die mich unentwegt mustern. Neben ihm sitzen die beiden Russen von heute nacht. Der Mickrige hat sich fein gemacht, trägt Jackett und Schlips. Der Große ist ordentlich gekämmt und inhaliert in tiefen Zügen den Rauch seiner Zigarette. Beide wirken übernächtigt. Die Tür geht noch einmal auf. Der junge Kriminalbeamte, der mich aus Blankensee geholt hat, kommt herein. Als er sieht, daß kein Stuhl mehr frei ist, läuft er auf Zehenspitzen zum Fenster, dreht sich um und bleibt dort stehen.

Es ist Ruhe. Alle glotzen mich an. Von meiner Mutter und Ernest keine Spur. Fritz Ebert weist auf den Stuhl vor mir und nickt. Ich setze mich, lehne mich zurück, schlage die Beine übereinander und versuche mich zu entkrampfen. Immer noch nichts. Der Polizeichef, ganz links außen, zieht seine Krawatte herunter, reckt den Hals und öffnet den obersten Kragenknopf.

Nach weiteren Minuten der Anspannung rückt Lentzsch geräuschvoll seinen Stuhl nach hinten, erhebt sich ganz langsam, nimmt die Brille ab, kneift die Augen zusammen, legt beide Hände breit auf den Tisch und beginnt:»Genosse Herman, wir sind zu der Überzeugung gelangt, daß die Anschuldigungen gegen dich unbegründet sind.« Die Anspannung in mir läßt zögernd nach. »Wir haben daher beschlossen«, fährt er, ohne von mir wegzusehen, nach einer kurzen Pause fort, »dich und deine Mutter freizulassen. Ihren Mann werden wir hierbehalten und die gegen ihn erhobenen Vorwürfe eingehend prüfen.« Er setzt die Brille wieder auf, schiebt seinen Oberkörper weit vor und sagt sehr bedächtig, ohne den Tonfall zu ändern:»Wir wollen nicht, daß du verkommst. Wir wollen auch nicht, daß du eines Tages am Bahnhof Zoo herumlungerst und Ostgegen Westmark tauschst. Wir wollen nicht, daß ein Schieber aus dir wird.« Der Ausdruck in seiner Stimme wird wohlwollend, als er weiterspricht: »Wir werden daher prüfen, ob wir dich auf die Verwaltungsakademie nach Zinna schicken.« Er sieht sich um, erwartet Zustimmung für seinen Vorschlag und erntet von allen leichtes Kopfnicken. »Vorausgesetzt, dein Interesse geht ebenfalls in diese Richtung«, hängt er noch gönnerhaft an. Er setzt sich und verschränkt beide Arme vor der Brust.

Ebert haucht seine Augengläser an, poliert sie mit dem Taschentuch, hält sie gegen das Licht und legt die Drahtbügel wieder um die enganliegenden Ohren. Fritz Lang schaut unbeteiligt aus dem Fenster. Die beiden Russen blicken desinteressiert an die Decke.

Lentzsch erhebt sich von seinem Sitz und geht um den Tisch herum auf mich zu. Er hält mir seine Rechte hin, während er leise sagt: »Genosse Herman, bis die Formalitäten erledigt sind, gehst du zurück in die Zelle.«

Ich stehe auf, drücke seine Hand, fast dankbar. Draußen stehen schon die Schupos, ich gehe mit ihnen, leichtfüßig, locker, aufgeräumt. Die Welt sieht mit einmal ganz anders aus. Wieder eingeschlossen, liege ich auf der Matratze, die Arme unter dem Kopf verschränkt. Die Genossen haben einen Fehler gemacht, versuche ich die Geschehnisse der letzten 24 Stunden zu rechtfertigen. Aber sie haben ihn eingesehen und wollen ihn wieder gutmachen. Sie werden auch zugeben, daß sie Ernest Unrecht getan haben, und sich bald bei ihm entschuldigen.

Eine Stunde oder auch mehr vergeht, da wird aufgeschlossen. Ich hopse vom Bett, warte ungeduldig, bis der Polizist die Tür wieder von außen verschlossen hat, und folge ihm bis zur Wachstube. Ein anderer gibt mir über den Tresen meine Brieftasche, den Schlüsselbund und die Armbanduhr zurück. Ich muß unterschreiben und damit den Empfang bestätigen. Sofort Mama zu suchen, nehme ich mir vor, und dann nichts wie ab nach Blankensee. Mama wird Himmel und Hölle in Bewegung setzen und nicht eher Ruhe geben, bis sie Ernest freibekommt. Ich laufe auf den Ausgang zu, da steht plötzlich Bruno Lentzsch vor mir, groß und breit, wie aus dem Boden gewachsen, und versperrt mir den Weg. »Moment mal, mein Junge«, lächelt er eiskalt, »so einfach geht's doch nicht.« Überrascht bleibe ich stehen. Lentzsch tritt hinter mich, und in Sekundenschnelle hat er mir die Hände auf den Rücken gerissen und die Handschellen schnappen zu.

»Ja aber, Genosse, Sie haben mir doch selbst...«

»Los, bringt ihn weg.« Lentzsch gibt zwei Polizisten, die in der Nähe stehen, ein Zeichen, legt seine Hand auf meinen Rücken und stößt mich ihnen entgegen. Ich trottele wie ein Schlafwandler zwischen den beiden her.

Menschen bleiben auf der Straße stehen und gaffen uns nach. Ich sehe durch sie hindurch, bin völlig abwesend, habe Ohrensausen und laufe wie auf Gummibeinen. Die Denkfähigkeit kommt nur ganz allmählich zurück. Warum nur, frage ich mich, haben sie das gemacht? Sie haben doch selbst zugegeben, daß ich nichts getan habe. Warum die Sprüche von der Verwaltungsakademie? Ich fühle mich verraten und verkauft, hinterlistig überrumpelt. Vielleicht wollte mich Lentzsch freilassen, denke ich, aber die anderen waren dagegen. Oder wollten die Russen nicht? Was ist in der letzten Stunde dazwischengekommen? Vielleicht stecken Nazis dahinter, grübele ich, Nazis, die sich eingeschlichen haben und ihren Judenhaß weiter austoben wollen? Dieser Gedanke macht mir plötzlich große Angst.

Wir sind am Café Corso in der Breiten Straße angelangt. In den oberen Etagen des Hauses ist das Amtsgericht untergebracht, das ehemalige Gerichtsgebäude ist von den Russen belegt. Ich bin noch wie in Trance, als im dritten Stock eine Gittertür hinter mir zugemacht wird. Die Handschellen werden mir abgenommen. Ich massiere die roten Handgelenke und finde langsam wieder in die Realität zurück. Die Polizisten übergeben mich einem Gerichtswachtmeister.

»Vorwärts, marsch«, tönt es zaghaft, fast ängstlich. Der dürre Wachtmeister mit seinem hochgezwirbelten, majestätischen Schnurrbart hinter mir hat die Worte von sich gegeben. Wir gehen zu einer nahen Tür. Er schließt auf, öffnet sie nach innen und sagt in schlesischem Dialekt zu mir:»Hat sich schon drei Lorbasse da drinnen, ist sich aber noch genug Platz für vierten«, und drückt mich sachte hinein.

Hitze und Mief schlagen mir entgegen. Drei junge Kerle sitzen um einen Tisch und fixieren mich gespannt.

»Ist alles in Ordnung bei euch?« fragt er behutsam.

»Ja, ist sich alles in bester Ordnung«, äfft ihn einer nach.»Aber jetzt hau ab. Mach, dat de wegkommst«, schreit einer von den dreien und hebt drohend seine Faust. Das Männlein gehorcht. Die Jungen sehen alle etwas jünger aus als ich, ich schätze sie auf 17 oder 18.

»Icke bin Justav, dette is Otto, und der da mit de roten Haare und det Glasoge is Hotte.« Der Längste übernimmt die Vorstellung. »Alle Mann beim Schwarzhandel erwischt«, grinst Horst. »Weeßte, ick hab for meene Kleene imma Pralinen mitjebracht. Die will nämlich, dat ick se ihr vorn rinstecke und dann dran lutsche, vastehste?« Er lacht geräuschvoll. »Und wobei hamse dir kassiert?« will Gustav von mir wissen. »Weeß ick nich, wirklich, weeß ick nich«, antworte ich gereizt. »Tut ma'n Jefallen, ick will jetzt nicht jestört werden, klar?« »Na, nu rech da ma nicht künstlich uff. Wir lassen da ja in Ruhe«, verspricht Gustav.

Ich werfe mich auf eines der vier Bettgestelle und blicke durch die offene Dachluke in den blauen, wolkenlosen Himmel. Hoffentlich haben sie wenigstens Mama freigelassen, fange ich wieder an zu grübeln. Diese Lumpen, diese verfluchten. Die drei hier wissen wenigstens, wofür sie eingesperrt sind. Schwarzhandel ist verboten, und sicher hat man ihnen gesagt, wie lange sie sitzen müssen. Aber ich, was zum Teufel habe ich verbrochen?

Gustav, Otto und Horst spielen schon eine ganze Weile Skat. »Wo habt ihr denn die Karten her?« frage ich sie erstaunt. »Der Katschmarek, wat der Wärter is, der hat se uns orjanisiert. Der Olle is schwer in Ordnung«, klärt mich Otto auf. Den Eindruck habe ich auch.

Am nächsten Morgen, nach einem Becher dünnem, schwarzen Tee und einer Scheibe Schwarzbrot mit Quark, hält Katschmarek den Kopf herein und ruft: »Horst Warnke, mach dich bereit. Hat sich gleich Vorführung bei Untersuchungsrichter«, und macht die Tür sofort wieder zu.

»Hotte, jetzt mußte Mitleid wecken. Los, nimm den Bucker raus, mach schon. Otto, jib die Streubüchse rüber, eil da«. Gustav gibt die Kommandos, er ist in heller Aufregung. Horst nimmt das Glasauge heraus, legt es auf den Tisch, setzt sich auf einen Stuhl, legt den Kopf nach hinten auf die Lehne und guckt mit dem verbliebenen Auge an die Decke. Gustav nimmt den Salzstreuer, den Otto ihm hinhält, und schüttet hastig mehrere Prisen in Horsts leere Augenhöhle. »So Hotte, jetzt reib, feste. Reiben sollste, Mann. So isset jut, feste.«

Horst reibt das Salz kräftig mit dem Handballen hin und her. Das Loch wird feuerrot und entzündet sich. »So een Streuding nimmt sonst imma meene Kleene«, wendet sich der einäugige Hotte lachend an mich, »aba mit Zucker, weeßte, und streut ma den Pimmel voll. Wa lutschen nämlich beede jern.«

»Halt die Klappe, Mensch. Lach nich, Hotte, olla Dussel. Denkste, eena hat Mitleid mit dir, wenne lachst.« Zwanzig Minuten später kommt Horst Warnke von der Vernehmung zurück. Wir sehen ihn erwartungsvoll an. »Ick weeß nich, Kinner, ob et wat jenutzt hat. Jesacht hat er nischt. Na wenn schon, jeschadet kannet ooch nischt ham«, resigniert Horst und kühlt sich die brennende Augenhöhle mit kaltem Wasser.

Nach dem Essen kommt Katschmarek mit neuer Nachricht: »Herman, mitkommen, Ihre Braut ist da.«

Ich fahre hoch, streiche mir über die Bartstoppeln.

»Beeilung bitte.« Nervös fummelt das Männchen mit dem Riesenschlüsselbund herum.

»Sachte, sachte, immer mit der Ruhe«, zische ich durch die Zähne und folge ihm erwartungsvoll den Gang entlang.

Inge war zwei Tage zuvor wie abgemacht früh von Weißensee in Richtung Trebbin losgefahren. Im New Look mit langem, weitem Glockenrock und kurzem, engem Jäckchen, alles gepunktet, dazu hochhackige Schuhe aus schuppigem Fischleder mit Holzsohlen und Schleifen um die Fesseln. Sie hatte sich herausgeputzt.

Der Zug fuhr unpünktlich und war überfüllt. Sie kam mit erheblicher Verspätung in Trebbin an. Der Bahnhof war wie ausgestorben. Sie hielt vergeblich nach mir Ausschau, lief zur Post und telefonierte mit Luckenwalde. »Kann ich Eugen Herman sprechen?«

»Nein«, sagte eine Männerstimme kurz und bündig.

»Dann vielleicht seine Mutter oder Ernest Wilkan?«

»Nein, das geht nicht.«

»Warum denn nicht? Wer spricht denn dort?«

»Das geht Sie gar nichts an.«

»Ich bin hier in Trebbin und warte auf Eugen.«

»Da können Sie lange warten.« Damit war das Gespräch zu Ende.

Inge wurde unruhig, der unverschämte Kerl am Telefon hatte ihr Angst gemacht. Den Namen Lochner hatte sie sich gemerkt, und so beschloß sie, nach Blankensee zu laufen, auf Stöckelschuhen. Es war Mittagszeit, schwül und windstill. Der kleine Koffer wurde ihr immer schwerer und das Gehen auf dem Sandweg immer mühsamer.

Schließlich, nach einigem Fragen, erreichte sie Lochners Haus. Von mir und dem grünen P 4 keine Spur. Aber Lochner stand auf der Treppe, breitbeinig, Hände in den Hosentaschen, mit versteinertem Gesicht. Er berichtete kurz und knapp, was sich abgespielt hatte, und endete mit den Worten: »Daß sowas ausgerechnet hier bei uns passieren mußte, ist uns äußerst unangenehm. Wir wollen mit der Polizei nichts zu tun haben. Das fehlt uns grade noch.« Er drehte sich um, verschwand ins Haus und zog die Tür hinter sich zu.

Inge fing an zu heulen, erst vor Wut, dann aus Enttäuschung, später kam noch Angst hinzu. Feingemacht, herausgeputzt, alles umsonst. Sie machte sich auf den Rückweg. Warum hat man Eugen eingesperrt, rätselte sie. Er redet doch den ganzen Tag von nichts anderem als von Sozialismus und Kommunismus. Er hat doch nur Marx im Kopp und Engels, mehr als mich. Inge verstand die Welt nicht mehr. Bis Weißensee war das Taschentuch voller Tränen und Wimperntusche.

Am nächsten Morgen ging sie wieder zum Anhalter Bahnhof, nahm den gleichen Zug wie gestern, aber durch bis Luckenwalde. Sie klingelte an unserer Wohnungstür in der Breiten Straße. Nichts rührte sich. Sie klingelte Sturm, schließlich öffneten Nachbarn und erzählten Inge, daß Wilkan und seine Frau auch abgeholt wurden und alle im Amtsgericht sein müßten. Inge bat kurze Zeit darauf bei dem Amtsrichter Gebhard um Sprecherlaubnis.

»Kommt überhaupt nicht in Frage«, schrie er sie an.

»Kann ich ihm wenigstens was zum Essen hier lassen? Da sind meine Stullen.« Inge hielt ihm die eingepackten Brote hin.

»Nein, das Schwein braucht nichts zu essen.«

Nachdem der Richter sie so angeschrien hatte, traute Inge sich nicht, nach dem Grund für die Verhaftung zu fragen. So fuhr sie zurück nach Berlin.

Heute morgen gleicher Bahnhof, gleicher Zug, gleiches Ziel, doch diesmal ist Gebhard nicht da. Inge erhält Sprecherlaubnis.

Ich bin zurück in unserem Kabuff. Es ist unerträglich heiß. Wir liegen mit nacktem Oberkörper herum, schwitzen und stinken. Das kleine Becken mit der Wasserleitung ist für die Katz. Hier oben unter dem Dach ist der Druck fast weg, der Strahl zu dünn, um sich richtig waschen zu können. Inge ist kaum fünf Minuten da gewesen, sie

176

durfte nicht länger bleiben. Katschmarek wurde schon nervös und zog mich fort. Ich weiß nun, daß meine Mutter auch nicht freigelassen wurde. Ernest sitzt nach wie vor. Mischa, der russische Kontrolloffizier in den Fabriken, ist verschwunden, man munkelt, daß er nach Rußland versetzt wurde. In den Betrieben ist ein neuer Kontrolloffizier. Das alles hatte Inge von Ernests Sekretärin, Frau Escher, erfahren. Inge versprach, am nächsten Tag wiederzukommen.

Ich bemühe mich, die fatale Situation nüchtern zu überdenken. Eine Entlassung in absehbarer Zeit scheint ausgeschlossen. Wie lange wird Mama das mit ihrem schwachen Herzen aushalten? Inge wird die Hin- und Herfahrerei nicht ewig mitmachen. In diesem provisorischen Gefängnis mit der Witzfigur als Wachmann habe ich die wahrscheinlich einmalige Gelegenheit zu türmen. Wer weiß, wo sie mich noch hinbringen? Von hier sind es nur 80 Kilometer bis nach Berlin, bis zu den Amis nach Westberlin.

Ich stehe auf, laufe hin und her, bleibe an der offenen Dachluke stehen und sehe auf die grauen Schieferplatten, die in der heißen Sonne glitzern. Aber wie hier abhauen, überlege ich.

Plötzlich funkt es bei mir. Ich drehe mich zu meinen Knastbrüdern um und frage:»He, ihr Säcke, was passiert hier eigentlich, wenn man Zahnschmerzen hat?«

»Mußte Katschmarek melden«, erklärt mir Gustav.»Der jeht mit dir zum Band, dem schwulen Zahnklempner in de Wilhelmstraße.«

»Mußta aba de Hose festhalten«, ergänzt Hotte, »der is bestimmt janz heiß uff dir«, und lacht wieder über beide Backen.

Ich habe gehofft, daß die Antwort so ausfallen würde, und kann nur schwer einen Jauchzer unterdrücken. Mit Band bin ich befreundet, und Katschmarek werde ich schon abhängen, überlege ich fieberhaft. Inge muß mir dann ein Auto besorgen, das vor Bands Haus wartet. Ich bin ganz aus dem Häuschen. »Justav, haste wat zum Schreiben?« Er zieht einen winzigen Bleistiftstummel aus seinem Strumpf und gibt mir den weißen Rand einer alten Zeitung, auf den ich kritzele:»Besorge Auto. Tag und Stunde mitteilen, wann Auto vor Bands Haus stehen kann. Antwort in Tablettenröhrchen in Glas mit Kartoffelsalat. Eilt!«

Am nächsten Morgen kann ich Inge den Kassiber bei der Begrüßung zustecken. Ich bin bester Laune. Aufgekratzt renne ich auf und ab und störe die anderen beim Kartenspiel.

»Mann, hör uff mit det Jerenne. Haste Hummeln im Arsch oder wat soll det?« Otto wird böse, schmeißt die Karten auf den Tisch und grunzt: »Ick kann so nicht spielen, der jeht ma uff'n Jeist.«

»Schon jut, schon jut. Beruhig da.« Ich klopfe ihm auf die Schulter und hocke mich auf die Bettkante. Als ich mir alles durch den Kopf gehen lasse, Punkt für Punkt, werde ich immer deprimierter. Inge kann erst am Nachmittag wieder zu Hause in Weißensee sein, und morgen früh will sie schon wieder hierher kommen. Wann soll sie das Auto organisieren? Wen überhaupt kann sie danach fragen? Und wer läßt sich auf so etwas ein?

Katschmarek steckt seinen Kopf wieder bei uns herein: »Herman, fertigmachen, ab nach Potsdam.«

»Ja, wieso das denn?« frage ich völlig überrascht. Blutleere im Kopf, ich kriege keine Luft und habe Pudding in den Knien. Aus der Traum von der Flucht, vorbei.

»Nun beeilen Sie sich doch, Mann«, faucht mich Katschmarek an, aber Strenge paßt schlecht zu ihm. Er kommt näher und zupft mich zaghaft am Ärmel.

»Faß mich nicht an, hau ab«, herrsche ich den Tropf voller Ärger und Verzweiflung an.

»Aber die Beamten warten draußen. Bitte.« Er hüpft von einem Bein auf das andere.

Ich setze mich langsam in Bewegung. »Machs jut, Alter«, ruft Hotte hinterher und »tschüß« die beiden anderen.

An der Treppe stehen zwei Polizisten, einer hält mir schon die Handfessel entgegen. »Los, rin.« Der eine stößt mich auf den Rücksitz eines hellen DKW und setzt sich neben mich, der andere ans Steuer. Vor der Stadt bitte ich meinen Nachbarn: »Nehmen Sie mir bitte die Acht ab.«

»Wir haben unsere Vorschriften«, ist die Antwort. Von da an fällt kein Wort mehr bis Potsdam. Wir passieren die Garnisonkirche, kurz danach erreichen wir das Polizeipräsidium. Als die Beamten mit mir das Hauptgebäude betreten, ist es schon fast Abend. Sie nehmen mir die Handschellen ab, die Gelenke sind rot und schmerzen.

Wir gehen in die Aufnahme, wo die Übergabe an den Wachhabenden geschieht. Ein Polizist sitzt hinter einem Schreibtisch und spannt ein Formular in die Schreibmaschine. Es ist ein Personalfragebogen. »Name? Vorname? Wann und wo geboren?«

Vertippt, neues Blatt, noch einmal von vorn. »Name? Vorname? Wann?« Wieder vertippt.

»Wenn Sie mich ranlassen würden?« frage ich höflich. Der Schreiber sieht hoch, mustert mich argwöhnisch, schüttelt den Kopf, zerknüllt das Papier und spannt neu ein. Endlich klappt es. Nachdem ich meinen geringen Tascheninhalt ausgebreitet und abgegeben habe, heißt es wieder: »Los, marsch, mitkommen.« Durch einen Säulengang an einem kleinen, viereckigen Hof vorbei geht es ins Polizeigefängnis. Der Polizist läuft voraus, ich hinterher, in den ersten Stock, links in einen langen Gang mit Zellen auf beiden Seiten. Unsere Schritte hallen über den Steinflur. Wir halten vor einer Zelle auf der linken Seite und warten vor der Tür mit der Nummer 57.

Hinten, am anderen Ende des Ganges, zerrt ein großer, schwarzer Schäferhund heftig an seiner Leine. Der Wärter hat alle Hände voll zu tun, das Tier festzuhalten. Er kann nur langsam, gezogen und mehr rutschend als laufend, zu uns kommen. Die Töle fletscht die scharfen Zähne und will knurrend an mir hochspringen, aber der Wärter reißt sie mit einem kurzen Ruck an dem geflochtenen Lederstrick zurück. Der Uniformierte übergibt mich an den Wärter, der nun die Tür aufschließt und dabei immer noch mit Mühe den Kläffer festhält. Er knipst außen einen Lichtschalter ein. Eine Funzel in einem viereckigen Glaskasten über der Tür verbreitet trübes Licht in der Zelle und auf dem Gang. Mir zittern noch die Knie, während ich in die Zelle geschoben werde. Wie im Traum bin ich dem Polizisten zuvor hinterhergelaufen. Als er in der ersten Etage nach links einbog, dachte ich, jetzt muß er an der dritten Zelle auf der linken Seite stehen bleiben. Aber er lief an der Nummer 55 vorbei und hielt erst vor der 57. Ich sitze fast in der gleichen Zelle, in dem gleichen Bau des Potsdamer Polizeigefängnisses wie vor nicht allzulanger Zeit. Die Wärter sehen aus wie damals, die gleichen Uniformen, die gleichen stumpfsinnigen Visagen, derselbe teilnahmslose Blick. Bluthunde auf den Gängen hat es damals nicht gegeben.

Die Tür wird von außen verriegelt und verrammelt, das Licht gelöscht. Es ist finster, nur ein schmaler, grauer Streifen über dem Fenster ist erkennbar. Vor den Gitterstäben sind an allen Fenstern Holzkästen angebracht, die nach oben offen sind, so daß zwar Tageslicht hereinfällt, man aber aus der Zelle nicht hinaussehen kann. Früher konnte man wenigstens ein paar Baumkronen sehen.

Rechts neben der Tür müßte das Klo sein, erinnere ich mich, und einen Schritt weiter das Eisengestell mit dem Strohsack, das an der Wand hing. Es stimmt. Ich finde den Griff über dem Klo und ziehe daran. Das Wasser ergießt sich in das Becken, rauscht, bis der Behälter an der Decke wieder voll ist. Peu à peu gewöhne ich mich an das Dunkel. Das Gestell ist deutlich zu erkennen, ich löse die Kette von der Wand und klappe das Bett herunter. Dann schüttele ich den dürftig gefüllten Strohsack auf, lege die graue Decke darüber und mich darauf. Die eisernen Federn drücken sich durch den kümmerlichen Sack in meinen Rücken, aber es stört mich nicht.

Vielleicht sind Stunden vergangen, vielleicht auch nur Minuten. Plötzlich fällt mir der Kassiber ein, den ich Inge erst vor Stunden mitgegeben habe. Hoffentlich wird sie nicht versuchen, mir hier eine Nachricht einzuschmuggeln. Die Kontrollen sind bestimmt sehr scharf, Brot wird zerschnitten, Dosen werden geöffnet, alles wird untersucht. Sie findet bestimmt kein Auto, tröste ich mich. Und sie wird sich denken können, daß es in Potsdam nicht so locker zugeht wie in dem Luckenwalder Provisorium. Ich ziehe die Schuhe aus, werfe Hemd und Hose auf den Boden, lege mich hin und starre auf die Tür, eine große, schwarzgraue Fläche, die sich aus dem Dunkel abhebt.

Ich sehe mich in Gedanken zwei Zellen weiter in der Zelle 55 an der Tür stehen, in grauer Joppe mit Fischgrätenmuster, verdreckt, zerlumpt, zerrissen. Mit dem abgebrochenen Stiel eines Löffels ritzte ich damals mit vor Kälte zitternden Händen die Anfangsbuchstaben meines Namens in die graue Farbe ein. E und H stand neben Sowjetsternen, Davidsternen, Hammer und Sichel, neben Schwänzen und Titten, neben Sprüchen und Wörtern, neben Namen, die ich aussprechen, und solchen, deren Buchstaben ich nicht lesen konnte. Wir waren zu dritt nebenan. Den Jugoslawen Ivo Nemanitsch sehe ich deutlich vor mir, wie er mit zerschundenen, blutenden Knöcheln gegen die graue Platte bummerte, röchelte und winselte, wenn er seine Anfälle hatte. Ich höre wieder den unterdrückten Schrei aus einer der Zellen auf diesem Flur, zwei Mithäftlinge hatten die schwere Holzpritsche auf das ausgestreckte Bein ihres Kameraden sausen lassen und so sein Schienbein zertrümmert. Der Mann war zum Tode verurteilt und hoffte wegen der Verletzung auf Aufschub der Vollstreckung. Hauptwachtmeister Eichhorns Stimme kommt mir ins Bewußtsein, der mich in der Krankenstube fand und wütend schrie: »Was, dieser Hund liegt hier, raus, raus.« Ich höre in meinem Kopf das monotone Stampfen der Russen in den Räumen über uns, die wie Vieh zusammengepfercht von früh bis spät im Kreis herumlaufen mußten. Das Geräusch wurde nur unterbrochen durch das pfeifende Zischen der Lederpeitschen ihrer Bewacher und das Schreien und Stöhnen der Geschlagenen. Ich setze mich aufrecht und lausche. Nur das leise Tapsen der abgerichteten Schäferhunde auf dem Korridor ist zu hören. Ich bin hellwach, aufgeregt und kann nicht einschlafen.

Plötzlich wird es laut, auch auf dem Stockwerk über mir. Es kommt mir vor, als wenn das ganze Haus in Bewegung geraten sei. Das Auf und Ab in den Gängen wird lebhafter. Zellen werden aufgeschlossen und zugeschlagen. »Dawei, dawei. Jup twoi mat, idi suda, dawei.« Wieder und wieder dieselben russischen Wörter. In den nächsten Wochen und Monaten immer das gleiche: regelmäßig um Mitternacht, Punkt zwölf zur Geisterstunde, beginnen die Russen mit ihren Verhören. Ich warte jeden Augenblick darauf, daß sie zu mir in die Zelle kommen, um mich abzuholen, aber nichts passiert. Das Gerenne auf den Gängen läßt nach, die Rufe werden weniger, ebben ab, hören ganz auf. Ich erhebe mich, schüttele den Strohsack und lasse mich zurück auf des harte Bett fallen.

»Aufstehen«, höre ich vom Flur her eine Stimme rufen. Ich muß doch geschlafen haben. Erschrocken fahre ich hoch, es ist noch immer stockfinster. Noch einmal: »Aufstehen.« Der Ruf kommt näher. Gleichzeitig schlägt jemand mit dem Schlüssel im Vorbeigehen an die eisernen Zellentüren. Ich stehe langsam auf, ziehe Hemd und Hose an, lege die graue Decke zusammen und befestige das Bettgestell mit der Kette an der Wand. Die Zellen werden eine nach der anderen aufgeschlossen, die Riegel zurückgeschoben. Meine Tür geht auf, und ein Polizist steht davor. »Los, Mann, wollen Sie keine Meldung machen?«

Auch das wie damals, schießt es mir durch den Kopf. »Zelle 57, belegt mit einem Mann.« Ich gehe bis zur Tür vor.

»Mensch, bleiben Sie mir drei Schritt vom Leibe. Noch mal die Meldung, aber'n bißchen stramme Haltung gefälligst.«

Ich trete zurück, schlage die Hacken zusammen und schmettere los: »Zelle 57, belegt mit einem Mann.«

»Na also. Und jetzt raustreten zum Waschen.« Schräg gegenüber liegt der Waschraum. Auch die Gefangenen aus den hinteren Zellen rennen über den Flur zu den Wasserleitungen.

»Ruhe, keine Unterhaltung, und nun Marsch zurück in die Zellen, schnell, schnell.«

Kaum habe ich einen der etwa 20 Hähne aufgedreht, um mir in Windeseile die Hände und das Gesicht zu waschen, hetzt mich der Wärter schon wieder zurück. Auf dem Korridor kommt mir der Bluthund entgegen. Mit ein paar Sätzen überquere ich den Flur, gejagt von der Angst, daß mir die Bestie die Hose vom Arsch oder ein Stück Fleisch aus der Wade reißen könnte. Die Zellentür wird wieder zugeschlagen und abgeschlossen.

Tageslicht dringt durch die Öffnung des Holzkastens herein, es wird hell. Ich höre, wie die Türen auf der gegenüberliegenden Seite geöffnet werden. Frauenstimmen werden deutlich. Da ist unverkennbar die tiefe Stimme meiner Mutter. Ich presse mein Ohr an die Eisentür. Die Schritte auf dem Gang huschen vorbei, die Stimmen sind verklungen. »Mama, Mama, ich bin hier in Nummer 57«, rufe ich laut. Keine Antwort, draußen ist Ruhe.

Dann geht es weiter wie am Abend zuvor, zwei Häftlinge teilen das Frühstück aus: Tee und eine Scheibe Schwarzbrot, in der Mitte ein kleiner roter Fleck, wo die Marmelade in das Brot eingesickert ist. Der Fraß ist fast der gleiche wie im Dezember 1944. Wieder ein brauner Blechnapf, diesmal nicht durchgerostet, auch die Farbe ist noch nicht abgeblättert, und der Kalfaktor gibt mir einen Löffel, der nicht verbogen ist.

Ein schabendes Geräusch kommt von der Tür. Jemand schiebt den Deckel vom Guckloch beiseite und beobachtet mich. Einen Moment später vernehme ich hinter der Tür eine Stimme mit sächsischem Dialekt: »Ei, nuh, Herman, machen Se sich fätisch. Se gommen in een anneres Gebäude.«

Bei mir gibt es nichts fertig zu machen. Ich bin fertig und gehe mit dem Wachtmeister in eines von mehreren roten Ziegelhäusern auf dem Gelände des Potsdamer Polizeipräsidiums. Die neue Zelle ist kleiner als die vorige. Ich bleibe auch hier allein, in Einzelhaft, in tödlicher Langeweile. Ununterbrochen brummen die Flugzeuge über Potsdam auf ihren Flügen in das blockierte Westberlin. An einer Wand steht ein grüner Kachelofen, der vom Flur aus zu beheizen ist.

Die Zahl der Kacheln kenne ich bald auswendig, die Querkacheln, die Längskacheln und die Diagonalen. Ich rechne aus, wieviele Fliesen notwendig wären, eine Wand zu kacheln, danach die Zahl für alle vier Wände. Dann kommt die Decke dran, zuletzt der Fußboden. Ich fürchte, daß mich die Beschäftigung mit den Kacheln noch verblöden wird.

Seit meiner Verhaftung in Blankensee sind über vier Monate vergangen. Noch immer keine Erklärung für die Festnahme, keine Vernehmung, keine Nachricht von meiner Mutter, nichts von Ernest. Doch wenn ich mich flach auf den Boden lege und mein Ohr ganz fest auf den Zement presse, kann ich Frauenstimmen hören, und ich bin sicher, wieder die Stimme meiner Mutter erkannt zu haben. Zu wissen, daß meine Mutter in der Nähe ist, beruhigt mich.

Eines Morgens geht die Tür auf. Ich rassele mein Sprüchlein herunter: »Zelle neun, belegt mit ... Ach so, Sie sind's«, breche ich mitten im Satz ab. Wachtmeister Kaiser steht in der Tür und macht eine wegwerfende Bewegung mit der Hand. Er legt keinen Wert auf Meldung und zeigt auch sonst menschliche Regungen. »Schon gut, Herman, kommen Sie mit. Sie werden erschossen ... mit Brötchen.«

Ich laufe hinter ihm her nach unten in eine kleine Wachstube. Inge kommt dreimal in der Woche und das nun schon seit Monaten. Sie hat eine »Kommode« für mich abgegeben. Sie darf nicht immer alles da lassen, doch diesmal war man großzügig. Belegte Brote, eingemachte Birnen, Schokolade und ostzonale Zigaretten. Alles liegt aufgerissen in einem geöffneten Karton, den mir Kaiser übergibt. Beim letzten Mal hat man nur einen Kamm durchgelassen, alles andere mußte sie wieder mitnehmen.

Vor einiger Zeit habe ich den sächsischen Polizisten gefragt, ob er mir nicht etwas zum Lesen bringen könne. »Wie wär's zum Beispiel mit dem Kapital von Marx?«

»Hier gibt's nix zum Läsn«, war die knappe Antwort.

Auf der Toilette, die in diesem Haus für alle Gefangenen eines Korridors am Ende des Flurs ist, finde ich einige Seiten einer alten Ausgabe von Reader's Digest mit einer vollständigen Schauergeschichte von E. T. A. Hoffmann. Ich lese sie so oft, daß ich sie zum großen Teil auswendig runterleiern kann. Später bringe ich sie wieder an den Fundort, damit auch andere Häftlinge sich daran ergötzen können.

Im November 1948 holt mich Wachtmeister Kaiser aus der Zelle, diesmal mit den Worten: »Kommen Sie, Herman, Sie können dem Gniffke helfen, den Bau sauberzuhalten und die Öfen zu heizen.« Hinter vorgehaltener Hand fährt er lächelnd fort: »Ihre Mutter hat Sie mir wärmstens empfohlen. Sie sagt, daß Sie mit Kalfaktordiensten bestens vertraut seien, und diese Arbeit nicht das erste Mal machen würden.«

Endlich kann ich wenigstens für einige Stunden am Tag die Zelle verlassen und arbeiten. Ich lerne dabei Gert Gniffke kennen, den Sohn von Erich Gniffke, einem engen Freund und Parteigenossen von Otto Grotewohl. Grotewohl gehörte der SPD an und stand nach der zwangsweisen Vereinigung mit der KPD gemeinsam mit Wilhelm Pieck an der Spitze der SED. Erich Gniffke wollte die Politik der Einheitspartei nicht mitmachen und floh bei Nacht und Nebel nach Westdeutschland. Als der Verdacht aufkam, er sei getürmt, wurde seine Villa durchsucht, und man nahm, da man ihn nicht fassen konnte, den Sohn Gert fest. Gert ist etwa so alt wie ich. Er ist erst seit einigen Wochen in Potsdam. Seine Zelle ist luxuriöser eingerichtet als meine. Er hat Bettwäsche, Bücher und eine Schreibmaschine. Er erzählt mir, daß man ihn so lange schmoren lassen wolle, bis er sich in einem Artikel von den Verhaltensweisen seines Vaters distanzieren würde. Dann käme er sofort frei. Aber er denke nicht daran. Er hat dann fast ein Dreivierteljahr Sippenhaft abgesessen.

Eines Tages heißt es, wir müßten besonders gründlich und schnell säubern, da eine Besichtigung stattfinden solle. Noch am Vormittag werde ich wieder eingeschlossen. Vor der Tür nähern sich Schritte, jemand schließt auf. Ich mache meine übliche Meldung. Ein Mann in Zivil tritt ein, schiebt mich zur Seite, geht auf die Pritsche zu und schüttelt die Decke durcheinander. Danach sieht er sich sehr gründlich im Raum um, öffnet das Fenster und rüttelt an jedem Gitterstab. Als er damit fertig ist, stellt er sich dicht vor mich. Ich muß die Arme hochheben und die Beine auseinanderstellen. Er beginnt mich abzutasten, erst die Hosenbeine, den Hintern, den Oberkörper, den Rücken, zuletzt die Arme. Dann faßt er in alle Taschen, befühlt ringsum den Hosenbund, läßt mich die Schuhe ausziehen, er filzt mich von Kopf bis Fuß.

Im Türrahmen steht, durch Wachtmeister Kaiser etwas verdeckt und durch das trübe Licht im Gang nicht ganz deutlich zu erkennen, ein großer schlanker Mann mit Affenschaukeln und silbernen Kordeln an der blauen Uniform. Es ist Hans Winkler. In seinem Gesicht verrät keine Bewegung, daß er mich kennt, und ich sehe absichtlich zur Seite, um ihn nicht in Verlegenheit zu bringen.

Der Trupp geht zur nächsten Zelle. Als unser Bau nach einigen Stunden fertig inspiziert ist und Kaiser mich rausholt, damit ich meine Arbeit wiederaufnehmen kann, frage ich ihn, wer der Mann in der Offiziersuniform gewesen sei.

»Das ist Oberpolizeirat Winkler von der Verwaltung des Inneren. Er ist unser höchster Verwaltungschef in Karlshorst. Ihm unterstehen alle Strafanstalten in der sowjetischen Besatzungszone«, klärt mich der Wachtmeister auf.

Dann muß Onkel Hans doch bei seinen Bemühungen, eine interessante Position zu erlangen, erfolgreich gewesen sein, denke ich. Ich habe nach der Arbeit in meiner Einzelzelle genug Zeit, um über die Zufälle in der Vergangenheit nachzudenken. Sie sind schwer zu verstehen.

Von jetzt an wird vieles spürbar anders. Inges Pakete werden unkontrolliert an mich weitergegeben. Bei meiner täglichen Arbeit drücken die Wachtmeister ganz offensichtlich beide Augen zu. Wenn ich durch die geschlossene Tür mit meiner Mutter spreche, sehen sie absichtlich zur Seite und lassen mich gewähren. Inge bekommt zum ersten Mal, seit ich in Potsdam bin, Sprecherlaubnis, und wir können über eine Viertelstunde ungestört miteinander reden. Sie berichtet, daß in Luckenwalde ein großer Prozeß zu Ende gegangen sei, bei dem Ernest Wilkan der Hauptbeschuldigte war. Ernest sei am 10. Dezember 1948 als Wirtschaftssaboteur und Textilschieber zu zehn Jahren Zuchthaus verurteilt worden.

Einige Tage nach Inges Besuch wird meine Mutter entlassen. Am 3. Januar 1949, fast sechs Monate nach meiner Verhaftung, gibt mir Wachtmeister Kaiser Ausweis, Uhr und Schlüsselbund zurück. Als er die Tür zum Hof aufschließt, sagt er: »Auf Wiedersehen sagen wir lieber nicht. Dafür wünsche ich Ihnen alles Gute.«

Ich treffe meine Mutter in Luckenwalde bei Frau Escher, der ehemaligen Sekretärin von Ernest. Dort lese ich in der Märkischen Volksstimme den Bericht der Landeskontrollkommission vom 7. Oktober 1948, unterzeichnet vom Vorsitzenden Lentzsch. In der

- Die Landeskontrollkommission Brandenburg hat auf Grund von Mitteilungen einzelner Belegschaftsmitglieder die volkseigenen Textilbetriebe Fähndrich & Co. und Feintuchfabrik in Luckenwalde und den privaten Textilbetrieb Ehmisch & Söhne, ebenfalls in Luckenwalde, einer Ueberprüfung unterzogen und festgestellt:

1. Der Direktor der beiden volkseigenen Betriebe, der sich Dr. Ernest Wilkan nennt, ist ein Hochstapler, der fälschlicherweise den Doktortitel führt.

Dieser Wilkan hat sich bis 1945 als Spitzel für die Gestapo betätigt.

41 564 m Tuch verschoben

Wilkan hat seine erschlichene leitende Stellung mißbraucht, um mindestens 41 564 m wertvollste Tuche, hauptsächlich im französischen Sektor Berlins, auf dem Schwarzen Markt gegen Lebensmittel und Genußmittel und Schmuck und Wertsachen für den eigenen Bedarf einzuhandeln, zum Schaden der Textilversorgung der werktätigen Bevölkerung des Landes Brandenburg.

Wilkan hat durch seine betrügerischen geschäftlichen Manipulationen die ihm anvertrauten beiden volkseigenen Betriebe in Ihrer Entwicklung geschädigt, indem er einen Teil moderner Maschinen dem Produktionsprozeß durch Stillegung entzog und die Belegschaft an veralteten Maschinen arbeiten ließ. Außerdem wurde ermittelt, daß Wilkan ungefähr 250 000 DM veruntreut hat.

In beiden volkseigenen Betrieben wurden durch Wilkan 30 842 kg Rohmaterialien versteckt gehalten und der regulären Produktion entzogen.

2. Der Betriebsratsvorsitzende Willi Keil ließ sich von dem Hochstapler und Schieber Wilkan mit Nahrungs- und Genußmitteln bestechen und war diesem Verbrecher bei seiner volksfeindlichen Tätigkeit aktiv behilflich.

Der technische Betriebsleiter Ernst Dreßler, der Einkäufer Otto Lange und die Sekretärin Hildegard Escher waren die Komplicen des Wilkan bei seinen ungesetzlichen geschäftlichen Manipulationen. Ebenso waren die Ehefrau und der Stiefsohn des Wilkan, Eugen Hermann alias Friede, dabei behilflich, die auf dem Schwarzen Markt ergaunerten Wertsachen nach Frankreich zu verschieben.

Arbeiter ließen sich korrumpieren

Etliche Mitglieder des Betriebsrates ließen sich durch kleine Sonderzuwendungen des Wilkan ihr Mitbestimmungsrecht abkaufen, und ein großer Teil der Belegschaft zeigte völlig unangebrachtes Vertrauen gegenüber dem Wilkan und ließ sich durch kleine „soziale" Mätzchen in seiner Wachsamkeit täuschen

Die Belegschaft und ein Teil der Betriebsratsmitglieder sowie die verantwortlichen Leiter der demokratischen Massenorganisationen und auch der öffentlichen Verwaltungen in Luckenwalde duldeten, daß Wilkan das Mitbestimmungsrecht der Betriebsräte mißachtete.

So verweigerte Wilkan den Betriebsräten jeden Einblick in seine Geschäftsführung und in die Verwaltung der Lebensmittelvorräte des Betriebskindergartens, dessen Lebensmittellager in einem unbeschreiblichen Zustand von Schmutz und Verwesung vorgefunden wurde.

Wilkan konnte das Betriebsratsmitglied Günther Schumann unter Zustimmung des bestochenen Betriebsratsvorsitzenden Willi Keil unter fadenscheinigen Vorwänden fristlos entlassen.

Die fristlose Entlassung des Betriebsratsmitgliedes Schumann erfolgte, weil dieser versucht hatte, vom gesetzlichen Mitbestimmungsrecht Gebrauch zu machen, indem er eine Kontrolle der Geschäftsführung, der Produktion und anderer innerbetrieblicher Angelegenheiten forderte.

Die Haupttäter

Auf Veranlassung der Landeskontrollkommission wurden durch die Kriminalpolizei festgenommen und der Staatsanwaltschaft übergeben:

1. Ernst Wilkan alias Karlebach, Direktor der volkseigenen Textilbetriebe Fähndrich & Co. und Feintuchfabrik Luckenwalde;
2. Anja Wilkan, verwitwete Friede, geschiedene Hermann, Ehefrau des Wilkan;
3. Eugen Hermann alias Friede, Stiefsohn des Wilkan;
4. Ernst Dreßler, technischer Betriebsleiter der obengenannten volkeigenen Betriebe;
5. Otto Lange, Einkäufer der gleichen Betriebe;
6. Hildegard Escher, Sekretärin des Wilkan;
7. Willi Keil, Betriebsratsvorsitzender der beiden volkseigenen Betriebe;
8. Friedrich Knopf, Mitinhaber der Firma Ehmisch & Söhne in Luckenwalde;
9. Alfred Steltzner, technischer Betriebsleiter der Firma Ehmisch & Söhne;
10. Walter Marx, Leiter des Großhandelslagers des Revisions- und Wirtschaftsverbandes Brandenburg in Luckenwalde, Vorstandsmitglied der „Genossenschaft für Glas- und Bijouterie-Industrie, Dorf Zinna";
11. Friedrich Lindner, Inhaber der Firma Friedrich Lindner, Bijouteriewaren, in Luckenwalde.

Auszug aus dem »Amtlichen Bericht der Landeskontrollkommission Brandenburg«; veröffentlicht in: Märkische Volksstimme, 9./10. Oktober 1948

Liste der Haupttäter werden unter Nummer 1 bis 3 angeführt: Ernest Wilkan, Anja Wilkan und Eugen Herman alias Friede. Wilkan habe 41.564 Meter Stoff verschoben und auf dem schwarzen Markt gegen Schmuck und Genußmittel für den eigenen Bedarf eingetauscht. Meine Mutter und ich seien ihm behilflich gewesen, diese ergaunerten Wertsachen dann zu verschieben.

Von Frau Escher erfahren wir einige Hintergründe dieses Schauprozesses: Die laut Anklage verschobene Menge Stoff hätte leicht ausgereicht, um die Straße von Luckenwalde bis nach Potsdam mit einem breiten Stoffband zu pflastern. So viel Stoff kann niemand verschoben haben, denn eine solche Menge wurde nicht produziert, hätte auch gar nicht produziert werden können, weil dafür nicht die notwendigen Rohstoffe zur Verfügung standen. Vorausschauende Stalinisten wußten schon früh, daß man 1948 die Bedürfnisse nicht würde decken können, aber das zuzugeben, hätte dem Ansehen der Partei geschadet.

Um den Unmut der Bevölkerung wegen der miserablen Versorgung abzuleiten, mußte ein Sündenbock gefunden werden, und einen idealen und glaubhaften hatte man in Ernest Wilkan. Einen Juden in Zusammenhang mit Schiebungen zu bringen, konnte nicht verkehrt sein, und einen, der jahrelange Nazihaft lebend überstanden hatte, der muß doch suspekt, der muß einfach kriminell sein. Vielleicht hatten die dialektisch geschulten Genossen das alles schon lange im voraus geplant, als man ihm die Leitung der volkseigenen Betriebe nahelegte.

Es ist anzunehmen, daß Ernest nur einen geringen Teil der Strafe würde absitzen müssen. Wenn Gras über die Angelegenheit gewachsen ist, würde man ihn wahrscheinlich freilassen, vielleicht sogar rehabilitieren. Leider hat er die Geduld nicht. Schon ein paar Tage nach der Urteilsverkündung und Überführung in das Zuchthaus Luckau erhängt sich Ernest Wilkan in seiner Zelle. Er war der dritte Mann meiner Mutter. Danach heiratet sie nicht mehr.

Aber wir, Inge und ich, heiraten im März 1949 in Luckenwalde unter dem Namen Herman-Friede. Die Heiratsurkunde ist das erste Dokument, in dem ich diesen Namen trage. Der einsichtige Standesbeamte wendet nichts gegen diese Bezeichnung ein, denn Herman heiße ich in meiner Geburtsurkunde und Friede hieß der Mann, der mein Vater war.

Barbara Schieb-Samizadeh*

Die Gemeinschaft für Frieden und Aufbau

Es ist ein Glücksfall, daß Eugen Friede seine Erinnerungen aufgeschrieben hat, denn ohne seine Zeugenschaft würden viele Details und Zusammenhänge dieser Widerstandsgruppe im dunkeln geblieben sein. Das Auffinden von Papieren aus Hans Winklers Privatbesitz regte an, nach weiteren Dokumenten zu forschen und Menschen zu finden, die über die Gruppe als Zeugen Auskunft geben können. Im folgenden sollen die Ergebnisse dargestellt werden.

Wie alles begann

Das Zustandekommen der »Gemeinschaft für Frieden und Aufbau« war der Begegnung von Werner Scharff und Hans Winkler zu verdanken. Scharff suchte im September 1943 Winkler in Luckenwalde auf, nachdem es ihm gelungen war, aus dem Lager Theresienstadt zu fliehen. Beide führten ein denkbar unterschiedliches Leben: Werner Scharff mußte illegal an immer wechselnden Orten leben und war tagtäglich gefährdet, während Hans Winkler das normale Leben eines Justizangestellten in einer Kleinstadt führte. Beide waren vor ihrem Treffen dezidierte Gegner des NS-Regimes, die im Rahmen ihrer Möglichkeiten versuchten, oppositionelle Handlungen zu unterstützen.

Hans Winkler, geboren 1906 in Berlin-Rixdorf, wuchs in einer sozialdemokratisch orientierten Familie auf. Nach der Volksschule absolvierte er eine Verwaltungslehre beim Magistrat in Trebbin. Anschließend arbeitete er kurze Zeit als Angestellter der dortigen Stadt-

* Wissenschaftliche Mitarbeiterin der Gedenkstätte Deutscher Widerstand in Berlin

189

verwaltung und für zwei Jahre bei einer Bank am gleichen Ort, bis er im Oktober 1925 Justizangestellter beim Amtsgericht Luckenwalde wurde. 1926 heirateten er und Frida Klaehn (*1909). 1929 wurde ihr Sohn Horst geboren, und 1931 kam die Tochter Ruth zur Welt.

»Bis zum Jahre 1933 war ich indifferent im wahrsten Sinne des Wortes. Ich gehörte keiner Partei, keiner Gewerkschaft an, war lediglich Mitglied eines Sportvereins ... Der Hauptgrund, warum ich vielleicht nicht frühzeitig die politische Arena betrat, dürfte darin zu suchen sein, daß ich bis 1932 ein sehr eifriger und leistungsfähiger Sportler war... Meine Stimme hatte ich früher der Sozialdemokratischen Partei gegeben.«[1]

Nach der Machtübernahme der Nazis hörte Winkler in seinem Trebbiner Bekanntenkreis von den gnadenlosen Verfolgungen von Sozialdemokraten und Kommunisten, doch erst sein dienstlicher Auftrag, Vernehmungen im Luckenwalder Rathaus zu protokollieren, rüttelte ihn auf:

»Ich wurde zur Verschwiegenheit aufgefordert. Über diesen Auftrag war ich sehr erstaunt und sehe diesen als Wendepunkt in meinem sonst so geruhsamen Leben an. Jetzt konnte ich mich persönlich davon überzeugen, ob man sich in der Tat derartig an Menschen vergriff, nur weil sie einmal eine andere politische Meinung hatten ... Nachdem ich einige Tage dort tätig war, meldete ich mich krank, denn diese Art Behandlung hatte mich derartig mitgenommen, daß ich nachts laut ... von Blut geschrien haben soll.«[2]

1   Hans Winkler, Vom Indifferenten zum Hochverräter im III. Reich, maschinengeschriebenes Manuskript, S. 1, Luckenwalde o.J. in: Sammlung Winkler, Gedenkstätte Deutscher Widerstand (GDW). Dieses Manuskript bricht nach S. 12 unvermittelt ab. Die Datierung ist deshalb schwierig, weil es Winkler so schrieb, als befände er sich kurz vor seiner Verhaftung 1944, doch erkennbare zeitliche Vorgriffe lassen auch die Möglichkeit zu, daß er es später geschrieben hat. Seine Tochter meint, daß dieses Manuskript zu den Papieren gehörte, die ihr Vater 1944 einer Verwandten zur Aufbewahrung gab.
2   Ebd., S. 3f. Seine Erlebnisse legte Winkler ausführlich in seinem Manuskript nieder: Meine Erinnerungen als Protokollführer bei der Hitler'schen Geheimen Staatspolizei, 1935/1942, in: Sammlung Winkler, GDW.

Einer seiner besten Freunde war der Vorsitzende des Trebbiner Sportvereins Günther Samuel.[3] Er war am Ort Inhaber eines Konfektionswarengeschäfts. Schon 1933 wurde er als Jude so unter Druck gesetzt, daß er »freiwillig« Trebbin verließ. In einem Umschulungslager ließ er sich für seine geplante Auswanderung ausbilden. Aus nicht näher bekannten Gründen konnte Samuel jedoch nicht emigrieren. 1935 zog er in die Utrechter Straße 36 (heute: Groninger Straße) in Berlin-Wedding.[4] Nach seiner ersten Ehe mit einer nichtjüdischen Frau, die sich um 1933 von ihm scheiden ließ, heirateten er und Else Urbaniczyk[5], die im Jüdischen Krankenhaus in der Iranischen Straße als Oberschwester arbeitete. 1936 wurde ihr Sohn Hans-Peter geboren. Günther Samuel wurde zu einem unbekannten Zeitpunkt Angestellter in einem jüdischen Wäscheversandgeschäft.[6] Dort lernte er den Fahrstuhlführer Eberhard Kozlowski kennen, der mit seiner Frau Pelagia in der Utrechter Straße 33 wohnte.[7]

Ohne Mitglieder der KPD gewesen zu sein, standen sie den Kommunisten nahe, ebenso wie der Kellner Emil Schwarze, der im gleichen Haus wie die Familie Samuel wohnte. Über Günther und Else Samuel hatte auch Hans Winkler guten Kontakt zu Kozlowskis und Emil Schwarze.[8]

3 Er wurde 1903 in Trebbin geboren; zu den persönlichen Daten s. die Deportationsliste vom 4.8.1943, als Abschrift vom 4.4.1944 erhalten, Landesarchiv Berlin.
4 Hans Winkler, Vom Indifferenten zum Hochverräter, S. 6; im Berliner Adreßbuch 1936 (d.h.: Stand von 1935) steht der kaufmännische Angestellte Günther Samuel in der Henningsdorfer Straße 15 in N 65 (d.i. Wedding) verzeichnet. Laut Adreßbuch von 1938 wohnte er in der Utrechter Straße 36.
5 Hans Winkler, Vom Indifferenten zum Hochverräter, S. 6; Else Samuel wurde 1905 geboren, s. Deportationsliste vom 4.8.1943, a.a.O.
6 Anklageschrift des Generalstaatsanwalts beim Kammergericht gegen Pelagia Kozlowski vom 22. 3. 1945, S. 1; BA/Außenstelle Berlin, NJ 6944. Diese zweiseitige Anklageschrift ist im Faksimile veröffentlicht in: Arnold Paucker, Some Notes on Resistance, YB LBI XVI, 1971, zwischen S. 240 und 241.
7 Ebd. und Berliner Adreßbuch 1935.
8 In seinem Manuskript »Vom Indifferenten zum Hochverräter« berichtet Winkler davon, daß er und seine Freunde der »KPD-Sektion Gesundbrunnen« lose angehörten: »Es wurde auch ... die ›Rote Fahne‹ ... auf Abzugspapier herausgebracht. Da inzwischen auch innerhalb der Sektion Streitigkeiten vorkamen, einer traute den andern nicht mehr, auch die Gestapo-Henker Ernte hielten, flog der kleine Apparat wieder auf. Durch gute Tarnung hatte man uns nicht erwischt. Wir drei Rabauken, Samuel, Kozlowski und ich blieben trotzdem wie die Kletten eng zusammen und vertrösteten uns auf eine spätere Zeit.« (S. 7) Da dies die einzige Quelle für Winklers kommunistische Widerstandsaktivitäten ist, muß damit

1936 zog die Familie Winkler von Trebbin nach Luckenwalde. Sie wohnten dort in der Bismarckstraße 6, die zu einer neu errichteten Siedlung gehörte, in der überwiegend Beamte und Angestellte lebten. Obwohl viele Menschen auf engem Raum in den Reihenhäusern wohnten, blieb der nachbarschaftliche Kontakt eher distanziert. Einschneidende Ereignisse waren für Hans Winkler die »Kristallnacht« am 9./10. November 1938 und der Beginn der Deportationen im Oktober 1941.

»Am 26. Dezember 1941 besuchte ich nach etwas längerer Zeit wieder einmal meinen Freund Günther Samuel. Anwesend war dabei ein Ehepaar Block. Bei dieser Gelegenheit hörte ich nun, was sich alles inzwischen in Berlin zugetragen hatte. Grauenhaft. Ich hörte nun zum ersten Male, daß sich Leute versteckt halten, um ihrem sicheren Tod zu entgehen. Daß es gute Menschen gab, die so etwas wagten, sie in ihrer Wohnung versteckt hielten und auch versorgten ... Im Laufe der Unterhaltung wurde ich nun von den Eheleuten Block gefragt, ob ich ihnen nicht eine Chance geben kann, um ihr Leben zu retten. Ich wußte natürlich keine ... Voller Gedanken trat ich die Rückfahrt von Berlin nach Luckenwalde an ... Ich überlegte, wie sollte ich helfen ... Plötzlich durchzuckte mich der Gedanke, ob es nicht möglich wäre, eine Gesinnungsgemeinschaft zu gründen, die gemeinsam so etwas unterstützen würde. Ich hatte einige Bekannte, denen ich mich anvertrauen wollte ... Nachdem ich mir also das alles so richtig durchdacht hatte, entwarf ich eine provisorische Gründungsniederschrift und fuhr damit dann einige Tage später nach Berlin. Da auch Günther Samuel fest entschlossen war mitzumachen, wurde die Angelegenheit noch am selben Tag festgemacht.«[9]

Als sie einen Namen suchten, brachte sie Else Samuel auf die Idee eines Sparvereins, den sie wegen des hohen Risikos »Großer Einsatz«

vorsichtig umgegangen werden. 1938 wurde gegen sechs Mitglieder des Unterbezirks Gesundbrunnen der KPD vom Kammergericht Anklage wegen Vorbereitung zum Hochverrat erhoben. S. Hans-Rainer Sandvoß, Widerstand in einem Arbeiterbezirk, Heft 1 der Schriftenreihe über den Widerstand in Berlin von 1933 - 1945, Informationszentrum Berlin 1983, S. 63.
9   Hans Winkler, Vom Indifferenten zum Hochverräter, S. 9 u. 12.

nannten.[10] Die Aufgaben des Sparvereins bestanden darin, Geld und Lebensmittel bzw. -marken zu sammeln, um sie Samuels oder anderen Verfolgten zur Verfügung zu stellen. Hans Winkler konnte auch in Luckenwalde Teilnehmer für den Sparverein gewinnen: soweit bekannt ist, waren Henry Landes, Paul Rosin[11], Paul Hitze und Paul Rißmann[12] daran beteiligt. Weitere Details über den Sparverein sind nicht bekannt.

Als die Deportationen auch die Familie Samuel zu erfassen drohten, hatte Hans Winkler noch kein geeignetes Versteck für sie gefunden; zwar hatte er geplant, sie durch Paul Rißmann unterbringen zu lassen, doch der siebenjährige Hans-Peter war zu unruhig für ein Leben im Verborgenen.

Im Gegensatz zu dem politischen Werdegang Winklers ist über den Lebensweg Werner Scharffs, seiner Frau Gertrud und seiner Freundin Fancia Grün weniger bekannt:

Werner Scharff wurde 1912 in Posen geboren. Seine Schwester Ilse war ein Jahr jünger, sein Bruder Stephan wurde 1920 geboren. In den zwanziger Jahren zog die Familie Scharff nach Berlin und wohnte in der Gitschiner Straße 70 in Kreuzberg. Werner wurde Elektrotechniker. Seit dem Tod seines Vaters 1929 fühlte er sich für seine Mutter und seine jüngeren Geschwister verantwortlich.[13] In den dreißiger Jahren arbeitete er als Angestellter der Firmen Dossmar und Adams, die beide Aufträge der Jüdischen Gemeinde ausführten, so daß er deren Gebäude, Institutionen und Angestellte kennenlernte.

Gertrud Weismann, geboren 1915 in Friedberg/Hessen, verlor ihren Vater in frühester Kindheit. Da sich ihre erwerbstätige Mutter nicht um ihre Kinder kümmern konnte, gab sie Sohn und Tochter nach Berlin ins Auerbachsche Waisenhaus, ein privates jüdisches

10 Ebd., S. 12. An dieser Stelle bricht Winklers Manuskript abrupt ab.
11 Anklageschrift des Oberreichsanwalts beim Volksgerichtshof (VGH) gegen Hans Winkler u.a. vom 21.2.1945, S. 6.
12 Hans-Joachim Wolff, Antifaschisten in Luckenwalde-Jüterbog beugen sich nicht, in: Helle Sterne in dunkler Nacht, Studien über den antifaschistischen Widerstandskampf im Regierungsbezirk Potsdam 1933-1945, hgg. v. der Bezirksleitung der SED Potsdam 1988. Zur Biographie Paul Hitzes s. den Artikel »Zug Grüneberg ringt um Ehrennamen ›Paul Hitze‹«, Märkische Volksstimme 1.3.1983.
13 Interview mit Gertrud Scharff, August 1989.

Waisenhaus in der Schönhauser Allee 162. Anfang der dreißiger Jahre absolvierte Gertrud Weismann eine Lehre als Buchhalterin und arbeitete in diesem Beruf bis 1939. Als ihre Mutter Dorothea Weismann in Berlin Arbeit fand, konnte die Familie zusammen wohnen: in einer sehr kleinen Wohnung am Zionskirchplatz.[14] Werner Scharff und Gertrud Weismann arbeiteten abends als Beleuchter bzw. Kartenverkäuferin im Theater des »Jüdischen Kulturbunds Berlin« in der Kommandantenstraße, wo sie sich 1937 auch kennenlernten. Knapp zwei Wochen nach der »Kristallnacht«, am 22. November 1938, heirateten sie. Obwohl beide nicht religiös waren, ließen sie sich aus Rücksicht auf ihre Mütter nach jüdischem Ritus trauen. Gemeinsam planten sie ihre Auswanderung, die dann durch den Beginn des Zweiten Weltkrieges unmöglich gemacht wurde.

Um 1941 wurde Werner Scharff als Elektriker von der Berliner Jüdischen Gemeinde angestellt, sein Arbeitsplatz waren die verschiedenen gemeindeeigenen Gebäude, hauptsächlich jedoch arbeitete er in der als Sammellager mißbrauchten Synagoge in der Levetzowstraße.

Wenn er davon hörte, daß die aus ihren Wohnungen Abgeholten von der Gestapo ausgeplündert wurden, versuchte er, ihnen die geraubten Gegenstände wieder zu ersetzen. Dabei konnte er auf seine Familie und Freunde zurückgreifen, die ihn in seinen gefährlichen Hilfeleistungen unterstützten. Bald ging er in seinen illegalen Hilfsaktionen weiter: als Gestapo-Beamter getarnt, schmuggelte er Wertgegenstände von Abgeholten aus ihren versiegelten Wohnungen oder organisierte Lebensmittel, die Zurückbleibende ihren Angehörigen mitgeben wollten.[15]

Gestapo-Beamte, die ihn kannten, baten ihn, auch in ihren Privatwohnungen Schäden zu beheben. Diese Gelegenheiten nutzte er, um dort nach Hinweisen auf bevorstehende Deportationen zu su-

14   Ebd. Ihr Bruder wurde während des Pogroms am 9./10. 11. 1938 verhaftet und in das KZ Buchenwald gebracht. Dank der Bemühungen seiner Schwester kam er frei und konnte in der ersten Jahreshälfte 1939 nach Palästina auswandern.
15   Edith Hirschfeld, Werner Scharff, in: Den Unvergessenen, Opfer des Wahns 1933 bis 1945, hgg. von Hermann Maas und Gustav Radbruch, Heidelberg 1952, S. 11-18, hier S. 14.

chen. Er bemühte sich, Freunde und Bekannte vor ihrer drohenden Abholung zu warnen, damit sie rechtzeitig untertauchen konnten.[16] Vom jüdischen Arbeitsamt, das unter Gestapo-Regie stand, erfaßt, mußten Martha und Stephan Scharff in Rüstungsbetrieben zwangsverpflichtet arbeiten. Gertrud Scharff hatte das Glück, zur Kreuzberger Druckerei Adolf Wiegel in der Köpenicker Straße 115 vermittelt zu werden. War sie dort anfangs in der Packerei tätig, stieg sie als gelernte Buchhalterin bald ins Büro auf. Dadurch entwickelte sich ein persönlicher Kontakt zur Familie Wiegel und den anderen Büroangestellten. Vor allem mit Frieda Wiegel und der Prokuristin Ida Röscher kam es zu einem herzlichen Verhältnis, beide versorgten Gertrud Scharff mit für Juden verbotenen zusätzlichen Lebensmitteln.[17]

Werner Scharff wußte, daß ein Überleben nur im Untergrund möglich war. Zur Absicherung einer illegalen Existenz waren falsche Papiere unerläßlich. Aus diesem Grund vereinbarte er mit seiner Frau, an ihrem Arbeitsplatz falsche Werksausweise zu drucken. Gertrud Scharff suchte sich als angebliche Arbeitsstätte für die Illegalen das Chemisch-Metallurgische Laboratorium in der Schöneberger Bahnstraße 27 (heute: Crellestraße) aus dem Telefonbuch heraus.[18] Bei einer Stempelfirma ließ sie einen passenden Firmenstempel anfertigen. Auf blauem Karton druckte sie ungefähr 100 täuschend echt wirkende Werksausweise, deren Verteilung ihr Mann

---

16   Auf Werner Scharffs Hinweis tauchten Dr. Kurt Hirschfeld Ende 1942 und das Ehepaar Ilse und Gerhard Grün im Februar 1943 unter.
17   Die Firma Wiegel behandelte auch ihre anderen jüdischen Zwangsarbeiter gut und finanzierte einem, Max Kiewe, seine Auswanderung nach Shanghai. Frieda Wiegel wurde am 9.11.1961 vom Berliner Senat als »Unbesungene Heldin« (im folgenden: »UH«) geehrt; s. ihre Akte beim Berliner Innensenat. Wiegels beherbergten später auch den illegal lebenden Alfred Gerschlowitz (* 1871), der überlebte; s. »Neue Liste von Juden in Berlin«, in: »Aufbau«, New York, 9.11.1945ff.
18   Gertrud Scharff berichtete in Interview (August 1989), daß sie auf diese Firma zufällig stieß. Es ist ein weiterer Zufall, daß diese Firma bis 1935 der jüdischen Familie Davidsohn gehörte, deren Sohn Alfred (*1912) nach 1933 für die illegale KPO arbeitete. Das Labor, in dem er selbst arbeitete, diente auch zur Herstellung von illegalen Flugschriften. S. Gisela Wenzel, Insa Eschebach: Alfred Davidsohn – Leben »gegen den Strom«, in: Leben in Schöneberg/Friedenau 1933-1945, hgg. vom Bezirksamt Schöneberg, Berlin 1987(2), S. 132f.

übernahm. Wer außer Eugen Friede solche Ausweise erhielt, ist bisher unbekannt.[19]

Die »Fabrikaktion« am 27. Februar 1943 war ein tiefer Einschnitt für die rassistisch Verfolgten, da nun alle von den Deportationen bisher Verschonten erkannten, daß sie durch kriegswichtige Arbeiten nicht mehr geschützt waren.[20] Werner Scharff wußte von der bevorstehenden Aktion und warnte seinen Familien- und Freundeskreis. Seinem Bruder Stephan riet er, pünktlich zur Arbeit zu gehen, sich dort krank zu melden und wieder zu verschwinden. Da die Gestapo jedoch früh morgens in diesen Betrieb kam, wurde Stefan Scharff verhaftet und in das Sammellager »Clou« gebracht.[21] Seine Befreiung schildert Eugen Friede. Werner Scharff konnte jedoch die Deportation seiner Mutter und Schwiegermutter nicht verhindern.[22]

Nach der »Fabrikaktion« konnte Gertrud Scharff nicht mehr bei Wiegels arbeiten, weil kein Betrieb Juden legal beschäftigen durfte, doch hielt sie den Kontakt aufrecht. Während sie weiterhin in der Gitschiner Straße 70 wohnte, suchte sie sich mit falschen Papieren

19 Gertrud Scharff hat solch einen Ausweis, ausgestellt für Werner Scharff auf den Namen »Schilling«, bei ihren Papieren gefunden – bisher ist ihr selber unklar, wie er die NS-Zeit überdauerte. Sie übergab den Ausweis der GDW, die ihn auf der Titelseite ihres Begleitmaterials Nr. 22.1. veröffentlichte.

20 Bislang gibt es noch keine Studie über die »Fabrikaktion« im einzelnen; so ist zur Berliner Deportationsgeschichte nur auf die folgenden Standardwerke zu verweisen: Robert M.W. Kempner, Der Mord an 35000 Berliner Juden, Der Judenmordprozeß in Berlin schreibt Geschichte, in: Gegenwart im Rückblick, Festgabe für die Jüdische Gemeinde zu Berlin, 25 Jahre nach dem Neubeginn, hgg. v. Herbert A. Strauss u. Kurt R. Großmann, Heidelberg 1970. Hildegard Henschel, Aus der Arbeit der Jüdischen Gemeinde Berlin während der Jahre 1941-1943, in: Zeitschrift für die Geschichte der Juden, hgg. v. Hugo Gold, Tel Aviv, Jg. IX, Nr. 1/2, 1972, S. 33-52. Kurt J. Ball-Kaduri, Berlin wird judenfrei, in: Jahrbuch für die Geschichte Mittel- und Ostdeutschlands Jg. 22, 1973, S. 197-241. Raul Hilberg, Die Vernichtung der Europäischen Juden. Die Gesamtgeschichte des Holocaust, Berlin 1982.

21 Der »Clou« war als erste Berliner Markthalle Ende letzten Jahrhunderts in der Mauerstraße errichtet worden. Nach dem Bau der Zentralmarkthalle in der Nähe des Alexanderplatzes wurde der »Clou« Vergnügungs- und Versammlungslokal. 1927 hielt Adolf Hitler hier seine erste Rede in Berlin. Für die »Fabrikaktion« wurde das Lokal kurzzeitig zum Sammellager für Juden umgewandelt.

22 Nach dem Gedenkbuch, Opfer der Verfolgung der Juden unter der nationalsozialistischen Gewaltherrschaft in Deutschland 1933-1945, hgg. v. BA Koblenz u. dem Internationalen Suchdienst Arolsen, 1986, ist Martha Scharff in Auschwitz verschollen; Angaben zu Dorothea Weismann fehlen.

eine neue Arbeit und meldete sich auf Stellenangebote in Zeitungen. Die pharmazeutische Firma Bauer in der Koenigsallee 23 in Berlin-Grunewald stellte sie als Buchhalterin ein.[23]

Am 10. Juni 1943 tauchten Gertrud und Werner Scharff unter – es war der Tag, an dem die letzten Mitglieder und Angestellten der »Reichsvereinigung der Juden in Deutschland« verhaftet wurden, was Werner Scharff rechtzeitig in Erfahrung gebracht hatte. Während sich Gertrud Scharff mit Hilfe von Frieda Wiegel, Ida Röscher und deren Schwestern verstecken konnte, ist bis heute unbekannt, welche Quartiere Werner Scharff fand. Zu Edith Berlow, die ihren späteren Mann Dr. Kurt Hirschfeld in ihrer Wohnung in der Menzelstraße 9 in Berlin-Grunewald versteckte, konnte auch Werner Scharff jederzeit kommen. Dort traf er sich ab und zu mit seinem Freund Ludwig Lichtwitz, der ebenfalls im Untergrund lebte. Gertrud und Werner Scharff hatten neben den gefälschten Werksausweisen auch falsche Kennkarten zur Verfügung: das Nachbarehepaar Irma und Hans Dreger, das mit Scharffs befreundet war, übergab ihnen ihre Personalpapiere, in denen nur die Fotos ausgewechselt werden mußten.[24] Auch Werner Scharffs Freund Werner Wiczorek gab ihm seine »arische« Kennkarte.[25]

Doch schon am 14. Juli 1943 wurde Werner Scharff durch Zufall entdeckt:

»Er sprach mit mir [d.i. Edith Hirschfeld] aus einer Telefonzelle, um uns zu sagen, daß er sofort käme. Als er aus der Zelle herauskam, wollte ein ihm bekannter Gestapobeamter hinein (er war in Begleitung zweier Juden, die ihm bei Verhaftungen helfen mußten), erkannte ihn und nahm ihn fest. Scharff hatte einen Revolver bei sich, von dem er Gebrauch gemacht hätte, wenn die beiden Juden nicht gewesen wären ... Die Gestapo machte von ihrem Wissen um den Revolver keinen Gebrauch, denn die Beamten mochten ihn gern.«[26]

---

23 Interview mit Gertrud Scharff, August 1989.
24 Ebd. Laut Berliner Adreßbuch 1943 wohnte das Ehepaar Dreger in der Gitschiner Straße 70.
25 Beide Tarnnamen Werner Scharffs wurden der Gestapo im Laufe der Zeit bekannt; s. Anklageschrift gegen Winkler u.a. 21.2.1945, S. 6.
26 Edith Hirschfeld, Werner Scharff, S. 14. Gertrud Scharff weiß, daß sich diese

Im Sammellager und Gefängnis, das die Gestapo im ehemaligen Jüdischen Altersheim in der Großen Hamburger Straße 26 eingerichtet hatte, wurde Werner Scharff bis zu seiner Deportation festgehalten.

Fancia Glück, geboren 1904 im galizischen Stryj, heiratete in Berlin zu einem unbekannten Zeitpunkt Gerhard Grün. Ihre gemeinsame Wohnung befand sich in der Weißenburger Straße 20 im Berliner Bezirk Prenzlauer Berg.[27] Ihre Ehe wurde wahrscheinlich zwischen 1933 und 1940 wieder geschieden. Fancia Grüns Beruf ist zwar unbekannt, doch bis zu ihrer Illegalität war sie Mitarbeiterin der Jüdischen Meldestelle[28], wo sie wahrscheinlich Werner Scharff kennenlernte, mit dem sie sich anfreundete. Gertrud Scharff wußte von der Beziehung zwischen ihrem Mann und Fancia Grün. Auch Fancia Grün tauchte am 10. Juni 1943 unter. Die Umstände ihrer Verhaftung im Juli 1943 sind bis heute unbekannt. Zusammen mit Werner Scharff wurde sie am 4. August 1943 von Berlin ins Lager Theresienstadt deportiert.[29]

Im gleichen Zug nach Theresienstadt befand sich die Familie Samuel. Es kam zu einer Begegnung zwischen Werner Scharff und den Samuels – wobei offen bleiben muß, ob sie auf dem Weg nach oder in Theresienstadt stattfand. Samuels erzählten Werner Scharff von der Bereitschaft Winklers, sie zu verstecken. Als sie erfuhren, daß Scharff aus Theresienstadt fliehen wollte, gaben sie ihm Winklers Adresse in Luckenwalde.[30]

Szene in der Nähe des Hackeschen Marktes zugetragen hat. Noch heute hält sie es für außerordentlich leichtsinnig, daß er sich gerade dort aufgehalten hat, wo er bekannt war.

27   Berliner Adreßbuch 1933.

28   Ihr Geburtsdatum und ihre Tätigkeit sind aus der Deportationsliste vom 4.8.1943 ersichtlich.

29   Die Deportationsliste dieses Transports weist insgesamt 70 Menschen auf. Die Gründe dafür, daß beide als »geschnappte« Illegale in das als »Vorzugslager« geltende Theresienstadt deportiert wurden, sind nicht bekannt. Klaus Scheurenbergs Bericht über eine Unterredung zwischen Werner Scharff und dem Gestapo-Leiter der Großen Hamburger Straße, Walter Dobberke, kann durchaus glaubwürdig sein. Dobberke soll Sympathien für Scharff gehabt haben, so daß er ihn nicht auf die Liste des nächsten »Osttransports« setzte. S. Klaus Scheurenberg, Ich will leben, Ein autobiographischer Bericht, Berlin 1982, S. 130.

30 Else und Hans-Peter Samuel sind in Auschwitz ermordet worden, Günther Samuel wurde am 30.12.1944 in Dachau ermordet; s. Gedenkbuch, a.a.O., 2. Band.

Offenbar hatte Werner Scharff von Anfang an den Plan, aus dem Lager Theresienstadt zu fliehen.[31] Als günstigste Stelle dafür suchte er den »Bauhof«[32] aus und besorgte sich auf nicht bekannten Wegen einen gefälschten Passierschein. Er, Fancia Grün und Abraham Niegho[33] verschafften sich dort am 7. September 1943 Zugang zu einem unbenutzten Raum, durch dessen Fenster sie ins Freie gelangten.[34] Die Flüchtlinge schlugen sich tagelang teils zu Fuß, teils per Bahn nach Berlin durch.[35]

Durch seinen – relativ kurzen – Lageraufenthalt hatte sich Werner Scharffs Gegnerschaft zum NS-Staat noch weiter radikalisiert, denn er floh nicht nur, um sein Leben zu retten, sondern um gegen dieses Regime zu kämpfen:

»Scharff, im Innersten getroffen, ruhelos, mußte irgend etwas tun. Es gab für ihn nur einen Gedanken: Wie kann man die Menschen aufrütteln, wie es ihnen nahebringen, daß alles Lüge und Verderben ist, was die Regierung tut und schreibt.«[36]

Um diesen Gedanken in die Tat umzusetzen, suchte Werner Scharff Verbündete. Er hatte zwar einen großen Freundeskreis, doch die meisten waren als Juden in ihrer Handlungsfreiheit eingeschränkt: entweder lebten sie in »privilegierter Mischehe« oder untergetaucht wie er selber. Für seine Pläne brauchte er Menschen, die seine Einstellung teilten und risikobereit, doch weniger exponiert als er selbst waren. In Hans Winkler fand er einen zuverlässigen Mitstreiter.

Die bemerkenswerte Begegnung im September 1943 zwischen Werner Scharff und Hans Winkler wird von Eugen Friede eindrucksvoll beschrieben. Dieses Zusammentreffen ist als Beginn der »Gemeinschaft für Frieden und Aufbau« anzusehen. Beide Männer

31 Scheurenberg, a.a.O., S. 130ff.
32 Im Bauhof Theresienstadt wurden diverse handwerkliche Arbeiten ausgeführt. Er lag außerhalb des eigentlichen Lagers, dicht an der Straße Prag-Dresden.
33 Geboren 1914 in Brüssel, lebte er lange Jahre in Berlin. Wie er mit Werner Scharff in Kontakt kam, ist unbekannt. Er gab im Zuge seiner Anerkennung als »Opfer des Faschismus« (Akte Nr. 34987 im Verwaltungsarchiv des Berliner Magistrats) an, mit Werner Scharff und Fancia Grün geflohen zu sein.
34 Klaus Scheurenberg, a.a.O. Kein Werk über Theresienstadt erwähnt diese Flucht.
35 Dies erzählte Werner Scharff seiner Frau, Interview mit ihr im August 1989.
36 Edith Hirschfeld, Werner Scharff, S. 15.

spürten, daß sie sich in ihren Fähigkeiten nahezu ideal ergänzten. Durch ihre Zusammenarbeit wurde die Struktur der Widerstandsgruppe festgelegt: Winkler und Scharff bezogen Menschen in die Tätigkeiten der Gruppe ein, von denen sie wußten, daß sie regimekritisch eingestellt und vertrauenswürdig waren. Beide mobilisierten ihren jeweiligen Freundes- und Bekanntenkreis und gewannen auch neue Menschen dazu.

Die Beteiligten

Langjährige Freunde Werner Scharffs waren Hans Rosenthal, Alexander Rothholz und Ludwig Lichtwitz.

Hans Rosenthal, 1903 geboren, war bis 1933 Ingenieur bei der Firma Osram, wurde dann Angestellter der Jüdischen Gemeinde und organisierte deren Einkäufe.[37] Zusammen mit seiner Mutter überlebte er in der Iranischen Straße. Durch ihn kam Werner Scharff mit dem Bürstenfabrikanten Otto Weidt[38] in Verbindung, bei dem er – wie seine Frau berichtete –»ein und aus«[39] ging. Einzelheiten der mutmaßlichen Kooperation hat Scharff ihr allerdings nie anvertraut.

Alexander Rothholz, geboren 1904, war Werner Scharffs Kollege:

>»Ich bin von 1941 ab in sämtlichen Evakuierungslägern Berlins, in denen Juden untergebracht waren, als Handwerker eingesetzt worden, und zwar war ich im Auftrage der Firma Lothar Hermann, früher Elsäßer Straße 54, tätig. Diese Firma hatte den Auftrag über die Bauabteilung der jüdischen Gemeinde bekommen, die ihrerseits wieder von der Gestapo den entsprechenden Auftrag bekommen hatte ... Meine Haupttätigkeit bestand darin, die Verdunke-

---

37 Hans Rosenthal wurde durch Inge Deutschkrons Autobiographie »Ich trug den gelben Stern«, Köln 1978, bekannt; s. auch das Mitgliederverzeichnis der Jüdischen Gemeinde Berlin, um 1947, S. 99.
38 Ebd. und Regina Scheer, Bürstenfabrik Otto Weidt. Ein Bericht, in: Temperamente, Berlin-DDR 1984, S. 62-75; Barbara Schieb-Samizadeh, Die kleinen Schritte der Forschung. Über die Schwierigkeiten, die Geschichte der Helfer der während der NS-Zeit versteckten Juden zu recherchieren, in: Zeitgeschichte, 17.Jg., Heft 11/12, Aug./Sept. 1990, S. 419-431.
39 Interview mit Gertrud Scharff, August 1989.

lung der Läger in Ordnung zu bringen, und auch Malerarbeiten auszuführen ... Hinzufügen möchte ich noch, daß ich in einer illegalen Gruppe, Freies Deutschland, tätig gewesen bin. Der Leiter dieser Gruppe war ein gewisser Werner Scharff, der Mitte März 1945 im Lager Sachsenhausen umgebracht worden ist. Die Hauptaufgabe dieser Gruppe war, auf die Rechercheure, Pfeifer und Fahnder der Gestapo zu achten. Ich selbst bin der Verbindungsmann zwischen den einzelnen Lägern und der illegal arbeitenden Gruppe gewesen. Die Gruppe hat in den einzelnen Fällen Todesurteile verhängt und zustellen lassen. Ich selbst habe 2 solcher Todesurteile mit unterschrieben. Es lag in der Natur der Sache, daß Werner Scharff und ich mit sämtlichen Fahndern der Gestapo scheinbar auf bestem Fuß leben mußten, um unseren Aufgaben gerecht werden zu können.«[40]

Auch Rothholz hatte engen, freundschaftlichen Kontakt zu Otto Weidt.[41] Ohne verhaftet worden zu sein, überlebte Rothholz das Ende der NS-Zeit. Hans-Peter Messerschmidt, der ebenfalls bei der Firma Hermann beschäftigt war, wurde 1943 nach Auschwitz deportiert und konnte einen Brief an Alexander Rothholz aus dem Lager schmuggeln, in dem er die furchtbaren Lebensbedingungen schilderte.[42] Daraufhin schickte Rothholz regelmäßig Lebensmittelpakete nach Auschwitz. Später erfuhr Messerschmidt, daß Rothholz zu der Widerstandsgruppe gehört hatte und Flugblätter an öffentlichen Orten, z. B. Telefonzellen, abgelegt hatte.[43]

Ludwig Lichtwitz, 1903 geboren, war der Bruder des Druckereibesitzers Max Lichtwitz, der die »Jüdische Rundschau« druckte. Ludwig Lichtwitz war selber von Beruf Drucker, und mit seiner christlichen Frau Wally in »Mischehe« verheiratet. »Bei den dauernden Abholungen war mir diese zwangsläufige Entwicklung klar und ich hatte, um dem begegnen zu können, in Moabit einen Raum gefunden, den

40 Vereidigte Zeugenaussage von Alexander Rothholz vom 4.7.1951 in der Strafsache gegen Günter Abrahamson wegen Verbrechen gegen die Menschlichkeit, Archiv des LG Berlin, (510) 1 P.Kls 7.52 (47.52), Heft 2, S. 21v f.
41 Inge Deutschkron in einem persönlichen Gespräch im April 1991.
42 Messerschmidt übergab diesen Brief der Jüdischen Abteilung des Berlin-Museums.
43 Interview mit Hans-Peter Messerschmidt am 5.3.1991.

ich unter anderem Namen mietete und in dem ich eine Werkstatt einrichtete.«[44] Dieses Quartier in der Waldstraße 56 war eine Ladenwohnung, die Werner Scharff als Firma für Elektromateriallieferungen nach außen tarnte. Zusammen mit Lichtwitz wohnte dort Samson Schönhaus, ein junger Graphiker, der seit dem Sommer 1942 untergetaucht war. Durch Edith Wolff[45] hatte dieser Kontakt zu Franz Kaufmann, für dessen Kreis er Papiere für Untergetauchte umänderte.[46] Seit Schönhaus mit Lichtwitz das Versteck in der Waldstraße teilte, arbeitete auch Lichtwitz für den Kaufmann-Kreis. Obwohl es bisher keine eindeutigen Beweise gibt, kann es durchaus sein, daß Werner Scharff vor seiner Verhaftung im Juli 1943 dieses Versteck gelegentlich benutzte.[47] Es ist heute bekannt, daß Ludwig Lichtwitz Werner Scharffs Idee der gefälschten Werksausweise übernommen hatte. Ähnliche Ausweise mit dem gleichen Firmennamen, auf orangefarbenem Karton gedruckt, erhielten sowohl Kurt Hirschfeld als auch Konrad Latte von Ludwig Lichtwitz.[48] Weitere Details einer Zusammenarbeit zwischen Scharff und Lichtwitz sind leider nicht aufzufinden.[49]

44   Zeugenaussage Ludwig Lichtwitz' vom 15.12.1947 im Verfahren gegen Günter Abrahamson wegen Verbrechen gegen die Menschlichkeit, a.a.O., Heft 1, S. 19.
45   Tochter von Theodor Wolff, Mitinitiatorin des sog.»Mampe-Kreises«, einer Gemeinschaft für junge »Mischlinge« evangelischen Glaubens. Sie war später engste Mitarbeiterin im »Kaufmann-Kreis«; Verhaftung im Sommer 1943; sie überlebte das KZ Ravensbrück; s. Leon Brandt, Menschen ohne Schatten. Juden zwischen Untergang und Untergrund 1938-1945, Berlin 1984; Ferdinand Kroh, David kämpft. Vom jüdischen Kampf gegen Hitler, Reinbek 1988.
46   Interview mit Samson Schönhaus vom 17.11.1988 in Basel.
47   Die komplizierte Geschichte des Kaufmann-Kreises, einer Gruppe, die im Rahmen der Bekennenden Kirche versuchte, untergetauchten Juden zu helfen, kann hier nicht dargelegt werden (s. dazu die Unterlagen des Prozesses gegen Hallermann u.a. 1943 bei der Staatsanwaltschaft Berlin, 1 Gew KW 203/43). Lichtwitz wurde am 23.9.1943 in seinem Versteck verhaftet und in das Gefängnis Große Hamburger Straße gebracht. Von dort konnte er zusammen mit seinem Mitgefangenen Konrad Latte am 23.11.1943 fliehen. Durch ihn kam Lichtwitz mit dem Kreis um Ruth Andreas-Friedrich in Kontakt, für den er auch wieder Papiere fälschte und druckte. S. Ruth Andreas-Friedrich, Der Schattenmann, Tagebuchaufzeichnungen 1938 bis 1945, 1. Aufl. 1947. Sie gab Lichtwitz in ihren Aufzeichnungen das Pseudonym »Ludwig Wald«.
48   Im Privatbesitz von Edith Hirschfeld und Konrad Latte befinden sich diese Ausweise.
49   Hans Rosenthal, Alexander Rothholz und Ludwig Lichtwitz überlebten die NS-Zeit. Leider wurden sie in den 50er Jahren nicht nach ihren Erlebnissen befragt.

Für Edith Hirschfeld, eine enge Vertraute Werner Scharffs, deren Bericht oben schon zitiert wurde, sieht die Quellenlage etwas besser aus.[50] 1903 in Wilhelmshaven geboren, verbrachte Edith Berlow zwei Jahre ihrer Kindheit in den USA. Gegen Ende des I.Weltkriegs starb ihr Vater, und obwohl Edith gerne Bibliothekarin geworden wäre, mußte sie aus finanziellen Gründen die Handelsschule besuchen und wurde Sekretärin. 1929 heiratete sie den Schauspieler Georg Zoch, mit dem sie in Baden-Baden, Polen, Königsberg und Berlin lebte. 1934 ging die Ehe wieder auseinander, und 1936 lernte Edith Berlow den Orthopäden Dr. Kurt Hirschfeld kennen. Die Nürnberger Gesetze von 1935 verboten ihre Eheschließung. Kurt Hirschfeld mußte seine Praxis in der Schlüterstraße aufgeben und wurde »Krankenbehandler« der Jüdischen Gemeinde.[51] Er zählte zu den guten Bekannten Werner Scharffs. Edith Berlow lernte Werner Scharff kennen, als ihn Kurt Hirschfeld zu seiner Lebensgefährtin schickte, weil sie einen Handwerker brauchte. Vom ersten Moment an hätten sie sich sehr gut verstanden. Edith Berlow wohnte ab 1942 in der Menzelstraße 9 in Berlin-Grunewald, und ihre Wohnung stand vielen Verfolgten offen. Neben ihrem späteren Mann beherbergte sie auch andere Verfolgte.[52] Werner und Gertrud Scharff, Fancia Grün, Ludwig Lichtwitz und auch Samson Schönhaus waren regelmäßige Gäste in der Menzelstraße. Durch ihre Schwester Lotte, die mit dem Schauspieler Hans Söhnker verheiratet war, bestanden familiäre und informelle Kontakte zu Künstlerkreisen. Beispielsweise verbrachte Gertrud Scharff eine Nacht ihrer Illegalität in der Söhnker-Villa, wobei ihr nicht klar war, ob Söhnker über den Gast informiert war.

50 Seit Juli 1990 stehe ich in regelmäßigem Kontakt mit ihr, und da ihr Gedächtnis trotz ihres hohen Alters erstaunlich gut ist, konnte sie einige Lücken schließen. Die folgenden Ausführungen stützen sich auf unsere Gespräche.
51 Über Kurt Hirschfeld berichtet Ruth Gützlaff, deren Mann Heinz ihm seine »arische« Kennkarte für die Illegalität zur Verfügung stellte. 1940 half Kurt Hirschfeld Ruth Gützlaff, indem er ihr anbot, als Vater ihres Kindes zu fungieren; in: Wolfgang Herzberg, Überleben heißt Erinnern, Lebensgeschichten deutscher Juden, Berlin 1990, S. 109f.
52 Z.B. das Ehepaar Michalowicz, das wegen Aktivitäten in einer kommunistischen Gruppe 1942 von der Gestapo aufgespürt wurde. Auch Leonie (*1921) und Walter Frankenstein (* 1924) fanden mit ihren kleinen Söhnen Peter (* 1943) und Michael (* 1944) vorübergehend Zuflucht bei ihr. Die Familie Frankenstein konnte überleben, s. »Neue Liste von Juden in Berlin«, a.a.O.

Edith Hirschfeld meint, daß er davon gewußt habe, doch aus Vorsicht nicht die Sprache darauf brachte.

Obwohl ihre Wohnung ein immer zugänglicher Treffpunkt war, sieht sie ihre Tätigkeit bis heute nicht als gleichwertig gegenüber den anderen Mitgliedern der »Gemeinschaft für Frieden und Aufbau« an: »Mit den politischen Dingen hatte ich nie etwas zu tun.« Damit verweist sie auf die Abfassung und Herstellung der Flugblätter; doch Werner Scharff brachte Stapel von Flugblättern in ihre Wohnung, und sie verteilte diese.

Kontakte »familiärer« Art unterhielt Werner Scharff zu dem Ehepaar Grün. Gerhard Grün (* 1906) war Fancia Grüns geschiedener Mann. 1941 heiratete er Ilse Berghausen (* 1908), deren erster Mann, der Tierarzt Dr. Brandt, zu Beginn der 30er Jahre gestorben war. Ilse Brandt, gelernte Schneiderin, zog 1938 nach Berlin und mußte ab 1940 zwangsverpflichtet bei Siemens arbeiten. Fancia Grün und Werner Scharff hielten losen, guten Kontakt zu dem Ehepaar Grün.[53] Nach Werner Scharffs Warnung tauchten sie am 15. Februar 1943 unter und lebten fortan unter dem falschen Namen »Schröder«. Von ihren Freunden Elisabeth und Ludwig Bornstein, die in »privilegierter Mischehe« relativ geschützt lebten, wurden sie in deren Wohnung in der Neuen Friedrichstraße aufgenommen. Grüns suchten sich aber auch selbständig eine Unterkunft als angeblich Ausgebombte außerhalb Berlins in der Nähe von Hangelsberg. Bornsteins waren Schneider und arbeiteten als Zwischenmeister. Eine ihrer Kundinnen war Johanna Schallschmidt, die in der Klosterstraße 92 wohnte. Deren oppositionelle Haltung zum NS-Staat machte sie in Bornsteins Augen vertrauenswürdig. Ihr Ehemann Hans Schallschmidt war als Soldat in Frankreich stationiert und ihr Sohn Werner (* 1929) begann gerade eine Lehre. Durch Bornsteins und Grüns lernte sie auch Werner Scharff kennen.

Nach einem Jahr Illegalität wurde Ilse Grün in Bornsteins Wohnung Opfer der Greiferin Ruth Danziger, die Gerhard Grün persönlich kannte. Als Junggeselle hatte er fast täglich vom Mittagstisch der Familie Danziger Gebrauch gemacht. Im Februar 1944 traf er die Tochter Ruth Danziger zufällig auf der Straße und erzählte ihr von seinem illegalen Leben, nachdem auch sie so tat, als lebe sie un-

53 Interview mit Ilse Grün, August 1989.

tergetaucht. Sie entlockte ihm Bornsteins Adresse, worauf sie mit zwei Gestapo-Beamten dort erschien. Neben Bornsteins hielt sich dort allerdings nur Ilse Grün auf. Der glückliche Umstand, daß Ilse Grün in Hut und Mantel angetroffen wurde, führte dazu, daß Bornsteins nicht verhaftet wurden, da sie glaubhaft versichern konnten, daß Ilse Grün nur zu Besuch war, und sie nichts von ihrem illegalen Leben gewußt hätten. Ilse Grün wurde ins Gefängnis Große Hamburger Straße gebracht. Vor dem Tor versuchte sie in einem un-beobachteten Moment zu fliehen, was Bewohner der Straße jedoch vereitelten.

Am nächsten Morgen begegnete sie, als sie zum Waschen geführt wurde, Ruth Danziger. Mit der Handkante schlug sie ihrer Verräterin kraftvoll ins Gesicht und verletzte sie. Daraufhin wurde sie in Einzelhaft genommen und streng bewacht. Alle Fragen der Gestapo nach ihrem Mann beantwortete sie indifferent: sie lebten getrennt und sie wisse seinen Aufenthaltsort nicht. Am 22. Februar 1944 wurde sie mit dem »49. Osttransport« Richtung Auschwitz depor-tiert, konnte jedoch in der Nacht nahe der schlesischen Stadt Ruda fliehen. Nach einer langen und zermürbenden Rückfahrt nach Berlin erfuhr sie von Johanna Schallschmidt, daß ihr Mann in Luckenwalde sei.[54] So kam es zu der dramatischen Begegnung zwischen Ilse und Gerhard Grün, die Eugen Friede erlebte. Nach diesem Ereignis benutzten Grüns nur noch Johanna Schallschmidts Wohnung, wenn sie sich in Berlin aufhielten.[55]

Eugen Friede beschreibt, wie Winkler in Luckenwalde Mitglieder für die Gruppe warb. Er verstand seine Tätigkeit als Fortführung des Ende 1941 gegründeten »Sparvereins großer Einsatz«. Nachdem Winkler Paul Rosin (* 1894), Henry Landes (* 1908), Paul Hitze und Paul Rißmann in die Gruppe des »Sparvereins« einbezogen hatte, ge-wann er sie auch für die »Gemeinschaft für Frieden und Aufbau«.[56]

54 Interview mit Ilse Grün, August 1989; ihre Angaben werden durch ihre Ent-eignungs-Akte des Oberfinanzpräsidenten (OFP), Landesarchiv Berlin, bestätigt.
55 UH-Akte Johanna Schallschmidt, Interview Ilse Grün, a.a.O., und Interview mit Werner Schallschmidt am 21.12.1988 in Berlin-Treptow.
56 Paul Hitze war zur Wehrmacht eingezogen und hatte mit der Gruppe nicht viel zu tun. Da er als Kommunist in den 30er Jahren verfolgt war, blieb Winkler ihm gegenüber vorsichtig. Seit den 50er Jahren war er Funktionär des Staatssicher-heitsdienstes der DDR; er starb in den 80er Jahren.

Zusätzlich konnten Georg Brachmüller (*1884), Günter Naumann (*1922), Walter Klatt (*1908) und Paul Thiele geworben werden. Über die Kontakte von Henry Landes stießen der Gutsinspektor Alfred Stein (*1912) und der Viehhändler Paul Kräge (*1899) zu der Gruppe; beide konnten Lebensmittel spenden. Durch seine Bekanntschaft mit Paul Rosin, dessen Lokal eine wichtiger Treffpunkt war[57], kam der Schlosser Fritz Arndt (*1904) zu der Gruppe.

Hans Winkler fühlte sich als »Chef« des Luckenwalder Kreises und legte sich das Pseudonym »Egon Grüneberg« zu. Er ließ Mitgliederausweise anfertigen – auch Eugen Friede schrieb welche –, in denen sich das Lichtbild und persönliche Daten des Betreffenden befanden sowie Angaben zur früheren Parteizugehörigkeit. Ebenso war Raum für »Bemerkungen« und »Einsatz«. Außen steht vermerkt, daß der Ausweis nur in Verbindung mit dem Stempel des Amtsgerichts Luckenwalde gültig sei.[58] Winklers Gründe für diese gefährliche, buchhalterische Aktion bleiben unverständlich. Vielleicht war es Winklers Absicht, Beweise für die Widerstandsarbeit für die Zeit nach dem Regimeende in der Hand zu haben – doch was für ein Beweis einer antifaschistischen Tätigkeit wäre das Amtsgerichtssiegel mit dem NS-Adler samt Hakenkreuz? Vielleicht auch hatte Winkler seine geworbenen Mitstreiter eng an ihre eigenen Zusagen und seine Rolle als »Chef« binden wollen.

57 Daß sich dort im Winter 1942/43 drei andere Untergetauchte regelmäßig trafen und die Gestapo nach ihnen fahndete, hatte die Gruppe nicht gewußt. »Ich begab mich daraufhin in das Restaurant des ... Gastwirts Rosin, bei dem wir täglich zu Mittag und zu Abend aßen. Rosin gehörte zur Luckenwalder Widerstandsgruppe, was ich damals noch nicht wußte, wie auch er nicht wußte, wer ich war. ... Als ich nun an dem fraglichen Abend die Gastwirtschaft ... betrat, flüsterte er mir zu >schnell weg, sie sind hinter Ihnen her<.« Unveröffentlichter Bericht von Alfred Böhm, Organisation »Rast«, Yad Vashem 02/1086, S. 5.
58 Der einzig erhaltene Ausweis ist auf Ida Rosin ausgestellt, ihr Foto ist mit dem Stempel des Amtsgerichts versehen und trägt Winklers Unterschrift in der Rubrik »Reichsführung« (Privatbesitz Werner Rosin).

Die Tätigkeiten

Die wichtigste Arbeit der Gruppe bestand zunächst in der Unterbringung und Versorgung der illegal Lebenden. Eugen Friede schildert Fancia Grüns Unterbringung. Hilde Bromberg kam durch Ilse Grün nach Luckenwalde. Beide Frauen kannten sich durch ihre Zwangsarbeit bei Siemens & Halske. Hilde Brombergs Vorgeschichte, die zu ihrer Illegalität führte, ist ungewöhnlich: Zusammen mit zwei Freundinnen suchte sie am 3. März 1943 die Wohnung ihrer schon abgeholten Verwandten Rosenzweig (Berlin) auf, um ihnen einige Sachen ins Sammellager Große Hamburger Straße zu bringen. Die Portiersfrau des Hauses ließ sie verhaften. Hilde Bromberg und ihre ebenfalls jüdische Freundin Hanna Ert zerrissen ihre Papiere und gaben sich den Behörden als »Mischlinge 1. Grades« aus. Zwei Wochen lang wurden sie im Gefängnis Alexanderplatz festgehalten, dann kam Hilde Bromberg als Untersuchungshäftling ins Gerichtsgefängnis Kantstraße 79. Hanna Ert und Gerda Goergens wurden freigelassen. Am 10. Juni 1943 fand der Prozeß in Sachen Rosenzweig/Bromberg vor dem Amtsgericht Moabit statt. »Da der Staatsanwalt auch meine Rassezugehörigkeit nicht nachgeprüft hatte, wurde ich als Mischling ersten Grades wegen Judenbegünstigung zu 9 Monaten Gefängnisstrafe verurteilt.«[59] Unter Anrechnung der Untersuchungshaft wurde sie am 1.12.1943 aus dem Frauengefängnis Barnimstraße entlassen. Seit diesem Zeitpunkt lebte sie illegal.[60] Winkler vermittelte sie zu Pia Kozlowski, die sie überwiegend in ihrer Wohnung beherbergte.

Durch Julius Friede kam das Zahnarztehepaar Gertrud und Arthur Joachim[61] nach Luckenwalde, das die Enge des Gasthofes Leonhard verlassen konnte, als sich Günter Naumann bereitfand, es bei sich unterzubringen. Auch Lucie Hitze kümmerte sich um beide.

59 Lebenslauf Hilde Brombergs (* 1921) in ihrer OdF-Akte, A 6520, Verwaltungsarchiv des Berliner Magistrats, 17.6.1945, S. 1. Ihre eigenen Angaben werden durch das Gefängnisbuch des Gerichtsgefängnisses Kantstraße bestätigt: sie wurde unter der Nr. 635.42 am 20.3.1943 als Untersuchungshäftling eingeliefert und am 6.7.1943 ins Gefängnis Barnimstraße entlassen. Ihr Prozeß beim Amtsgericht Berlin trug das Aktenzeichen 701 Gs. 953.43 = 72 Zs. 188.43.
60 Lebenslauf, OdF-Akte, a.a.O.
61 Gertrud Joachim wurde 1899 in Breslau, Arthur Joachim 1886 in Posen geboren; s. »Neue Liste von Juden in Berlin«, a.a.O.

Eugen Friede erwähnt eine junge Jüdin namens Dora Levin, die in Luckenwalde untergetaucht lebte. Sie konnte bisher nicht identifiziert werden. Vielleicht irrt sich Friede hier und meint Rosa Friedemann, die in den Anklageschriften genannt wird. Über einen anderen dort vorkommenden Untergetauchten namens Herbert Ert ist ebenfalls nichts weiter bekannt.[62]

Es besteht kein Zweifel, daß es Werner Scharffs Idee war, Flugblätter herzustellen und zu verbreiten. Wie Eugen Friede berichtet, gab es drei Flugblätter:»Zum Überdenken, Feind hört mit«,»Generalmobilmachung« vom April 1944 und»Wir klären auf!« vom August 1944.[63]

Da das erste Flugblatt mit dem Titel»Zum Überdenken, Feind hört mit« verschollen ist, bleibt auch die Datierung unklar. Ilse Grün erinnert sich[64], vor ihrer Verhaftung im Februar 1944 Flugblätter verteilt zu haben; daher muß dieses Flugblatt im Januar/Februar 1944 entstanden sein. In der Sprache der Verfolgungsbehörden liest sich der Sachverhalt folgendermaßen:

»Anfang 1944 kam Scharff wieder nach Luckenwalde und führte mit Winkler und Rosin staatsfeindliche Unterhaltungen, bei denen die Behandlung der Juden mißbilligt und die Propagandaaktion >Feind hört mit< erörtert wurden ... Auf Vorschlag des Scharff oder des Winkler beschloß man, durch Verbreitung von Hetzschriften Gegenpropaganda zu treiben und >in der Öffentlichkeit aufklärend zu wirken<. Scharff erklärte sich bereit, den Entwurf zu einem Flugblatt herzustellen, das er zu der nächsten Zusammenkunft mit Winkler und Rosin mitbrachte. Da jedoch der Inhalt zu offensichtlich die Herkunft von jüdischer Seite verriet, wurde es von Winkler und Rosin abgelehnt.

62   Zu Herbert Ert s. Anklageschrift des Oberreichsanwalts beim Volksgerichtshof gegen Hans Winkler u.a. vom 21.2.1945, S. 7; zu Rosa Friedemann s. ebd., S. 8, sie wurde von Hildegard Klatt und ihrer Mutter Emma Keßler in Berlin versteckt. Es konnte nicht geklärt werden, ob Herbert und Hanna Ert miteinander verwandt waren.
63   Anklageschrift gegen Winkler u.a., a.a.O. In der »Sammlung Winkler«, GDW, befinden sich Originalexemplare des 2. u. 3. Flugblattes. Die GDW veröffentlichte diese als Faksimile: Begleitmaterial 22.5.
64   Interview mit Ilse Grün, August 1989.

Das Ergebnis dieser Besprechungen war schließlich das Flugblatt >Zum Überdenken. Feind hört mit<, dessen Inhalt von Scharff unter Benutzung der Ratschläge des Winkler entworfen worden ist ... Von diesem ersten Flugblatt stellte zunächst Scharff mit einer Schreibmaschine eine Anzahl Abzüge her und brachte sie bald darauf nach Luckenwalde mit. Inzwischen war der Mitangeschuldigte Naumann, der über einen Abziehapparat verfügte, zu den illegalen Zusammenkünften hinzugezogen worden.
Scharff, Winkler und Rosin vereinbarten, das Flugblatt in Massen im Abzugsverfahren herzustellen. Der von Rosin für die Mitarbeit gewonnene Naumann stellte den Abziehapparat zur Verfügung, mit dem Scharff eine größere Anzahl weiterer Abzüge des Flugblattes anfertigte ... Etwa tausend weitere Abzüge des Flugblattes stellte Naumann her, wozu Winkler ihm den Entwurf der Schrift und das erforderliche Papier übergab. Auf einem Teil der Flugblätter wurde ein Abdruck des >schwarzen Mannes< angebracht. Scharff, Winkler, Rosin und Naumann sowie im Auftrage des Winkler Hilde Bromberg versahen die Briefumschläge, in denen die Flugblätter versandt wurden, mit Anschriften, die sie aus Fernsprechbüchern entnahmen. Die Verbreitung der Schriften in frankierten Briefumschlägen erfolgte besonders durch Scharff, Winkler, die Bromberg und Arndt, die die Briefe in Berliner Postkästen warfen.«[65]

Auch nach der Anklageschrift sieht es so aus, als seien die Flugblätter ausschließlich in Luckenwalde hergestellt worden. Wie wir von Eugen Friede wissen, lieh sich Werner Scharff das Abzugsgerät von Günter Naumann gelegentlich aus. Niemand in Luckenwalde wußte, wohin er es mitnahm. Man kann davon ausgehen, daß Werner Scharff diesen Apparat zu Johanna Schallschmidt in die Berliner Klosterstraße brachte. Ihr Sohn Werner berichtet, daß seine Mutter manchmal ein geliehenes Abzugsgerät unter ihrem Bett verborgen hielt, auf dem sie auch Flugblätter abzog.[66]

»Das Ehepaar Gerhard und Ilse Grün, Werner Scharff und Fancia Grün habe ich nach deren Flucht aus Theresienstadt bei mir ver-

---

65 Anklageschrift gegen Hans Winkler u.a., a.a.O., S. 7f.
66 Interview mit Werner Schallschmidt, 21.12.1988.

borgen gehalten und verpflegt. Wir verfaßten gemeinsam Flugschriften gegen das Naziregime, die dann weitergeleitet und vertrieben wurden (Luckenwalde, Fürstenwalde usw.). Mein Sohn und ich verteilten diese Schriften selbst in den Wohnblocks während der Terrorangriffe. Flugschriften, die abgeworfen wurden, kuvertierten wir und versandten dieselben an unbekannte Soldaten an die Front. Mein Mann verteilte solche Schriften an seine Kameraden und ließ sie auch gelegentlich in Soldatenheimen in Frankreich unbeobachtet an Tischen liegen.«[67]

Auch die Druckerei Wiegel in der Köpenicker Straße 115 hat Flugblätter hergestellt, denn Werner Scharff hatte unabhängig von seiner Frau Kontakt dorthin.[68]

Werner Scharff regte an, die kleine Gruppe als weitverbreitete Organisation erscheinen zu lassen. Zum einen wurden die Briefe von verschiedenen Orten aus versandt[69], zum anderen erzählte Scharff in Luckenwalde von guten Verbindungen zu einer Widerstandsgruppe in München, was selbst die Ermittlungsbehörden unrecherchiert, aber zweifelnd, in ihre Anklageschrift aufnahmen.[70] Auch der Absender des 2. Flugblattes: »Gemeinschaft für Frieden und Aufbau, Reichsführung München«, deutet auf diese Absicht hin. Hans Winkler erklärte im Gespräch, daß es nie eine Gruppe in München gegeben habe.[71] Die Absicht, eine große Organisation vorzutäu-

67 UH-Akte Johanna Schallschmidt beim Berliner Innensenat, S. 3, »Anhang zu meinem Lebenslauf: Bericht über meine Tätigkeit in der jüdischen Untergrundbewegung >Gemeinschaft für Frieden und Aufbau<«. Sie wurde am 9.11.1960 als »Unbesungene Heldin« geehrt.
68 Die einzige Quelle dafür ist die UH-Akte Frieda Wiegels, a.a.O. Gertrud Scharff weiß von diesem Druckort zwar nichts, aber das könnte damit erklärbar sein, daß ihr Mann sie bewußt aus seinen Widerstandsaktionen heraushielt.
69 Nicht nur Julius Friede und Paul Rißmann versandten die Flugblätter von anderen Städten (Halle und auf dem Weg nach Rotterdam), sondern auch Michael Schedlbauer nahm Stapel mit an seinen Erholungsort Karlsbad.
70 »Scharff machte ferner Ausführungen über seine angeblichen Verbindungen zu einem Kreis in München, zu dem >Katholiken und Staatsfeinde< gehören sollten.« Anklageschrift gegen Winkler, 21.2.1945, a.a.O., S. 7.
71 Interview mit Hans Winkler, 10.11.1987. Eine Wocher später verstarb Hans Winkler. Zum Zeitpunkt des Gesprächs war er zwar schwerkrank, doch im Besitz seiner geistigen Kräfte.

schen, sollte nicht nur nach außen, sondern auch nach innen wirken. Anders sind die übertrieben wirkenden Funktionsbezeichnungen im internen Verkehr nicht zu verstehen: »Als >Reichsführer< wurde Winkler eingesetzt, der den Namen >Grüneberg< annahm. Scharff nannte sich >Dr. Köhler< und übernahm die Funktion eines >Chef des Stabes<.«[72]

Zielten die Flugblätter darauf ab, die Bevölkerung aufzurütteln und zum Widerstand gegen das NS-Regime aufzufordern, so richtete sich zunächst der Haß der Gruppe auf ihre unmittelbaren Gegner, die Spitzel, Denunzianten und die jüdischen Greifer. Am liebsten hätten sie die gefürchtete Greiferin Stella Goldschlag-Kübler, die in Berlin ihre Tätigkeit rücksichtslos ausübte, ermordet. Da sich dies nicht bewerkstelligen ließ[73], kam die Gruppe auf die Idee, diese Kollaborateure einzuschüchtern, indem sie ihnen Todesurteile zustellte.

»Winkler beriet den Juden Scharff im Frühjahr 1944 bei der Abfassung von >Femeurteilen<, die sich gegen jüdische Ordner richteten, und händigte dem Scharff das für das >Urteil< gegen die Jüdin Stella Kübler benutzte amtliche Formular aus, das er aus dem Amtsgericht Luckenwalde entwendete.«[74]

Fritz Arndt erlebte als Arbeiter im Luckenwalder Rüstungsbetrieb »Norddeutsche Maschinenfabrik«, daß ein Kollege von Mitarbeitern denunziert und daraufhin festgenommen wurde. Auch diese Denunzianten bekamen fingierte Todesurteile zugestellt.[75]

Neben der Flugblätterherstellung und -verbreitung und dem Verschicken von fingierten Todesurteilen ist eine dritte Tätigkeit erwähnenswert: die Gruppe unterhielt Kontakte ins Kriegsgefangenenlager Stalag IIIa, das 1940 nahe Luckenwalde errichtet wurde. Der Pächter

---

72 Anklageschrift gegen Winkler u.a., a.a.O., S. 8.
73 Im Interview berichtete Winkler, daß der Zahnarzt im Jüdischen Krankenhaus in der Iranischen Straße unter der Bedingung bereit gewesen wäre, Stella Kübler während einer Zahnbehandlung zu vergiften, daß ihm die Gruppe seine sofortige Flucht ins neutrale Ausland hätte organisieren können.
74 Anklageschrift gegen Winkler u.a., a.a.O., S. 10.
75 »Im März 1944 sprach Arndt mit Winkler, Scharff, Rosin und der Grün darüber, daß auf seiner Arbeitsstelle ein Gefolgschaftsmitglied festgenommen worden sei, und stellte auftragsgemäß die Namen der >Denunzianten< fest. Diese benannte er sodann der Grün, worauf die >Femeurteile< gegen die bei der Norddeutschen Maschinenfabrik beschäftigten Robert H e i s e, August H i n z und Max M o r i t z verfaßt und abgesandt wurden.« Ebd., S. 16.

der Kantine für das Bewachungspersonal war Michael Schedlbauer, der seine Gäste genau kannte und auch von der dort existierenden Widerstandsgruppe wußte. In der ersten Jahreshälfte 1944 kam es zu einem Treffen zwischen Winkler und anderen Mitgliedern der »Gemeinschaft für Frieden und Aufbau« mit dem Feldwebel Erich John sowie dem Dolmetscher Erich Sojka.[76] Aus Erich Sojkas Sicht stellte sich das erste Zusammentreffen in Schedlbauers Hinterzimmer folgendermaßen dar:

»Dort saßen um Mutter Schedlbauers Kaffeetisch einige Männer herum, die uns jetzt Michael Schedlbauer feierlich vorstellte. Ich erinnere mich nur an den Namen des Winker, eines Gerichtsbeamten ... die anderen waren ein Schneider, ein Schuster, ein kleiner Fleischer, im ganzen etwa 6 Leute. >Wir sind das Komitee Freies Deutschland< stellte uns Winkler ohne große Einleitung die Versammlung vor. Ich traute meinen Ohren nicht, sowas blödes gibts noch in Deutschland? Wer sagte den Hammeln da, daß wir dicht halten? Jedenfalls zupfte ich John, der in seiner Einfalt Feuer und Flamme war, und bedeutete ihm >Vorsicht<! Ich fragte weiter nach ihren Zielen und was John und ich dabei sollten, als ganz >indifferente Soldaten<. Da lachten sie alle sich bucklig und Winkler sagte: >Wir sind nicht so blöd, wie wir ausschaun. Wir wissen sehr gut, daß Sie und John die Seele der Widerstandsbewegung im Stalag III sind. Wir wollen mit Ihnen zusammen arbeiten – für den Tag X.' Hoppla, dachte ich mir, die gehn aber ran, blöd und unvorsichtig, das muß ja ins Auge gehn. Da erhob sich in der Ecke ein Herr, der leicht jüdisch aussah, stellte sich mir und John als ein Herr Scharff vor und sagte: >Keine Angst, von uns haben Sie keinen Verrat zu fürchten, ich selbst bin Jude und lebe im Untergrund. Wir haben doch dieselben Ideale, warum sollten wir nicht

76 1902 vermutlich in Prag geboren, genoß er eine bürgerliche Erziehung, wurde in den 20er Jahren Kommunist und Journalist. Während des Spanischen Bürgerkriegs machte er sich mit zwei Freunden auf, um auf der Seite der Republik zu kämpfen. In Frankreich wurden sie jedoch interniert. 1940 erhielten sie das Angebot, in der französischen Armee gegen die Wehrmacht zu kämpfen, was Sojka tat. Er geriet in deutsche Kriegsgefangenschaft und kam ins Stalag IIIa in Luckenwalde. Nach seiner Befreiung in Torgau kehrte er in die CSSR zurück, wo er als Journalist tätig war. (Lebenslauf, von ihm selber Ende der 60er Jahre verfaßt, befindet sich im Privatbesitz Egon Heils, Luckenwalde).

zusammen arbeiten? Wir, die vom Komitee Freies Deutschland, Ortsgruppe Hoher Einsatz und eure Lagerorganisation. Schaun Sie<, sagte er und zeigte mir die Mitgliederliste, einige zwanzig Namen, feinsäuberlich mit Maschine geschrieben, Mitgliedskarten und Mitgliedszahlungen, etc. Da ging mir der Hut hoch. >Meine Herren, Sie scheinen ja sehr anständige mutige Leute zu sein, aber von Konspiration haben Sie keine Ahnung! Wir sind im Lager 40.000, aber da kennt einer den andern nicht, nichts schriftliches, kein Geld, immer nur Gruppen von 10 Mann, mit einem Gruppenleiter, ganz oben irgendwo ein Komitee im Dunkeln, – aber nicht so ein Kegelklub, wie Sie da aufziehen wollen.<«[77]

Trotz aller Bedenken kam es zu weiteren Treffen zwischen Sojka und Scharff. Die militärische Lage wurde von beiden gleich beurteilt, doch damit endete ihre Übereinstimmung bereits. Die Widerstandsgruppe des Stalag IIIa, die auch spärlich bewaffnet war, weigerte sich, mit den Dilettanten der »Gemeinschaft für Frieden und Aufbau« zusammenzuarbeiten – so Sojkas Sicht.[78] Allerdings war er sehr beeindruckt von der Beherbergung und Versorgung illegal lebender Juden, für die auch er Geld und Lebensmittel spendete.

In Sojkas Schilderung tauchte wieder ein Hinweis auf das »Nationalkomitee Freies Deutschland« auf. Da wahrscheinlich keine realen Verbindungen dorthin existierten, kann die von Winkler und Scharff verwendete Bezeichnung nur so erklärt werden, daß beide dem Widerstand im Stalag imponieren wollten. Vermutlich hatte Scharff die Radiosendungen des »Nationalkomitees« gehört, die ja unter anderem dazu aufriefen, alles zu unternehmen, was zum Sturz Hitlers führt. Dementsprechend bezeichneten sich Winkler und Scharff als

77 Brief von Erich Sojka (CSSR) an Egon Heil (Luckenwalde) vom 29.2.1968, S.2f. (Privatbesitz E.Heil)
78 Ebd. In der Anklageschrift gegen Winkler u.a., a.a.O., S. 11, liest sich der Kontakt ins Stalag folgendermaßen:»In der Kantine des Schedlbauer lernte Winkler Anfang 1944 den zur Stammannschaft des Kriegsgefangenenlagers Luckenwalde gehörenden Feldwebel John kennen, der von ihm ... eine Hetzschrift erhielt ... Etwa im Juli 1944 fand bei Schedlbauer eine Sitzung der >Verantwortlichen< der Organisation statt, bei der im übrigen Winkler, Rosin, Arndt, Stein und John zugegen waren ... Winkler stellte ... an John das Ansinnen, nach dem Umsturz mit seinen Soldaten die öffentlichen Gebäude in Luckenwalde zu besetzen.«

»Komitee Freies Deuschland«, wobei sie sich sicherlich nicht der kommunistischen Ideologie verpflichtet fühlten.[79] Als letzten abenteuerlichen Plan beschreibt Edith Hirschfeld Werner Scharffs Absicht, gegen Ende des NS-Regimes das Gestapo-Gefängnis für Juden in der Schulstraße mit Waffengewalt zu stürmen, um die Inhaftierten zu befreien. Tatsächlich berichtet Edith Hirschfeld, daß Werner Scharff ihr gegenüber den Wunsch geäußert hatte, eine solche Aktion durchzuführen; diesem Wunsch fehlte jedoch jede reale Grundlage. Das ist deshalb wichtig, weil der Plan Werner Scharffs schon fast zum Mythos wurde: die wissenschaftliche Literatur (Steinberg, Kwiet/Eschwege, s.u.) kolportierte Werner Scharffs Wunsch als verhinderten Plan, von dem angenommen werden mußte, er sei bis ins letzte Detail vorbereitet gewesen.[80]

Die Verfolgungen

Mit Hilde Bromberg fiel der Gestapo am 18. April 1944 das erste Mitglied der Gruppe in die Hände. Bei der Potsdamer Gestapo wurde sie von dem Kommissar Kesselbach geschlagen, damit sie über ihren »Chef« Auskunft gibt; als man so nicht weiter kam, wurde sie zur Stapoleitstelle Berlin überstellt, wo man es anscheinend mit gutem Zureden versuchte. Die Darstellung Eugen Friedes wird durch Hilde Brombergs Bericht bestätigt.[81]

---

79 Historiker der ehemaligen DDR versuchten, Verbindungen der »Gemeinschaft für Frieden und Aufbau« zu kommunistischen Gruppen zu finden. Ganz real gab es Beziehungen zwischen Winkler und Erdmann Meyer, einem kommunistischen Untergrundfunktionär, über den Eugen Friede nach Luckenwalde kam. Erdmann Meyer wurde von Winkler nicht in die Gruppe einbezogen. Er wurde im Zusammenhang mit der Saefkow-Jacob-Gruppe am 23.12.1944 festgenommen. Winkler und Meyer begegneten sich im Gefängnis Plötzensee und wurden im Zuchthaus Bayreuth befreit. S. Anklageschrift des Oberreichsanwalt beim VGH gegen Bernhard Jeschkeit, Erdmann Meyer und Otto Gohlke vom 21.2.1945, BA/Außenstelle Berlin, NJ 16617.
80 In diesen Zusammenhang gehört Gertrud Scharffs Erinnerung, daß sich Werner Scharff mit dem Gedanken trug, ein Attentat auf Hitler zu verüben. Wegen der besonderen Gefährlichkeit bat sie ihn inständig, diesen Gedanken nicht in die Tat umzusetzen.
81 In: OdF-Akte Hilde Bromberg, a.a.O.

»Lehmann und Linke zeigten mir des öfteren Fotos von verschiedenen Männern. Darunter waren zu meinem Schreck auch Bilder von einem anderen Führer der Organisation, Werner Scharff und dessen Sekretärin Fanzia Grün. Im August wurde mir auch ein Bild von Winkler vorgelegt, ich sagte aber bei allen Fotos aus, daß mir die Personen nicht bekannt seien.«[82]

Warum damals die vermeintliche Witwe Gertrud Bonneß die Gestapo rief, um Hilde Bromberg verhaften zu lassen, ist heute zu erklären. Zwar wurde ihr Mann tatsächlich am 15.2.1944 vom Volksgerichtshof zum Tode verurteilt, doch intervenierte sein Freundeskreis beim Innenminister, woraufhin das Urteil in acht Jahre Zuchthaus umgewandelt wurde. Dennoch bestand der Gauleiter auf der Todesstrafe, so daß die Berufungsverhandlung im Mai 1944 das Todesurteil bestätigte.[83] Weil im April 1944 das Verfahren gegen ihren Mann noch schwebte, dürfte Gertrud Bonneß Winklers plumpen Werbungsversuch als Test der NS-Behörden interpretiert haben.

Obwohl die Gestapo nichts von Hilde Bromberg erfuhr, konnten Scharff, Winkler und andere im Oktober 1944 festgenommen werden. Die Informationen, die die Gestapo auf die richtige Spur brachten, bleiben unbekannt. Man weiß heute nur, daß die Fahndung nach den Urhebern der Flugblätter seitens der Verfolgungsbehörden eingeleitet war.[84]

Als erste wurden am 12. Oktober 1944 das Ehepaar Wiegel, Ida Röscher und eine Bekannte von ihnen, Anni Olm verhaftet.[85]

In der Nacht des 13. Oktober 1944 wurde dann Gertrud Scharff in ihrem Versteck bei Bekannten der Familie Wiegel in Prieros/Dahme festgenommen. Die Gestapobeamten zeigten den Quartiergebern, die Gertrud Scharffs Identität nicht kannten, ein Foto von Werner Scharff. Sie erkannten ihn und erklärten, er würde am nächsten Tag

82   Ebd.
83   Das Verfahren gegen August Bonneß: BA Koblenz, R 22, 5007, S. 32ff. Bonneß wurde am 8.12.1944 im Zuchthaus Brandenburg-Görden hingerichtet.
84   »Meldung wichtiger staatspolizeilicher Ereignisse des Reichssicherheitshauptamts Amt IV«, Nr. 1 vom 2. Juni 1944, S. 4; BA, R 58, 213, S. 56v.
85   Dieses Verhaftungsdatum stammt aus der UH-Akte Frieda Wiegels, a.a.O. Gertrud Scharff ist der Meinung, daß durch diese Verhaftungen die Gestapo ihr auf die Spur kam. Da das Verhaftungsdatum jedoch von keiner anderen Quelle bestätigt werden kann, muß mit diesen Zusammenhängen vorsichtig umgegangen werden.

ein repariertes Radio zurückbringen. Auf diese Weise fiel Werner Scharff am 14. Oktober 1944 der Gestapo in die Hände.[86] Wie seine Frau, so wurde auch er ins Polizeigefängnis am Alexanderplatz gebracht. Er muß gefoltert worden sein. Erst bei seiner Festnahme soll die Gestapo herausgefunden haben, daß er zu den Initiatoren der »Gemeinschaft für Frieden und Aufbau« gehörte.[87]

Am 17. 10. 1944 gerieten Hans Winkler und Paul Rosin der Gestapo in die Hände. Zwei Tage später wurden Günter Naumann, Fritz Arndt und Johanna Schallschmidt festgenommen und am 20. 10. 1944 Fancia Grün sowie ihre Verwandten Johanna und Arno Lumma.[88]

Weitere Verhaftungen fanden im Dezember 1944 statt und erfaßten folgende Mitglieder der Widerstandsgruppe: die Familie Friede, Dr. Arthur Joachim, Michael Schedlbauer, Georg Brachmüller und Paul Thiele (11. 12.), Paul Kräge (12. 12.), Emma Keßler und Hildegard Klatt (13. 12.) sowie Henry Landes und Walter Klatt (14. 12.). Auch Alfred Stein ist wohl im Dezember 1944 festgenommen worden.[89] Erich John und Erich Sojka wurden am 28. Januar 1945 verhaftet.[90]

86 Der Untergetauchte Helmuth Berne, der sich in dieser Gegend verborgen hielt, hatte von Scharffs Verhaftung gehört:»Das SS-Aufgebot schien für meine Person etwas zu groß, aber die Häscher boten ja stets alles auf, um einen >getauchten< Juden zu fangen... Hatte man doch kurz vorher in Prieros am Scharmützelsee mit großem Aufgebot ein jüdisches Paar >geschnappt<, dem es gelungen war, aus Theresienstadt zu entfliehen.« Helmuth Berne, Drei Jahre in Berlin untergetaucht, in: Aufbau, N.Y., 8.11.1946. Warum er von einem »jüdischen Paar« spricht, bleibt unklar, denn Fancia Grün wurde erst nach Werner Scharffs Festnahme verhaftet. Sie verbrachte ihre letzte Nacht in Freiheit bei Edith Berlow und wußte, daß Werner Scharff im Gefängnis war. Interview mit Edith Hirschfeld.
87 Edith Hirschfeld, Werner Scharff, S. 17.
88 Johanna Lumma, geb. Caro, war eine Cousine Gerhard Grüns und durch ihre Ehe mit Arno Lumma geschützt, der auch während der NS-Zeit seine Kontakte zu Reichsbanner-Kreisen gepflegt hatte. Als sich Ilse und Gerhard Grün nach Johanna Schallschmidts Verhaftung in großer Gefahr sahen, baten sie Lummas um vorübergehende Unterkunft. An ihrem Wohnort angekommen, wartete schon die Gestapo und nahm alle vier Personen fest. Interview mit Ilse Grün, a.a.O.
89 Die Verhaftungsdaten stammen aus den Anklageschriften, UH-Akten oder Erinnerungen (Eugen Herman-Friede, Ilse Grün). Nicht aktenkundig sind die Verhaftungsdaten von Pelagia Kozlowski, Gertrud Joachim, Rosa Friedemann und Herbert Ert.
90 Brief der Staatspolizeileitstelle Berlin an den Oberreichskriegsanwalt in Torgau v. 24.2.1944. BA/Außenstelle Berlin, NJ 2397.

Gegen neun nicht-jüdische Zivilisten der Widerstandsgruppe wurde, nachdem die Ermittlungen beendet waren, ein Prozeß wegen Hoch- und Landesverrat sowie Wehrkraftzersetzung vor dem Volksgerichtshof (VGH) vorbereitet.[91] Die Wehrmachtsangehörigen der Gruppe wurden gesondert angeklagt.[92] Gegen Pia Kozlowski wurde eine eigene Anklageschrift erstellt.[93]

Die Angeklagten befanden sich in den verschiedensten Gefängnissen Berlins oder Potsdams. Hans Winkler, Michael Schedlbauer und Pia Kozlowski wurden im Februar von Berlin ins Zuchthaus St. Georgen in Bayreuth verlegt. Wegen des Kriegsendes konnte der Prozeß nicht mehr stattfinden, dessen Termin für den 23. April 1945 in Potsdam anberaumt war. Auf diese Weise überlebten alle angeklagten Mitglieder der Gemeinschaft für Frieden und Aufbau.

Anders erging es den Nicht-Angeklagten:
Der Tod Julius Friedes ist ungeklärt. Eugen Friede veranlaßte 1945 die Ausstellung einer Sterbeurkunde, die als Todesdatum den 19. 12. 1944 angibt. Die Todesursache ist als unbekannt ausgewiesen. Möglicherweise hat er sich im Gefängnis Alexanderplatz das Leben genommen.[94]

91 Die Anklageschrift des Oberreichsanwalts beim VGH vom 21.2.1945 richtete sich gegen Hans Winkler, Paul Rosin, Günter Naumann, Fritz Arndt, Michael Schedlbauer, Georg Brachmüller, Paul Kräge, Hildegard Klatt und Emma Keßler. Mit 22 Seiten ist sie die umfangreichste Anklageschrift. Da sie jedem Angeklagten übergeben worden ist, ist auch ihre Überlieferung gut: die Exemplare von Hans Winkler und Hildegard Klatt befinden sich in der GDW, das von Günter Naumann ist in seinem Privatbesitz; s. auch BA/Außenstelle Berlin NJ 5192.
92 Am 26.3.1945 erhob der Oberreichsanwalt beim VGH auf 7 Seiten Anklage gegen Walter Klatt, Henry Landes und Alfred Stein. Sie befindet sich in der »Sammlung Klatt« GDW; s.auch BA/Außenstelle Berlin NJ 2397. Die beiden Feldwebel John und Buchwald sowie der als Dolmetscher tätige Sojka sind wohl dem Reichskriegsgericht überstellt gewesen. Bisher fehlt eine Anklageschrift gegen sie.
93 Die zweiseitige Anklageschrift gegen sie verfaßte der Generalstaatsanwalt beim Kammergericht, a.a.O. Eine vierte Anklageschrift, vom Oberreichsanwalt beim VGH am 20.3.1945 ausgefertigt, richtet sich gegen Otto und Erna Naumann, geb. Sange (Vater und Ehefrau von Günter Naumann) sowie Ida Rosin, geb. Boche (Paul Rosins Frau).»Sammlung Klatt«, GDW. Diese drei waren jedoch nicht verhaftet.
94 Sein Suizid ist denkbar, da er Veronal bei sich hatte. Er muß auch mindestens einmal verhört worden sein, da in der Anklageschrift gegen Winkler u.a. auf eine Aussage von ihm Bezug genommen wird. Vielleicht fühlte er sich weiteren Verhören nicht gewachsen und hielt ein Überleben nicht für möglich.

Johanna Schallschmidt, Frieda Wiegel und Ida Röscher[95] wurden nach ihrer Haft im Polizeigefängnis dem Arbeitserziehungslager Fehrbellin überstellt, wo sie am 24. 4. 1945 von der Roten Armee befreit wurden. Adolf Wiegel kam ins Lager Wuhlheide und wurde auf einem Transport nach Dachau am 8. 4. 1945 erschossen.[96]

Arno Lumma wurde ins KZ Sachsenhausen eingeliefert und von dort nach Bergen-Belsen weitertransportiert, wo er umkam.[97]

Hans Werner Schallschmidt wurde in ein Strafbataillon versetzt und geriet bald darauf in britische Gefangenschaft in Ägypten, aus der er 1947 zurückkehrte.

Gemäß der NS-Gesetzgebung wurden gegen Juden zu dieser Zeit keine Strafverfahren eingeleitet[98], so daß die jüdischen Verhafteten der Widerstandsgruppe ganz besonders der Willkür ausgeliefert waren. Im Dezember 1944 wurden sie vom Gefängnis Alexanderplatz in die Schulstraße verlegt. Dort erlebten Hilde Bromberg[99], Ilse Grün[100], Dr. Arthur Joachim[101], Johanna Lumma[102] und Gertrud Scharff[103] das Ende des NS-Regimes.

95 Der Grund dafür, daß diese Personen nicht vom VGH angeklagt wurden, ist wohl darin zu sehen, daß der Gestapo ihre Verbindungen zur »Gemeinschaft für Frieden und Aufbau« unbekannt blieben.
96 UH-Akten Johanna Schallschmidt und Frieda Wiegel. Der Name und das Todesdatum Adolf Wiegels wird auf der Ehrentafel der Kreuzberger Opfer während der NS-Zeit (die Tafel stammt aus der Zeit Ende der 40er, Anfang der 50er Jahre und gilt als verschollen) genannt; abgebildet in: Antifaschistischer Stadtplan Kreuzberg, Hg. VVN Westberlin, o.J.(um 1985).
97 Im Privatbesitz von Marianne und Günter Kunert befinden sich zwei Briefe Arno Lummas an seinen Schwager Walter Todten: am 18.2.1945 schrieb er aus dem KZ Sachsenhausen und am 12.3.1945 aus Bergen-Belsen. Danach fehlt jede Spur von ihm.
98 13. Verordnung zum Reichsbürgergesetz vom 1.7.1943: Die Juden werden unter Polizeirecht gestellt; RGBl, Teil I 1943, S. 372.
99 Ihr gelang am 14.12.1944 die Flucht aus dem Gefängnis Große Hamburger Straße, sie wurde jedoch 2 Tage später wieder gefaßt. Am 12. 1.1945 wurde sie in die Schulstraße gebracht. (UH-Akte, a.a.O.) Sie nahm sich am 20.5.1951 das Leben.
100 Bis zu ihrer Emigration 1947 wohnte sie zusammen mit Gertrud Scharff in Berlin; heute lebt sie in New York.
101 Er starb an den Folgen der Verfolgung Anfang 1946 in Berlin.
102 Sie heiratete wieder und ist inzwischen verstorben.
103 Sie emigrierte 1947 in die USA; nach vielen Jahren in New York lebt sie heute in Florida.

Werner Scharff und Gerhard Grün wurden am 16. März 1945 nach Sachsenhausen gebracht und am selben Tag auf dem »Industriehof« erschossen.[104] Auch Fancia Grün wurde ermordet – bis heute konnte das Gerücht, sie sei in Theresienstadt gehängt worden, nicht bewiesen werden.

Ohne verhaftet worden zu sein, erlebten Stephan Scharff[105], Edith und Dr. Kurt Hirschfeld[106] sowie Emil Schwarze[107], Paul Rißmann und Paul Hitze das Ende der NS-Diktatur. Paul Thiele wurde zwar verhaftet – wie Eugen Friede erlebte –, aber nicht angeklagt.[108]

Die Ermittlungen lagen in den Händen der Staatspolizeileitstelle Berlin, Referat IV 1a.[109] Wie Hilde Bromberg erwähnt, hatte schon sie es mit den Beamten Lehmann und Linke zu tun.[110]

104 Tatjana Kober, ehemals Gefangene in der Schulstraße, legte am 7.4.1946 eine Eidesstattliche Erklärung darüber ab, daß ihr der Gestapo-Beamte Willi Rothe von der Ermordung Werner Scharffs und Gerhard Grüns detailliert berichtete (Privatbesitz Gertrud Scharff). Klaus Scheurenberg behauptet in seinen Erinnerungen, a.a.O., S. 132, er habe Werner Scharff gegen Kriegsende in einer Folterzelle in Theresienstadt gefunden. Werner Scharffs Ermordung in Sachsenhausen scheint mir viel eher wahrscheinlich, weil auch andere Quellen darauf hinweisen (Edith Hirschfeld schreibt davon, und Alexander Rothholz erwähnt es in seinem kurzen Artikel »Werner Scharff zum Gedächtnis« in: Der Weg, 19.3.1948). Zudem existiert die im März 1945 vom Standesamt Oranienburg ausgefertigte Sterbeurkunde Gerhard Grüns (Todesdatum: 16.3.1945; Todesgrund: »Auf Befehl erschossen«), die sich im Archiv der Nationalen Mahn- und Gedenkstätte Sachsenhausen befindet. Wo Werner Scharff vor seiner Ermordung gefangengehalten wurde, ist unbekannt. Sowohl Edith Hirschfeld als auch Alexander Rothholz (s.o.) erwähnen einen »Folterkeller« in der Oranienburger Straße 31, der bislang unbekannt war. (Ein anderer »geschnappter« untergetauchter Jude kam im März 1945 auch dorthin, so daß davon ausgegangen werden muß, daß es eine solche Einrichtung neben der Synagoge gegeben hatte. Interview mit R. N.)
105 Ende der 40er Jahre emigrierte er in die USA und lebt heute in Michigan.
106 Auch sie emigrierten in die USA. Nach dem Tod ihres Mannes kehrte sie nach Deutschland zurück und lebt heute in Berlin.
107 Im Brief vom 5.1.1984 schrieb Hans Winkler an Eugen Friede, Emil Schwarze sei »Uralt-Kommunist« gewesen, sollte Bürgermeister von Wedding werden, sei jedoch in den sowjetischen Sektor Berlins gegangen und habe sich später aus gesundheitlichen Gründen das Leben genommen (Privatbesitz Eugen Friede).
108 Vielleicht spielte die Ehe mit seiner jüdischen Frau eine Rolle. Er überlebte.
109 Trotz der Zugänglichkeit der ehemaligen DDR-Archive, wo sich das Verhörprotokoll Alfred Steins vom 15.1.1945 fand (BA/Außenstelle Berlin, Akte 14309), bleiben die Ermittlungsakten, auf die in den Anklageschriften Bezug genommen wird, verschollen.
110 Werner Lehmann, geb. 18.1.1911 und Gustav Linke, geb. 21.8.1900, waren

»Mit den Gestapoleuten Lehmann und Linke hatten wir noch die harmlosesten Gestapobeamten. Das gaben sie mir auch einmal zu verstehen, als sie mir sagten: >Sei zufrieden, daß du nicht in die Prinz-Albrecht-Straße gekommen bist.< Ich sagte: >Das weiß ich<.«[111] Das Verfahren gegen die »Gemeinschaft für Frieden und Aufbau« ging am 4. 1. 1945 vom Oberstaatsanwalt beim Landgericht Berlin an den Oberreichsanwalt beim Volksgerichtshof[112], der die Anklageerhebungen durchführte und den Prozeß vorbereitete.

Betrachtet man die »Gemeinschaft für Frieden und Aufbau« im Kontext anderer Widerstandsgruppen ihrer Zeit, so muß sie mit dem »Kaufmann-Kreis«[113], der »Baum-Gruppe«[114], dem »Chug Chaluzi«[115] und dem Kreis um Ruth Andreas-Friedrich[116] verglichen werden. Dies ist bislang jedoch nicht geschehen, weil das Wissen über die »Gemeinschaft für Frieden und Aufbau« nur bruchstückhaft war.[117] Sie wurde in der Diskussion um den »Widerstand von Juden« kaum beachtet.

Kriminal-Sekretäre bei der Stapoleitstelle Berlin. BA/Außenstelle Berlin ZR 795 A.5, S. 102-105; ZR 774 A.5, S. 36-39 (Gehaltsbögen für Lehmann und Linke bei der Dienststelle »Stapoleit. Berlin« 1944).
111 Brief Hans Winklers an Eugen Friede vom 5.1.1984. Privatbesitz Eugen Friede.
112 Fünfseitiger Bericht eines Herrn Tetzlaff (Landgericht Berlin) an den Oberreichsanwalts beim VGH vom 4.1.1945, in: Handakten des Oberreichsanwalt beim VGH, »Sammlung Klatt«, GDW.
113 Kurzcharakteristik des »Kaufmann-Kreises« s.o., s. auch: Für die anderen da sein: Helene Jacobs, in: Gerda Szepansky, Frauen leisten Widerstand 1933-1945, Lebensgeschichten nach Interviews und Dokumenten, Ffm 1983, S. 57-90.
114 Wolfgang Scheffler, Der Brandanschlag im Berliner Lustgarten im Mai 1942 und seine Folgen. Eine quellenkritische Betrachtung, in: Berlin in Geschichte und Gegenwart, Jahrbuch des Landesarchivs Berlin, hgg. v. Hans J. Reichhardt, 1984, S. 91-118.
115 Jizchak Schwersenz, Die versteckte Gruppe, Ein jüdischer Lehrer erinnert sich an Deutschland, Berlin 1988; Jizchak Schwersenz u. Edith Wolff, Jüdische Jugend im Untergrund, Eine zionistische Gruppe in Deutschland während des II. Weltkrieges, in: Bulletin d. Leo Baeck Instituts, 12.Jg. Nr.45, 1969, S. 5-100.
116 Ruth Andreas-Friedrich, Der Schattenmann, Tagebuchaufzeichnungen 1938-1945, 1. Aufl. Berlin 1947.
117 Als erster Wissenschaftler beschäftigte sich Lucien Steinberg in den 60er Jahren mit der Gruppe: Der Anteil der Juden am Widerstand in Deutschland, in: Stand und Problematik der Erforschung des Widerstandes gegen den Nationalsozialismus. Studien und Berichte aus dem Forschungsinstitut der Friedrich-Ebert-Stiftung, Bad Godesberg 1965 (hektographiert), S. 113-143, bes. S. 136ff. Er

Hier kann nun kein erschöpfender Vergleich mit den anderen Gruppen geleistet werden, doch einige Aspekte sollten deutlich gemacht werden:

Die Mitglieder der »Gemeinschaft für Frieden und Aufbau« setzten sich aus Juden und Nicht-Juden zusammen. Im Gegensatz zum Kaufmann-Kreis und der Gruppe um Ruth Andreas-Friedrich war einer der Initiatoren ein im Untergrund lebender Jude. Zudem war die Gruppe weder religiös motiviert (wie der Kaufmann-Kreis), noch bestand sie vorwiegend aus Intellektuellen (wie der Kreis um Ruth Andreas-Friedrich).

Im Ziel einig, schlossen sich in der »Gemeinschaft für Frieden und Aufbau« Menschen unterschiedlichster Herkunft und Motivation zusammen. Dabei waren das Wissen um die Judenverfolgung und -vernichtung, der Haß auf das verbrecherische Regierungssystem, die Unerträglichkeit des Krieges und die Hoffnung auf Vorteile nach dem Ende des NS-Regimes bestimmende Faktoren für den Widerstand.

Für die Juden der Gruppe wären die Überlebenschancen vielleicht höher gewesen, wenn sie in Verstecken das Ende der Diktatur abgewartet hätten. Ihre bewußte Entscheidung für das Mitwirken an den Flugblättern hatte sicherlich mit der realistischen Einschätzung ihrer Situation zu tun: auch ohne Widerstand war ihr Leben in diesem System nichts wert und tagtäglich gefährdet. Besonders Werner Scharff fand sich mit der ihm zugewiesenen Rolle als Verfolgter nicht ab und wurde Meister im Auffinden von Möglichkeiten, das Regime aus dem Untergrund zu bekämpfen.

Während die untergetauchten Juden verschiedenen sozialen Schichten angehörten[118], kamen die Nichtjuden vorwiegend aus

---

resümierte, daß Scharff 4 Untergruppen aufbauen konnte. S. auch ders., La Revolte des Justes. Les Juifs contre Hitler 1933-1945, Paris 1970, und ders., Jews against Hitler, Glasgow 1978. Konrad Kwiet und Helmut Eschwege stützten sich auf Steinbergs Ergebnisse in ihrem Buch: Selbstbehauptung und Widerstand, Deutsche Juden im Kampf um Existenz und Menschenwürde 1933-1945, Hamburg 1984, S. 184f. Ferdinand Kroh, David kämpft, Vom jüdischen Kampf gegen Hitler, Reinbek 1988, S. 172ff., erwähnt die Gruppe im Zusammenhang mit ihren fingierten Todesurteilen gegen Stella Kübler. Details seiner Darstellung sind fehlerhaft.
118 Akademiker, Handwerker, Angestellte.

dem kleinbürgerlichen Milieu.[119] Dies ist der gravierendste Unterschied zu dem Kreis um Ruth Andreas-Friedrich, dem überwiegend Intellektuelle angehörten, die eine dezidierte politische Meinung schon während der Zeit der Weimarer Republik entwickelt hatten.

Ein anderer Unterschied liegt in der Effizienz der »Gemeinschaft für Frieden und Aufbau«: keiner anderen Widerstandsgruppe gelang die Herstellung und Verbreitung von circa 3500 Flugblättern im Jahre 1944.[120]

Gleichzeitig arbeitete sie mit einem bemerkenswerten Dilettantismus, wenn man nur an die Mitgliederausweise und die Benutzung des Dienstsiegels des Amtsgerichts Luckenwalde denkt. Vermutlich konnte die Gruppe so lange unbehelligt arbeiten, weil ihre Mitglieder den Verfolgungsbehörden unbekannt waren – nur Werner Scharff und Fancia Grün waren nach ihrer Flucht aus Theresienstadt aktenkundig.

Vielleicht ist es gerade der Mangel an Professionalität, der die Aktionen der »Gemeinschaft für Frieden und Aufbau« heute so sympathisch macht, denn die Beteiligten waren keine »Helden«, sie waren keine geschulten Konspirateure, sie arbeiteten, »wie sich der kleine Moritz den Kampf gegen Hitler vorstellt«[121]. Selbst wenn man heute darüber lächeln möchte, so haben doch diese Menschen all denen, die nichts taten, voraus, daß sie ihre Erkenntnis über das verbrecherische System in Handlung umsetzten. Selbst wenn die kleinen Selbständigen und Angestellten aus Luckenwalde auch an ihren Vorteil nach der Diktatur dachten, so setzten sie doch ganz bewußt ihr Leben aufs Spiel, um gegen Völkermord, politische Unterdrückung und einen sinnlosen Krieg zu kämpfen.

Daher gebührt der Gruppe um Werner Scharff und Hans Winkler ein besonderer Platz innerhalb des Widerstandsspektrums während der letzten Jahre der NS-Diktatur.

119 Angestellte, Arbeiter, kleine Selbständige. Von den 16 Angeklagten waren drei Mitglieder der NSDAP: Paul Kräge seit 1937, Henry Landes seit 1938 und Walter Klatt seit 1941; Michael Schedlbauer war der einzige, der vor 1933 der SPD angehört hatte, Paul Rosin soll mit ihr sympathisiert haben; Angaben nach den vier Anklageschriften, a.a.O.
120 Das ist die von den Ermittlungsbehörden angegebene Zahl in der Anklageschrift gegen Klatt u.a., a.a.O., S. 3
121 Eugen Friede legt diesen Ausspruch seinem Vater Julius Friede nach der Verhaftung Hilde Brombergs in den Mund.

REIHE

DOKUMENTE · TEXTE · MATERIALIEN

Veröffentlicht vom Zentrum für Antisemitismusforschung

Bd. 1 WOLFGANG BENZ (Hrsg.): Zwischen Antisemitismus und Philosemitismus. Juden in der Bundesrepublik · 1991, 118 S., DM 20.–

Bd. 2 EUGEN HERMAN-FRIEDE: Für Freudensprünge keine Zeit. Erinnerungen an Illegalität und Aufbegehren 1942 – 48 · 2. Aufl. 1992, 222 S., DM 29.80

Bd. 3 KURT PÄTZOLD/ERIKA SCHWARZ: Tagesordnung: Judenmord. Die Wannsee-Konferenz 1942 · 3. Aufl. 1992, 258 S., DM 29.80

Bd. 4 BERNHARD PRESS: Judenmord in Lettland · 1992, 178 S., DM 29.80

Bd. 5 ALEX HOCHHÄUSER: Zufällig überlebt. Als deutscher Jude in der Slowakei 1939 – 1945 · 1992, 178 S., DM 29.80

Bd. 6 RAINER ERB (Hrsg.): Die Legende vom Ritualmord. Zur Geschichte der Blutbeschuldigung gegen Juden · 1993, 296 S., DM 48.–

Bd. 7 HELMUT KRÜGER: Der halbe Stern. Deutsch-jüdischer „Mischling" im Dritten Reich · 1993, 140 S., DM 26.80

Bd. 8 JACOB KATZ: Die-Hep-Hep-Verfolgungen in Deutschland 1819 1994, 140 S., DM 26.80

Bd. 9 ALBERT LICHTBLAU: Antisemitismus in Berlin und Wien von der Emanzipation bis zum Ersten Weltkrieg · 1994, 270 S., DM 48.–

Bd. 10 JAHR/MAI/ROLLER: Feindbilder in der deutschen Geschichte 1994, ca. 250 S., ca. 38.– DM

Bd. 11 RUDOLF UND IKA OLDEN: „In tiefem Dunkel liegt Deutschland" Von Hitler vertrieben · 1994, ca. 200 S., ca. 30.– DM

Bd. 12 NORBERT ERNST: Doppelt verfolgt: Ein Leben im Widerstand 1994, ca. 200 S., ca. 30.– DM

Bd. 13 KURT PÄTZOLD/ERIKA SCHWARZ: „Auschwitz war für mich nur ein Bahnhof." Franz Novak – der Transportoffizier Eichmanns · 1994, ca. 32.– DM

Bd. 14 WOLFGANG BENZ/MARION NEISS: Deutsch-jüdisches Exil: das Ende der Assimilation? · 1994, 196 S., 34.– DM

METROPOL-VERLAG · Kurfürstenstraße 135 · 10785 Berlin
Telefon (030) 2 61 84 60 · FAX (030) 2 65 05 18